KB088957

건강하세요.
행복하세요.
저자 일동

대구 부동산의 미래

대구
부동산의
미래

김형일, 이보람, 장용섭 지음

두드림미디어

대구 부동산이 지금 큰 폭으로 하락하고 있습니다. 미분양이 과거 2008년처럼 폭증하면서 똑같은 현상을 반복하고 있습니다. 미분양이 줄어들고 있는 것처럼 보이지만, 점점 늘어나는 완공 후 입주량이 더 큰 문제입니다. 그리고 약 4만 세대가 분양을 기다리고 있습니다. 필자는 그래서 아직 미분양이 잠시 줄어드는 것처럼 보이나, 아직 더 늘어나리라는 생각이 듭니다. 특히 완공 후 미분양이 많이 늘어날 것 같습니다.

다행인 것은 아파트 인허가와 착공물량이 줄어들고 있다는 것입니다. 2023년 작년부터 확 줄어들었습니다. 몇 년이 지나면 다시 공급 부족 현상이 일어날 겁니다. 이렇게 부동산은 상승과 조정을 거치며 우상향합니다. 그렇기에 지금 실수요 시장이라 할 수 있습니다. 무주택자라면 지금 큰 하락을 했을 때 내 집 마련을 해서 10년 살다 보면 다시 상승 시장을 맞이할 수 있습니다. 그러나 투자자는 조심해야 합니다. 지금 싸게 매입할 수 있는 것은 맞지만, 대세 상승 시장을 맞이하기에는 너무나 기다림이 길기 때문입니다. 물론 투자해서 10년 기다릴 수 있다고 생각하는 사람들은 매입하시면 됩니다.

필자는 10년 전부터 투자자로 시작해서 전국적으로 100여 개의 부동산을 매입하고 매도했습니다. 전국 안 돌아다닌 곳이 없을 정도로 현장을 누비며 투자했고 다시 대구로 돌아왔습니다. 전국을 돌아다니다 보니 대구 부동산 시장에서 놓친 것들이 많았습니다. 대구 부동산 시장은 전국적으로 많은 투자자가 주시하고 있습니다. 언제 다시 상승 시장이 올 것인지 의견이 분분합니다. 실제로 다시 매입하는 투자자들도 있습니다. 그러나 투자자들이 매입하기에는 취득세가 아직 너무 높습니다. 아직 12%이고 법인 투자도 12%입니다. 투자자들이 본격적으로 진입하려면 취득세가 최대 2.2%까지는 내려가야 한다고 생각합니다.

그러나 현실은 녹녹하지 않습니다. 과거처럼 하우스푸어나 건설회사 부도가 엄청나게 늘어 전국적인 문제가 되어 정부에서 부동산 활성화를 위해 취득세를 낮추어야 한다는 인식이 늘어나야 가능할 텐데, 서울 수도권 입주량이 부족해서 다시 꿈틀꿈틀하기 때문입니다. 그래서 대구 부동산 시장도 과거 시장과 다르게 흐름을 탈 수 있습니다.

2008년에 필자는 달서구에 살았습니다. 거기 아파트가 미분양되고 가격이 하락하는 아파트에는 '안 푸르지오', '이 불편한 세상'이라는 현수막이 달렸습니다. 가격이 내려가니 안 푸르고 불편하고 그랬나 봅니다. 어느 전문가는 차량에 현수막을 설치하고 아파트 반값 매입하기 운동도 펼치고는 했습니다. 수성구 아파트에는 정상가로 매입해 입주하는 세대와 할인가로 매입해서 입주하는 세대가 서로 실랑이를 하면서 입주를 방해하는 사태도 있었습니다. 대표적으로 지금 대장아파트가 되어 있는 범어네거리 두산위브더제니스가 할인분양을 했으며 계약 포기 사태도 많았습니다. 그러나 시간이 흐르고 다시 상승장이 오니 대구의 대표아파트가 되어 있습니다.

　절대 부동산이 과거 최저가격까지 내려가지 않습니다. 잠시 주춤하며 조정장이 있을 뿐입니다. 계속 무주택으로 살 것이 아니라면 내 집 마련을 작은 것부터 시작하세요. 처음 실패하면 안 되니까 무리하지 마시고 내 집 크기를 키워나가시기 바랍니다. 처음부터 만족할 수 없습니다. 전세 사는 것보다 내 집 마련을 해서 살아야, 수리를 하는 등 정성이 들어갑니다. 몇 년에 한 번씩 평수를 늘려가며 아파트 크기도 키우고 지역도 좋은 곳으로 옮겨 가시면 됩니다.

　마지막으로 집필하는 데 도움을 준 보람찬하루 님과 용섭 님에게 감사 인사드립니다.

대표 저자 김형일(나눔부자)

CONTENTS

프롤로그   5

PART 1

대구의 구별 지리적 환경에서 찾는 투자 정보

대구는 지리적으로 이런 곳이다   12
수성구 : 대구 교육의 중심지   19
중구 : 인구밀도가 가장 높은 곳   34
동구 : 대구에서 가장 넓은 자치구   42
남구 : 의료기관 접근성이 좋은 곳   54
서구 : 재건축, 재개발 이슈가 있다   63
북구 : 인구 2위이고, 교통 체증이 심한 지역   73
달서구 : 비수도권 자치구 중 가장 인구가 많은 곳   87
달성군 : 대규모 국책사업으로 성장세가 큰 지역   101
군위군 : 인구 밀도가 매우 낮다   106

PART 2

지역 이슈에서 찾아내는 투자 포인트

대구 도시철도의 미래   112
상권으로 살펴보는 이슈   135
대구 택지의 역사로 보는 이슈   146
산업단지로 살펴보는 이슈   177
대구 학군 분석   195

PART 3

교통 이슈로 보는 대구

대구 광역철도의 미래   202
대구 도로의 미래   214
대구경북 통합신공항 이전사업   219

PART 4

개발사업으로 보는 대구

대구 공기관 이전사업과 후적지 개발사업   228
기타 개발 이슈   239
대구 산업고용지수 현황   251
대구 개발사업 지역   255

PART 5

대구 아파트 집중 분석

대구 재개발사업 단지   266
대구 재건축사업 단지   270
대구 아파트 후분양 단지   274
대구 아파트 대표 단지   278
대구 아파트의 흐름   287

PART 1

대구의 구별
지리적 환경에서 찾는
투자 정보

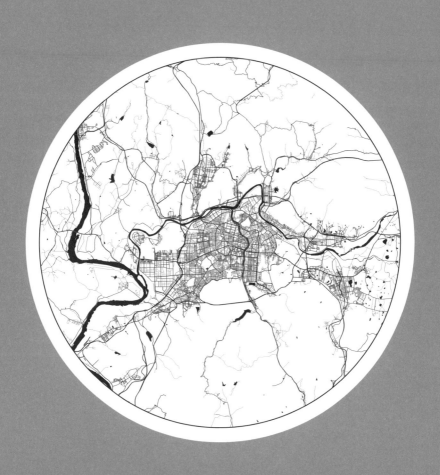

대구는 지리적으로
이런 곳이다

대구는 북쪽으로 경상북도 칠곡군·군위군, 동쪽으로 경상북도 경산시·청도군, 남쪽으로 경상남도 창녕군, 서쪽으로 경상북도 고령군·성주군과 접한다. 영남지방의 중앙에서 서쪽으로 치우친 대구분지의 중앙부, 낙동강(洛東江)과 금호강(琴湖江)의 합류지점 동쪽 금호강 연안에 있다. 2023년 북쪽으로 경상북도 군위군이 대구 신공항 이전으로 인해 대구로 편입되었다.

우리나라에서 가장 더운 지역이지만 매년 여름 열리는 '치맥 페스티벌'로 더위를 날린다. 놀이동산 이월드는 가족과 함께 나들이하기에 좋으며, 두류공원도 산책코스로 제격이다. 음악 분수쇼로 유명한 수성못과 독특한 외관이 인상적인 전시공간 디아크는 대구의 야경 명소로 손꼽힌다. 우리나라 3대 시장인 서문시장 야시장도 대구의 대표 핫플레이스다.

대구의 행정구역은 중구, 동구, 서구, 남구, 북구, 수성구, 달서구, 달성군, 군위군 등으로 나뉜다. 시청 소재지는 중구 공평로 88번지다. 산격청사로 북구 연암로 40번지이고 7구 2군이다. 면적으로는 1,499.5㎢이며 인구는 2024년 1월 기준 2,374,960명이다. GDP는 $511억, 1인당 GDP는 $21,443이다.

상징을 보면 시화는 목련, 시목 전나무, 시조 독수리, 시가는 대구시민의 노래가 있다. 대한민국의 광역시고, 경상도의 중심부에 있다. 인구가 밀집된 시가지는 산으로 둘러싸인 대구 분지 안에 있다. 대구권과 대구·경북의 중추 도시로, 단일도시로서의 인구 규모는 대한민국 3위였으나 인천에 밀려 4위이고 도시권 인구로는 수도권, 부산·울산권에 이어 대한민국 3위다.

대구의 시정 슬로건은 '칼라풀 대구'였으나, 홍준표 대구시장이 당선되면서 '파워풀 대구'로 바뀌었다.

대구의 마스코트는 '패션'이다. 마스코트는 한국의 전통적인 비천상(飛天像) 문양에 드러난 미적 감각을 21세기 세계적 섬유 패션 도시로 발전하고자 하는 대구의 이미지와 조화되게 형상화한 것이다. 섬유 패션 도시를 상징하는 이름이다.

대구 캐릭터 수달인 '도달쑤'는 대구 도심에 흐르는 신천에 사는 수달이다. 도달쑤는 여러 사람과 어울리는 것을 좋아하며, 흥이 많고 유머러스한 성격이 특징이다. 깨끗하고 맑은 물에서 사는 수달을 통해 친환경 도시 대구를 홍보하기 위해 개발된 도달쑤의 '도'는 도시, '달쑤'는 달구벌 수달을 뜻한다. 수달의 귀여움을 강조하고 사람들에게 친근한 모습을 담으려 했다.

한자로는 '大邱', 영문으로는 'Daegu'라고 쓴다. 조선 초기까지만 해도 한자로 '大丘'라 썼지만, 시간이 흐르면서 '大邱'와 섞어 쓰기 시작했고, 철종 때부터는 완전히 '大邱'만 썼다. 大邱로 바뀐 이유는 공자의 이름이 구(丘)였기 때문에 같은 이름을 피했기 때문이다. 어느 쪽이든 한자 뜻을 풀이하면 큰 언덕이라는 뜻으로, 분지 도시인 대구의 특성을 반영한다.

'대구' 외에 달구벌이라는 옛 지명도 달구벌대로, 달구벌고등학교, 달구벌버스, 달빛동맹 등에 쓰인다. 또 달성토성에서 유래한 지명도 많은데, 대표적으로 달성군, 달서구, 성서가 있다. 달성군은 달성토성 근처 지역이라는 뜻이고, 달서와 성서는 달성토성 서쪽의 지역이라는 뜻이다.

대구의 옛 이름으로는 다벌(多伐), 달벌(達伐), 달불성(達弗城), 달구벌(達句伐), 달구화(達句火), 대구(大丘) 등이 있다. 모두 어딘가 비슷한 이름인데 한자의 뜻과는 관계없는 고유어의 음차이다. 즉, 원래는 이 지역을 부르던 고유어가 있었으나, 한글이 만들어지기 전이라 한자로 그 음을 빌려 표기하다가 가장 널리 쓰이는 '대구', '달구벌'이 정착한 것이다. 달성토성 또한 이런 대구의 옛 명칭들에서 유래했다.

대구의 옛 이름들의 연원에 대한 설명은 매우 다양하다. 그중 '달구'의 '달'에 '높다', '크다'의 의미가 있고, 신라의 계림사상에서 기원한 새로움 혹은 철기 문화의 상징인 '닭'에서 유래했다는 연구자료가 있다. 즉, 닭의 벌판이라는 뜻을 가진 닭벌을 음차한 것이 달구벌이라는 것이다. 이에 따르면 달구벌은 대체로 '크고 넓은 벌판' 정도로 이해할 수 있다. 다만, 달구 또는 달구화와 같은 지명이 오늘날 확대된 대구시 전체에 해당하는 것은 아니고, 엄밀히 말하면 현대의 중구, 서구, 금호강 이남의 북구와 달서구 성서에 해당한다.

일제강점기 때의 로마자 표기는 Taikyu다. 일본어 음독으로는 たいきゅう(大邱)라고 불렀다. 해방 후에는 Taegu였으나, 이후 Daegu로 정착했다.

대구 인구는 1949년 대구부에서 대구시로 개칭하면서 518,626명이었다. 2000년 2,556,890면으로 250만 명을 넘어서기도 했지만, 지금은 2,374,960명으로 줄어들었다.

1990년대까지 섬유산업이 주축이었고 이후 자동차/부품 산업을 거쳐 2020년대에는 이차 전지 산업을 대구 경제의 주축으로 밀고 있다. 그러나 시에서 새로운 먹거리를 찾는 것과 경제 활성화에 사활을 거는 것과 별개로 중

대구광역시 인구 추이
(1949년 ~ 현재)

1949년 8월 15일 대구부 → 대구시 개칭

1949년 518,626명 (대구시 313,705명 + 달성군 134,388명 + 군위군 70,533명)

1955년 689,595명 (대구시 487,252명 + 달성군 135,911명 + 군위군 66,432명)

1958년 1월 1일 달성군 동촌면·월배면·성서면·가창면·공산면 → 대구시 편입 및 출장소로 전환

1960년 830,299명 (대구시 676,692명 + 달성군 79,844명 + 군위군 73,763명)

1963년 1월 1일 대구시 월배·성서·가창[제외], 공산출장소[제외] → 달성군 편입 및 면으로 전환

1966년 1,058,961명 (대구시 845,189명 + 달성군 133,511명 + 군위군 80,261명)

1970년 1,280,492명 (대구시 1,080,819명 + 달성군 130,116명 + 군위군 69,557명)

1975년 1,516,332명 (대구시 1,309,131명 + 달성군 139,915명 + 군위군 67,286명)

1980년 1,819,163명 (대구시 1,603,781명 + 달성군 161,922명 + 군위군 53,460명)

1981년 7월 1일 경상북도 대구시 → 대구직할시 승격, 경상북도 달성군 일부[33], 경산군 일부[34], 칠곡군 칠곡읍 편입

1985년 2,153,366명 (대구직할시 2,028,370명 + 달성군 80,300명 + 군위군 44,696명)

1990년 2,357,650명 (대구직할시 2,227,979명 + 달성군 93,797명 + 군위군 36,874명)

1995년 1월 1일 대구직할시 → 대구광역시 개칭
1995년 3월 1일 경상북도 달성군 → 대구광역시 편입

1995년 2,512,166명 (대구광역시 2,478,589명 + 군위군 33,577명)

2000년 2,556,890명 (대구광역시 2,524,253명 + 군위군 32,637명)

2003년 1월(대구광역시 인구 정점) 2,540,647명

2005년 2,539,015명 (대구광역시 2,511,306명 + 군위군 27,709명)

2010년 2,536,412명 (대구광역시 2,511,676명 + 군위군 24,736명)

2015년 2,511,955명 (대구광역시 2,487,829명 + 군위군 24,126명)

2020년 2,441,690명 (대구광역시 2,418,346명 + 군위군 23,256명)

2023년 7월 1일 경상북도 군위군 → 대구광역시 편입

2024년 3월 2,369,962명

인구는 현재 행정구역이 아닌 해당 연도 행정구역 기준, 그래프 최대 값은 270만 명
1949-1990: 통계청 인구총조사, 1995-현재: 행정안전부 주민등록인구통계

〈출처 : 나무위키〉

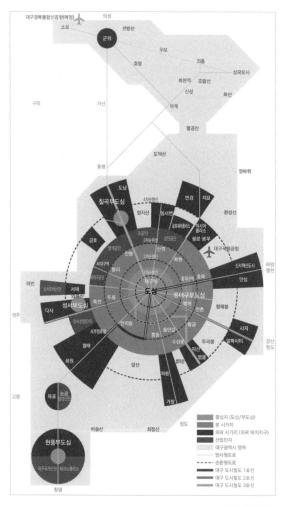

〈출처 : 나무위키〉

앙정부의 발전 소외와 대내외 경제환경의 변화로 인해 대구의 경제는 1990
년대부터 빠른 속도로 침체해 현재는 전국 광역자치단체 중 최하위의 GRDP
를 유지하고 있다.

　1938년 경상남도 의령군 출신의 이병철 회장이 북성로에 지금 삼성의 시작이라 할 수 있는 삼성상회를 설립했다. 이때 삼성을 일으킨 것이 제분업과 제면업으로, 유명한 별표 국수가 대구에서 명성을 날리기도 했다. 1990년대 까지 제일모직 사업장이 있었지만, 구미공장으로 통합됐고 삼성상용차가 성서산업단지에 있었지만 망했다. 지금이야 삼성의 영향력이 상회 시절만큼 크지는 않지만, 삼성의 고향과도 같은 곳이라는 점은 부정할 수 없는 사실이다. 그리고 그 흔적은 대구창조경제혁신센터와 범삼성가 회사들이 지분을 나누어 가지고 운영하는 삼성 라이온즈야구단 등에서 찾을 수 있다.

2010년부터 2015년까지 미친 듯한 집값 상승을 보였다. 내놓을 만한 대기업도 없고 인구가 내림세임에도 집값이 끊임없이 상승하는 것에 대해 투기세력이 부산을 넘어 대구로 왔다는 의견이 있지만, 단순히 그렇게 보기는 집값 상승이 너무나 폭발적인 상황이다. 결국, 2015년 기준으로 집값이 부산을 넘어섰고 전국 광역자치단체를 기준으로 서울, 경기도에 이어 3위를 차지하기도 했다. 이후 2016년도에 들어서 대구의 집값 상승이 둔화했으나, 2017년도 다시 폭발적인 상승을 하고 있으며 2017년 10월 20일 한국감정원 기준으로 1㎡당 시세가 세종시에 이어 4위를 기록했다.

2022년 후반기 이후 어마어마한 낙폭으로 거품이 꺼지며 가장 절망적인 지역이 되었다. 부동산 가격 폭등에 힘입어 수많은 아파트와 재개발 지구를 개발했으며 택지지구와 경산시 개발 등으로 어마어마한 물량이 예고된 상황이다. 인구가 지속해서 하락하고 일자리 부족으로 떠나는 마당에 공급이 과한 상황이다. 원래도 미분양으로 유명했던 지역인데 미분양 물량이 폭증 중이다. 2022년 10월 기준 전국 4만 세대의 미분양 세대 중 무려 1만 세대가 대구에 있다. 게다가 대구 주택 중 1/3이 깡통전세 우려가 있을 정도로 집값이 폭락 중임에도 입주물량은 서울특별시보다 12,000세대가량 많아 절망적인 상황이다. 그런데도 지속적으로 주택 공급이 예정되어 있는 상태다.

유명한 먹거리로 육개장(경상감영공원 옆 진골목), 납작만두(서문시장), 중화 야끼우동(볶음짬뽕)과 중화비빔밥(동성로 중화반점), 따로국밥(중앙시장), 콩국(남문시장), 뭉티기(동인동), 찜갈비(동인동), 무침회(반고개), 곱창(안지랑), 불고기(중앙로), 닭똥집(평화시장) 등이 있다. 앞서 서술한 음식 중에는 대구시청에서 대구 10미(味)로 지정한 것도 있다. 혹시나 대구에 볼일이 있다면 이곳을 참조해서 음식집을 찾아가보는 것도 좋겠다. 막창 유행도 대구에서 시작했으며, 대표 대구 음식 중 하나라고 해도 과언이 아니다. 도시 주변에 있는 도축장과 시장의 영향으로 고기 요리가 발달한 도시 중 한 곳이다.

수성구 들안길 네거리에서 수성못 방향으로 가면 '들안길'이라는 먹거리타운이 있다. 큰 대로변에 여러 종류의 음식점들이 일렬로 들어서 있어서 접근도 용이하고 주차도 편리해 나름대로 대구 외식업의 명물 거리로 유명하다. 각종 회식, 비즈니스 모임, 동창회 등의 장소로 많은 사람이 찾는다.

수성구 :
대구 교육의 중심지

　대구의 동남부에 있는 자치구다. 달서구, 북구 다음으로 대구에서 세 번째로 인구가 많은 자치구로, 도심인 중구, 많은 인구를 바탕으로 하는 달서구와 함께 대구의 중심축을 이루고 있다. 교육열이 높은 지역으로 유명하다. 동으로는 경상북도 경산시, 남으로는 대구 달성군 가창면, 서로는 대구 남구와 중구, 북으로는 대구 동구와 접한다. 구청은 범어역에서 달구벌대로 경산 방향으로 약 200m 거리에 있다.

　동구, 북구 대현동과 함께 청도군 운문면 대천리의 운문댐이 상수원이다.

　수성구의 캐릭터는 물과 두꺼비를 소재로 디자인되었다. 물은 쾌적한 주거환경, 선비의 정자관과 수성못을 모티브로 했고 두꺼비는 복과 안전을 의미한다. 교육도시이자 풍요로운 도시 이미지의 물망이와 수성구 망월지에 살고 있는 두꺼비, 수성구 전설에 나오는 돌두꺼비의 중의적인 의미를 상징적으로 담았다.

　조선 초기까지는 수성현이었으나 대구도호부에 흡수 통합되었고, 일제강점기에는 달성군 수성면 지역이었다. 1938년 수성면 전역이 대구 동구, 남구로 편입되었다. 1975년 10월 신암3동, 신암6동이 동구에서 북구 대현동이 되었다.

1980년 4월 1일 동구에서 분리되어 수성구로 분구되었다. 1981년 대구시가 직할시로 승격됨에 따라 대구직할시 수성구가 되었으며, 동시기에 경산군 고산면(시지)을 편입시켰다. 그리고 1995년 대구광역시 수성구가 되었다.

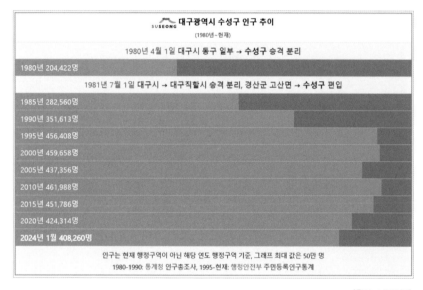

〈출처 : 나무위키〉

1980년 204,422명이었고 2010년 461,988명으로 최고로 인구수가 많았으나 2023년 현재 407,331명으로 줄어들었다.

대구의 관공서와 오피스빌딩이 들어선 주요 업무지구이자 부도심이다. 대구지방법원, 대구고등법원과 대구지방검찰청, 대구고등검찰청, 대구경찰청,

대구지방고용노동청 등 주요 관공서가 밀집해 있고, 대구지역 방송국 3사 KBS 대구방송총국(범어동), 대구MBC(욱수동), TBC(대구방송, 두산동) 등이 모두 수성구에 있다. 과거 KBS 대구방송총국은 동구 신천동에 있었고 대구MBC는 중구 전동에 있었지만, 수성구로 이전하면서 방송국 3사가 모두 수성구에 소재하게 되었다. 그 외에도 2011년 2월에 개국한 대구 극동방송이 이마트 만촌점 근처에 있고, 대구 기독교TV 방송국이 두산동 한샘교회에 있으며, 2012년 12월 30일에 개국한 대구 국악 FM 방송국도 지산동 수성아트피아 안에 있다.

대구에서 가장 집값이 높은 자치구다. 대구 내에서 교육열이 제일 높고, 주거 선호도도 가장 높다. 그러나 일부 지역은 난개발이 심각한 편으로, 특히 과거부터 시가지가 들어선 신천동로 주변은 복잡한 곳도 많다. 투기과열지구 지정 전과 지정 후 한동안은 평당 3,000만 원대로 집값이 미친 듯이 올라서 이목을 받기도 했고, 한때 진정이 되었다가 현재는 보합세를 계속 이어가고 있다. 2023년 7월 기준 평당 2,167만 원에 달한다. 수도권 지역과 비교하면 상급지라고는 할 수 없는 경기도 남양주시(2,176만 원), 군포시(2,173만 원), 부천시(2,211만 원), 일산신도시(2,087만 원)와 비슷한 수준이지만 비수도권 지역 중에서는 부산 해운대구(2,373만 원)와 수영구(2,666만 원), 세종시(2,185만 원)에 이어 4번째로 주택 평당 매매가가 높다.

대구에서 가장 소득 수준이 높은 곳이며 2020년 평균급여에서 전국 11위, 지방에서는 1위를 차지한 바 있다. 링크 지역 특징 문단에서 전술했듯 대구의 강남이란 별명답게 1990년대 이후 대구의 대표 부촌으로 자리 잡고 있다.

수성구의 경우 3차산업이 대세다. 대구는 타 대도시들과 달리 자영업자들의 비율이 굉장히 높은 곳으로, 이 때문에 부자들이 대를 잇는 경우가 많다. 서비스업에 종사하는 사람들이 매우 많으며 4급 이상 고위 공무원들도 많이 거주하는 편이다. 외제차를 끌고 다니는 사람 대부분이 고소득 자영업자나 전문직이다. 범어동, 만촌동, 황금동, 수성동 등 수성구 원도심권에 거주하는 사람들은 전문직들과 4급 이상 고위 공무원들, 교수, 금융업계 종사자들이 대부분이다. 인근 반월당에 있는 법조타운, 병원, 금융회사, 대기업이나 중견 기업의 본사나 지사, 방송국들이 즐비해 주거지와 상업지가 가깝다.

수성구는 대구 교육의 중심지로, 대치동에 버금간다고도 한다. 물론 전반적으로는 서울 강남구와 서초구가 우위에 있기는 하지만, 그래도 교육열 하나만큼은 그에 못지 않다. 흔히 이곳을 강남과 비교하는 가장 큰 이유이기도 하다. 일단 대경권 내에서 강남 8학군 정도의 지위를 가지고 있고 수성구의 교육열과 수준은 전국에서도 높은 것으로 유명하기 때문이다. 즉, 서울을 포함한 전국 단위로 봐도 강남구, 서초구 다음이라 보면 된다. 1980년대 초 경신고등학교, 덕원고등학교에서 전국 최초로 야간자율학습을 시행했다.

1990년대 초반부터 2000년대 초반에는 지산 범물지구에 중산층~상류층 가구들이 몰려 지내고 있었다. 황금동은 연식이 오래된 5층 황금주공이캐슬 골드파크의 터를 차지하고 있었고, 현재 황금태왕아너스 자리는 덕원중학교와 덕원고등학교(이하 초등학교는 초, 중학교는 중, 고등학교는 고로 표기)가 있었다. 지산범물지구는 산과 산 사이 골짜기에 계획적으로 개발된 신도시 지역이라 1990년대 당시 동네 안에 백화점과 영화관, 그리고 버스 종점의 혜택을 누릴 수 있어, 생활면에서 선호도가 높았다. 그에 걸맞게 학원들 또한 지산범물에 몰려 학원가를 형성하고 있었기에, 현재의 범어동과 황금동의 입지를 가지고 있었다. 하지만 지산동에 당시 남녀공학에다 공립인 수성고가 새로 생기면서 단성이면서 역사가 유구한 고등학교나 사립고등학교를 보내기 위해 황금과 범어, 만촌으로 이사하는 경우가 많아졌으며, 부의 이동에 따라 상권과 학원가도 범어동으로 옮겨갔다. 게다가 황금동, 수성동이 2000년대에 급속도로 재개발되어 이사 오는 인구를 받아줄 수 있는 여건이 되다 보니, 지산동과 범물동은 2010년대 들어서 서민~중산층의 주거지가 되었다.

수성3가는 2000년대 후반 악성 미분양으로 인해 '귀신동네'라고 시사고발 프로그램에도 나오곤 했다. 미분양이 심하다 보니 아주 저렴한 가격에 회사 분 전세를 많이 내주었고 많은 사람이 몰려들었다. 수성3가와 범어3동이 그 피해를 가장 많이 본 단지들이다. 수성구에서 비교적 저렴한 집에 살다가 그 집을 팔고 오는 경우도 많았지만, 분양가 4억 원이 넘는 집을 2억 원 수준에 전세로 살았으니 수성구에 거주하려던 사람에게는 좋은 기회였으나, 이후 지산 범물 집값도 폭등하면서 다시 원점화되었다. 범어성당 옆의 범어STX칸, 범어 쌍용예가 아파트는 행정상으로는 범어1동이지만 '수성3가'로 묶여서 불리기도 한다. 비슷한 시기(2008~2009년)에 입주했고 같은 생활권이기 때문이다. 일대가 평평하고 반듯한 입지에 아파트가 오밀조밀 들어있어서 쾌적한 느낌이 든다. 건너편의 범어3동은 지대도 들쭉날쭉하고 길이 많이 휘어 있다. 그래서 수성3가에 비해 선호도가 상대적으로 떨어진다.

최근에는 사회적으로 많아야 4인 가족이고, 핵가족화되는 경향이 심하다 보니 부유층이라고 해도 30평대를 선호하는 사람이 늘어났다. 중소형 평형대 위주여도 부촌으로 통하는 단지가 생겨난 것이다. 대공원아파트가 재건축

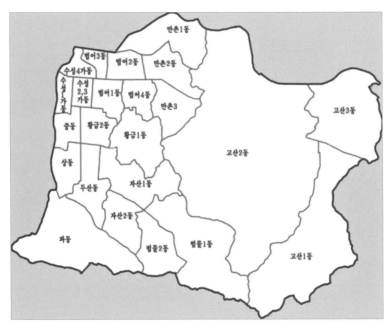

〈출처 : 나무위키〉

해서 범어 SK뷰가 됐고, 뉴대공원아파트가 재건축을 통해 범어풀비체가 됐다. 둘 다 30평대 부촌의 선두주자이고, 앞으로는 이런 단지가 많이 생길 것이다. 대구에 대표적으로 지역주택조합이 성공한 힐스테이트범어가 그렇다. 범어네거리수성범어W 또한 앞으로 대구의 랜드마크가 될 곳인데 35평과 41평으로 이루어져 있다고 한다.

고산2동은 시지동을 비롯해서 노변동, 고모동, 가천동, 이천동, 삼덕동, 연호동, 대흥동을 포함해 수성구에서 가장 많은 법정동을 관할하고 있기 때문에 행정동 면적이 저렇게 큰 것이다. 가장 큰 이유는 고산2동 일대 대부분이 군부대가 산적해 있는 개발제한구역이기 때문이다.

범어1동 인구는 16,025명으로 범어네거리 남쪽에 해당된다. 범어에일린의뜰 (719세대), 유림노르웨이숲(576세대), 궁전맨션(538세대), 수성구청, 수성구의회, 대구수성경찰서, 대구지방고용노동청, 수성국민체육센터, 대백마트 수성범어점이 있으며, 황금2동과 붙어 있는 쪽으로는 식당이나 유흥가도 꽤 많다. 한때 대구를 풍미한 그랜드호텔과 범어 대성당이 있다. 학교는 동도초, 동산초, 대구여고가 있다.

범어2동 인구는 14,714명으로 범어네거리 동북쪽에 해당된다. 중앙에 야시골공원이 있으며, 범어두산위브더제니스(1,494세대), 대구고등법원, 대구지방법원, 대구고등검찰청, 대구지방검찰청, 수성구립범어도서관이 있다. 공원 동쪽은 평범한 주거지역이다. 학교는 범어초가 있다.

범어3동 인구는 17,567명으로 범어네거리 서북쪽에 해당된다. 맞은 편에 법원, 검찰청이 있다 보니 변호사, 법무사, 행정사 사무소가 많다. 아파트단지로 e편한세상범어(842세대), 범어월드메르디앙웨스턴카운티(600세대) 등이 있으며 옛 신천시장 일대가 대대적으로 재개발되면서 범어센트럴푸르지오(705세대) 등이 들어섰다. 학교는 동천초가 있다.

범어4동 인구는 19,573명으로 달구벌대로 남쪽 중 수성구청 동쪽 지역이 해당된다. KBS 대구방송총국이 있다. 달구벌대로 쪽은 학원들이 많아 수성구 학원가를 대표하는 지역이며, 안쪽으로 들어갈수록 산을 깎아 만든 아파트단지들이 늘어서 있다. 대구에서도 손꼽히는 부촌이자 학군지로 꼽히는 동네다. 학교는 경동초, 경신중, 동도중, 정화중, 경신고, 정화여고가 있다.

만촌1동 인구는 21,387명으로 수성구에 속하기는 하나 만촌동보다는 동구 효목동, 신천동, 신암동과 같은 생활권이다. 메트로팔레스 1~5단지, 만촌보성타운(661세대), 대구시립수성도서관, 대구차량등록사업소, 만촌체육공원, 화랑공원, 호텔 인터불고대구, 이마트 만촌점이 있다. 무열로 동쪽은 제2작전사령부 및 직할부대가 주둔하고 있다. 학교는 동문초, 중앙초, 대구동부중, 동원중, 동문고가 있다.

만촌2동 인구는 10,299명으로 1동과 마찬가지로 무열로 동쪽에는 군부대들이 잔뜩 있다. 학교는 동원초, 만촌초가 있다.

만촌3동 인구는 20,718명으로 범어4동과 연담화되어 학구열이 아주 높으며 학교가 많다. 만촌우방타운 1~2차(1,614세대), 만촌삼정그린코아에듀파크(774세대), 만촌자이르네(607세대), 수성대학교가 있다. 학교는 대청초, 대륜중, 소선여중, 오성중, 대구혜화여고, 대륜고, 영남공고, 오성고가 있다.

수성동(壽城洞)은 원래 하동(下洞)이라 불렸으나, 1957년 개칭되었다. 상동, 중동과 연결되는 지명이었다. 상동, 중동, 하동(수성동)은 신천 연안에 펼쳐진 수성평야(수성들) 안에 있던 마을들인데 신천 상류 쪽을 상동, 중간이 중동, 하류 쪽을 하동이라 명명했다. 그래서 지도로 보면 하동(수성동)이 맨 위에, 상동이 맨 아래에 있는 것이다.

수성1가동 관할 법정동은 수성동1가다. 인구는 17,272명이며, 원래 수성동이라는 단일 행정동이었으나 1966년 법정동인 수성동이 3개로 쪼개지면서 수성1·2·3가동으로 이름을 바꾸었다. 1975년에 수성1가동과 수성2·3가동으로 쪼개졌다. 1990년대까지만 해도 오성우방아파트(옛 오성중고 자리)나 신세계타운(옛 대륜중고 자리) 등을 제외하고는 일반주택단지로 되어 있었으나, 현재 재개발로 수성롯데캐슬더퍼스트(979세대)가 들어서면서 수성구 내의 신흥 부촌으로 떠올랐다. 학교는 동성초, 신명여중, 대구 남산고가 있다.

수성2·3가동 관할 법정동은 수성동2·3가다. 인구는 10,926명이며 1975년 수성2가동, 수성3가동이 수성2·3가동으로 합동되었다. 크게 관공서 블럭, 주택가, 아파트단지로 이루어져 있다. 대구은행 본점, 대구은행역, 대구시교육청, 대구수성우체국, 대구동중학교, 수성세무서가 자리 잡고 있고, 그 남쪽에 주택가, 3가 쪽에 수성3가롯데캐슬(802세대), 수성3가화성파크드림 1~2차(615세대) 등 재개발된 아파트단지가 들어서 있다. 대구시교육청의 경우 정작 지역 관할인 동부교육지원청은 경주시 남산동에 있다. 옛 복명초 건물이고, 현 복명초는 범물1동주민센터 옆으로 이전했다. 대구은행 본점이 있는 네거리 이름은 '대구은행네거리'다. 들안로 옆에 수성시장이 있다. 특이하게도 수성시장 옆 골목에는 태백시장과 동성시장이 있으나, 이들의 인지도는 수성시장에 비하면 공기 수준이다. 대구은행역이 수성동2가와 4가에 걸쳐 있고, 수성시장 남쪽의 수성시장네거리에는 대구 도시철도 3호선 수성시장역이 있다. 수성우체국과 함께 경북지방우정청이 있었으나 경북지방우정청은 동구 입석네거리로 동대구 우체국과 함께 신축, 이전했다. 수성우체국은 생활권을 함께 하고 있는 달성군 가창면도 관할한다. 학교는 동일초, 대구동중이 있다.

수성4가동 관할 법정동은 수성동4가이고 인구는 13,510명, 수성교와 대구은행네거리를 잇는 달구벌대로 이북에 해당된다. 1980년 수성구가 출범하면서 동구 신천3동과 신천4동 일부를 편입시켜 만들었다. 수성1·2·3가와는 달리 일찍부터 수성보성타운(1,032세대), 수성태영데시앙(718세대), 수성화성쌍용타운(677세대), 수성e편한세상(664세대) 등의 아파트단지로 개발되었다. 이중 화성쌍용타운, 보성타운, 수성하이츠, 사랑마을우방, 우방팔레스 등의 자리에는 원래 코오롱 대구공장이 있었는데, 1993년 코오롱 대구공장이 문을 닫고 설비는 구미공장으로 이전했으며 대구공장의 매각대금으로 김천공장을 새로 지었다. 그래서 이 일대를 '코오롱지구'로 부르기도 했으며 대구에서 택시 타고 "코오롱부지○○아파트로 가주세요" 하면 다 알아듣는다. 수성동2가와 수성동4가에 걸쳐 있는 대구은행역이 코오롱지구와 연계된다. 학교는 대구중앙중, 대구중앙고가 있다.

황금1동 인구는 22,514명이다. 캐슬골드파크 1~5단지, 황금주공3차(978세대), 힐스테이트황금동(782세대), 수성지구2차우방타운(535세대) 등 대부분이 아파트단지로 산속에 지어진 동네. 산 밑으로 내려가면 범어4동이다 보니 학원가도 가까워서 자녀 교육에 좋고 조용한 살기 좋은 동네. 국립대구박물관이 있다. 학교는 성동초, 경북고가 있다.

황금2동 인구는 11,675명이다. 1동과는 정반대의 이미지를 가진 동네로, 음식점이 굉장히 많으며 더불어 유흥가도 발달했다. 성인을 대상으로 한 복합상권이 상당히 발달한 곳이다. 학교는 황금초, 황금중, 대구과학고가 있다.

중동 인구는 13,084명이다. 아파트는 별로 없고 빌라와 주택 위주의 주거지역이었으나 재개발이 진행되면서 수성효성해링턴플레이스(745세대), 수성골드클래스더센텀(588세대) 등의 아파트단지가 들어서고 있다. 수성구보건소가 있고, 학교는 삼육초가 있다.

상동 인구는 15,097명으로 신천변에 있으며 중동과 더불어 평범한 주거지역이다. 수성 동일하이빌 레이크시티(1,411세대), 대구한의대학교 부속 대구한방병원, 아르떼 수성랜드가 있다. 학교는 수성초, 덕화중이 있다.

파동 인구는 11,307명 1957년 11월 6일 가창면이 대구시에 편입되었다가 1963년 달성군에 되돌려줄 때, 유일하게 돌려주지 않은 곳이다. 가창면과 수성구의 길목에 해당하는 곳으로, 30번 지방도가 있다. 예전 마을 일부는 앞산터널로의 건설로 인해 없어졌고 또 일부는 재개발했다. 이 지역의 대구 4차순환도로 구조가 복잡한 데다가, 너무 높이 건설되어서 미관상 좋아보이진 않는다. 그래도 교각 하부에 공원을 조성해놓기는 했다.

대신 순환도로 건설로 교통이 편리해졌고, 주택가였던 지역들의 재개발이 진행 중이다. 수성더팰리스푸르지오더샵(1,299세대), 수성못코오롱하늘채(832세대) 등은 완공되었으며, 2025년까지 재개발이 끝나면 약 5,200세대의 대규모 아파트단지로 탈바꿈할 예정이다. 학교는 파동초, 수성중이 있다.

옛날에는 파동 일원에 시내버스 회사들의 차고지가 많았다. 한영교통, 현대교통, 세왕교통, 일신교통, 우일교통이 있었다. 우일교통은 대현교통의 청산 이후 범물1동주민센터 종점으로 이전하고 2002년과 2003년 사이에 재개발이 시작되면서 세왕교통을 제외한 모든 회사가 차고지를 이전했다. 마지막까지 버티던 세왕교통도 2010년 차고지 부지에 4차 순환도로가 올라가게 되어 가창면 삼산리로 밀려났다.

두산동 인구는 14,443명으로 동북쪽인 황금역 근처에 수성대우월드트럼프(967세대), 수성SK리더스뷰(788세대), 홈플러스 대구수성점이 있다. 동 전반에 걸쳐 음식점들이 대단히 많다. 무학로 남쪽으로는 수성못, 수성유원지가 있어 대구시민들의 쉼터로 애용된다. 학교는 들안길초가 있다.

지산1동 인구는 20,143명이며 무학산에 접한 북쪽과 지산네거리가 있는 남쪽으로 시가지가 분리되어 있다. 북쪽에는 동대구로 변에는 수입차 전시장이 많고 그 안쪽으로는 빌라와 주택 위주의 주거지역이며 대구시경찰청, 대구시교통연수원, 수성아트피아가 있다. 남쪽 지산보성맨션(526세대) 건너편에서부터 범물역까지는 흔히 먹자골목이라고 불리는 상권이 형성되어 있으며, 그 뒤로 지산타운아파트(630세대), 지산5단지아파트(1,076세대) 등이 있다. 학교는 두산초, 지봉초, 지산초, 능인중, 능인고와 특수학교인 대구남양학교가 있다.

지산2동 인구는 19,042명이며 더샵수성라크에르(899세대), 목련아파트(770세대), 지산리더스아파트(694세대), 지산한라타운(555세대), 지산협화맨션(552세대) 등 아파트단지가 굉장히 많다. 그야말로 아파트 중심의 주거지역이다. 학교는 용지초, 지산중, 수성고가 있다.

범물1동 인구는 10,512명이며 범물용지아파트 2~4단지, 범물하이츠아파트(1,000세대), 범물영남보성아파트(885세대), 범물청구아파트(594세대) 등 대부분 아파트단지다. 범물공영차고지, 제2범물공영차고지, 대구 도시철도 3호선의 종점인 용지역이 있어 대중교통을 상대적으로 편하게 이용할 수 있다. 범물네거리 앞에는 동아백화점 수성점이 있고 그 주변으로 상권이 형성되어 있다. 북쪽 끝에는 대구수성소방서가 있다. 학교는 범물초, 복명초, 범일중이 있다.

범물2동 인구는 16,281명으로 지산범물지구의 가장 안쪽이다. 범물 창신 태성한라맨션(804세대), 수성하늘채르레브(709세대), 범물청아타운(680세대), 우방미진하이츠아파트(661세대), 범물서한화성아파트(612세대), 범물신화에덴아파트(522세대) 등 역시 대부분 아파트단지다. 학교는 범일초, 범물중이 있다.

고산1동 인구는 31,180명으로 수성구 행정동 중 인구가 가장 많다.

달구벌대로를 기준으로 남쪽에 있으며, 법정동 신매동은 이 달구벌대로를 기준으로 고산3동과 나누어져 있긴 한데, 대부분은 고산1동에 속해 있다. 달구벌대로 이북의 일부만 고산3동이 관할한다. 시지지구의 중심에 해당되는 곳으로 시지지구 상권의 대부분이 이곳에 집중되어 있다. 또한 화성파크드림은 이웃 경산시와의 연담화가 완전하게 진행된 상태다. 주요 시설로 수성구립고산도서관, 천주성삼병원, 대구시립시지노인전문병원, 대구MBC 등이 있다. 학교는 대구 사월초, 신매초, 욱수초, 덕원중, 시지중, 덕원고, 시지고가 있다.

고산2동 인구는 27,034명이고 시지지구의 서쪽을 관할하고 있으며, 법정동 노변동과 시지동에 대부분의 인구가 몰려 있다. 농고 부지가 워낙에 큰 탓에 시지지구 중심상권과 연계가 조금 부족한 편이긴 하다. 그나마 대구 도시철도 2호선 고산역이 고산초등학교 앞에 있고, 버스 정류장이 허브 수준이라서 현풍읍의 DGIST를 제외한 대구-경산권의 모든 대학을 환승 없이 다닐 수 있다. 또한 수성알파시티사업이 진행되면서 2023년 기준 시지지구 최신축 아파트단지인 대구수성알파시티청아람(844세대), 수성알파시티동화아이위시(698세대)가 건설된 상태다.

대흥동은 원래 내환동(内患洞)이었는데 동의 명칭이 '내우외환'이라는 안 좋은 사자성어를 연상하게 한다고 해 2002 FIFA 월드컵 한국/일본을 앞두고 크게 흥한다는 뜻의 대흥동으로 개칭되었다. 아이니테마파크는 대흥동에서 가장 큰 규모의 시설인데, 대구스타디움에서 경기와 같은 행사가 있을 때만 사람들로 붐빈다. 최근에는 안에 CGV 대구스타디움이 생겼다. 평소 인근 주민의 산책 코스로노 사랑받는 곳이기도 하다. 그 옆 삼덕동에는 2011년 5월 개관한 대구미술관이 있다. 대구 도시철도 3호선의 연장 구간에 해당되는 곳이지만 연장 가능성은 현재로서는 거의 없다. 2024년에 대구미술관 옆에 대구간송미술관이 들어설 예정이다.

고산3동 인구는 31,028명이며 원래 고산1동에 속했으나 시지지구 개발로 인구가 증가한 이후 1996년에 고산1동으로부터 분동되었다. 아파트단지들은 주로 신매역을 중심으로 달구벌대로 이북에 많이 있다. 아파트단지에서 더 위로 올라가면 않지만, 논이 펼쳐져 있다. 거기다 옆 동네 성동은 완전한 시골마을로, 아파트단지에 위화감 넘치게 펼쳐진 농경지의 대부분은 성동이라고 봐도 무방하다. 특히나 포도밭이 많은데, 사실 고산동 일대가 개발되기 전에는 온통 포도밭이었고 고산포도로 유명했다. 모산골과 고산서당이 성동에 있다. 사월동에는 고인돌이 있는데, 이게 뜬금없이 아파트단지 안에 있다. 사월보성2차아파트 안에 낮은 울타리로 쳐놓고 있다. 관리를 제대로 안 하는지 해당 아파트는 잔디 정리가 잘 된 편인데 고인돌 울타리 안은 정말 관리안 된 상태 그대로다.

욱수천과 경부선 사이에 있는 사월역 근처는 공장과 운전면허학원 등이있어 경계지의 느낌이 나며, 경부선 너머에 있는 시지태왕리더스(527세대), 시지 한신휴플러스(510세대) 등은 사실상 경산이라고 봐도 될 정도로 경산시가지와 딱 붙어 있으며 도로도 경산 방면으로 나가는 것이 더 편할 정도다. 관내 학교는 시지초, 매동초, 매호초, 매호중이 있다.

중구 :
인구밀도가 가장 높은 곳

중구는 남구와 함께 대구의 도심 역할을 한다. 시에서 인구는 제일 적지만, 면적이 가장 좁은 터라 인구밀도가 가장 높다.

동쪽으로는 수성구, 동북쪽으로는 동구, 북쪽으로는 북구, 서쪽으로는 서구, 남서쪽으로는 달서구, 남쪽으로는 남구와 접한다. 다시 말해 대구의 모든 자치구와 접한다. 그야말로 대구의 중심. 중구라는 명칭에서도 알 수 있듯이 중구는 사통팔달 도심교통 1급지다. 시내버스 노선 대다수가 중구를 경유하고 대구 도시철도의 모든 노선의 환승역이 중구 소재다.

대구 대구부 지역이 그 모체이며 원칙적으로는 이곳만 대구다. 1953년, 이전까지 시 직할이었던 도심지역에 중부출장소와 종로출장소를 설치, 1963년 구제가 실시되고, 두 출장소를 통합해 중구로 승격되었다. 그 후 1980년 남구의 남산동과 대봉동 북부를 편입했다. 1981년 대구가 직할시로 승격하고 1988년 지방자치법이 개정됨에 따라 자치구가 되어 지금에 이른다.

〈출처 : 나무위키〉

1970년 148,961명에서 1980년 218,366명으로 최고로 많았으며 2020년 76,547명으로 줄었다가 2023년 아파트 신축으로 인해 89,064명으로 조금 늘었다.

대구의 대부분이 근대 이전 대구읍성의 성내 부분으로 이루어져 있는 역사가 깊은 지역이다. 그 대구읍성은 일제강점기 때 헐렸는데, 성곽을 부순 자리에는 길이 생겨 현재의 동성로(현재 우리가 아는 시내 동성로), 서성로(서문시장 일대), 남성로(약령시 일대), 북성로(대구역 역전 일대)를 구성하고 있다. 이 거리들의 어원을 모르는 사람들이 은근히 많다.

서울로 치면 한양의 사대문 안과 비슷한 지역이다. 삼국시대 초기 토성유적인 달성 역시 중구 서쪽 끝에 있으며 대구의 감영, 성곽, 군영, 대구향교(원래 교동에 있었다), (옛날과 지금의) 서문시장은 물론 성당이나 교회 같은 근대 건축물까지 모두 중구 안에 있다. 아울러 나이 많은 분 중엔 옛날에 중구 시내를 성내(城內)라고 불렀다는 분도 있으며 지역 조폭인 향촌동파, 동성로파(모두 중구)는 서로 같은 '성내 식구들'이라 부르기도 했다.

일제강점기에 동성로와 신천 사이에 있는 동인동, 삼덕동, 봉산동이 일본인의 거주지였던 터라 일본인의 관사와 주택, 공공시설들이 지어졌고 재개발을 거친 지금도 이 동네에는 가끔 일본식 주택이 발견된다. 일본인 사찰(관음사)과 일본인 성당(성공회 대구성당)은 사용 주체만 바뀌어 아직도 그 역할을 하고 있다.

도심 공동화 현상으로 실거주 인구는 지속적으로 줄고, 따라서 번화한 낮과 썰렁한 밤의 대비가 아주 인상적이다. 현재 대구의 자치단체 중 인구가 가장 적어 국회의원 선거도 남구와 합쳐서 1명을 뽑는다. 그래서 행정구역 통폐합 정책으로 남구와 통합을 추진했으나 현재는 거의 흐지부지되었다.

하지만 대봉동과 중구 삼덕동 1~3가 일대는 1960년대부터 1980년대 대구의 1세대 부촌이었을 정도로 좋은 입지를 자랑한다. 1970년대부터 입주했던 대봉동 아파트들은 당시 최고 부자들의 거주공간이었다. 특히 1986년 경북고가 이전한 자리에 생긴 청운맨션은 삼성그룹 창업주 이병철의 형이 살았을 만큼 부자 아파트, 고급 아파트였으며, 1990년대 초반~2000년대 수성구 시대가 시작되기 전까지만 해도 대봉동의 아파트단지는 남구 봉덕동의 아파트단지와 함께 대구의 투톱이었다. 2000년대부터 노후화가 진행되면서 현재는 슬럼화된 측면이 있지만, 일대의 재개발, 재건축사업으로 인해 2020년대에 다시 한번 옛 영광의 재현을 기대할 만하다. 2005년 2호선과 3호선이 남북으로 생겼고 동쪽으로 김광석길, 신천, 대백프라자, 수성구가 있고 서쪽으로는 대구 시내를 끼고 있는 원도심 핵심지이기 때문이다. 갈수록 학령인구가 줄어들고 고령화는 심해지는 추세에서 학군보다는 교통이 편리하고 편의시설, 의료, 문화 등 이른바 생활 인프라가 잘 갖추어진 곳이 각광을 받는 시대인데 대봉동이 그 조건에 상당히 부합한다고 할 수 있다. 그렇다고 대봉동 일대가 학군이 아주 나쁜 것도 아닌 것이 평준화와 도심 공동화, 수성학군의 성장으로 인해 예전만 못하긴 해도 전통적으로 대구의 명문고에 속했던 경북대학교사범대학부설고, 경북여고가 멀지 않다.

　중구는 오랫동안 대구의 중심 상업지구였다. 실제로 중구에는 얼마 전까지만 해도 남산동 등 일부 동네를 빼면 아파트단지를 보기 어려웠다. 그러나 2010년대 후반 들어서 태평로 일대의 오래된 공업지역과 슬럼화된 주거지역이 있던 자리에 1군 건설사의 대규모 아파트단지의 분양, 입주가 시작되었다. 이후 중구 곳곳의 1960~70년대 형성된 오래된 주택단지가 있던 곳에 재개발사업이 이루어지면서 주거단지로 새롭게 떠오르고 있다. 남산동의 청라언덕역 일대도 천지개벽이 일어나고 있는 동네다. 환승역인 청라언덕역 더블역세권, 롯데건설 롯데캐슬, GS건설 자이, 대림산업 e편한세상 등 메이저 브랜드의 파급력은 상당할 것이다. 모 아파트의 경우는 106㎡에 분양가 7억 8,000만 원을 기록할 정도로 분양 중인 중구 아파트 전체의 분양가가 기존보다 상향 평준화되고 있어서 대구에서는 수성구에 이어 집값이 두 번째로 비싼 동네가 되었다. 2020년 10월 기준 평당 1,320만 원이다. 다만 이 같은 재개발 과정에서 도로망 확충이 이루어지지 않으면서 발생하는 교통 정체, 주거지와 상업지의 구분 없이 뒤섞인 난개발, 도심 기능의 악화는 해결해야 할 문제다.

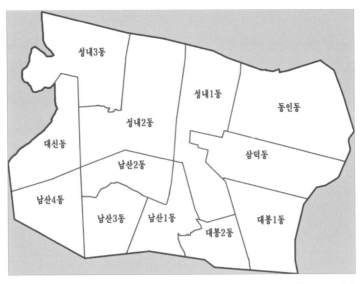

〈출처 : 나무위키〉

　동인동 인구는 8,372명이다. 대구시청, 중구청, 국채보상운동기념공원, 경북대학교 의과대학이 있다. 동인동 찜갈비골목이 유명하다. 학교는 동인초가 있다.

　삼덕동 인구는 6,643명이다. 행정복지센터는 삼덕청아람리슈빌아파트 인근에 있다. 1998년 행정동 삼덕1·2가동과 삼덕3가동이 삼덕동으로 통합되었다.

　경북대학교병원, 경북대학교치과병원이 있다. 삼덕초 뒤편의 삼덕동3가는 담장 없는 집, 마을 벽화, 머머리섬 인형마임축제와 같은 마을 축제 등 도심 속의 마을 가꾸기 행사가 활발한 곳으로 유명하다.

　동성로 메인로드(진짜 동성로 : 옛 한일극장–대구백화점–중앙파출소)는 동성로 1~3가(행정동 성내1동)이지만, 야시골목이나 로데오거리(대구 최고의 유흥가이자 클럽거리)는 삼덕동1가에 속한다. 삼덕동3가에는 대구도시개발공사와 계룡건설산업이 공동으로 재개발한 삼덕청아람리슈빌(730세대)이 있다. 학교는 동덕초, 삼덕초가 있다.

성내1동 관할 법정동은 공평동·교동·남일동(일부)·덕산동(일부)·동문동·동성로1가·2가·3가(일부)·문화동·봉산동·북성로1가(일부)·사일동·상덕동·완전동·용덕동·태평로1가·포정동(일부)·화전동이다. 인구는 4,868명이며 중앙대로를 기준으로 동쪽에 해당된다. 동성로 메인로드에 해당되는 동네로 동성로 상권의 핵심이다. 대구역과 롯데백화점 대구점도 포함되며 과거 대구백화점 본점이 있었으나 폐점했다. 달구벌대로 남쪽의 법정동 봉산동 지역도 성내1동에 해당되며, 여기는 특색 있는 점포가 많은 봉산문화거리가 있다. 학교는 경북대사대부초, 대구초, 대구제일중이 있다.

성내2동 관할 법정동은 계산동1가·2가·남성로·남일동(일부)·대안동·덕산동(일부)·동산동(일부)·동성로3가(일부)·동일동·북내동·북성로1가(일부)·2가·상서동·서내동·서성로1가(일부)·2가·수동·수창동(일부)·장관동·전동·종로1가·2가·태평로2가·3가(일부)·포정동(일부)·하서동·향촌동이다.

인구는 5,872명이며 중앙대로 서쪽에 해당하고 1동보다 연령대가 높다. 경상감영공원, 진골목, 대구중부경찰서, 대구우체국, 약령시, 더현대 대구, 롯데시네마 프리미엄만경, 동아백화점 쇼핑점, 공구골목이 있다. 과거 계명대학교 동산병원이 있었으나 달서구로 이전했으며 해당 부지는 계명대학교 대구동산병원으로 이용되고 있다. 학교는 종로초, 성명여중, 신명고가 있다.

성내3동 관할 법정동은 달성동·도원동·동산동(일부)·서문로2가·서성로1가(일부)·서야동·수창동(일부)·시장북로(일부)·인교동·태평로3가(일부)다. 인구는

9,030명이며 1, 2동과 달리 번화가의 느낌은 없으며 중구보건소, 달성공원 말고는 특별한 것은 없는 전형적인 구도심의 느낌이다. 다만 성내동 재개발에서 차지하는 비중은 가장 크며 달성파크푸르지오힐스테이트(1,501세대), 대구역센트럴자이(1,005세대), 대구역제일풍경채위너스카이(604세대) 등이 들어서면서 인구가 반등했다. 학교는 수창초가 있다.

대신동 인구는 7,558명이고 관할 법정동은 대신동·시장북로(일부)다.

남산1동 인구는 4,260명이며 중앙대로를 쭉 따라가는 동네고 대구향교가 있다. 학교는 명덕초, 경북여고가 있다.

남산2동 인구는 7,272명으로 달구벌대로 남쪽에 해당된다. 대구동부교육지원청이 있으며 남산초등학교 옆에 재개발을 통해 남산롯데캐슬센트럴스카이(987세대)가 들어섰다. 학교는 남산초가 있다.

남산3동 인구는 6,203명이며 대구가톨릭대학교 유스티노캠퍼스가 있고 그 바로 옆에 천주교 대구대교구청, 샬트르성바오로수녀원이 있어 천주교에서 차지하는 부지가 크다. 그 외에는 극동스타클래스남산(946세대) 등 평범한 주거지역이다. 학교는 경구중, 경북공고가 있다.

남산4동 인구는 16,476명으로 중구 행정동 중 인구가 가장 많다. 남산자이하늘채(1,368세대), 보성황실타운(1,058세대), 청라힐스자이(947세대), 남산그린타운(804세대), 청라센트럴파크(604세대) 남산동 4개 행정동 중 아파트단지의 비중이 가장 큰 동네다. 대구중부소방서, 남산종합사회복지관이 있다.

대봉1동 인구는 7,823명이며 동덕로 서쪽은 센트로팰리스(843세대), 청운맨션(669세대) 등의 아파트, 동쪽은 주택과 빌라가 들어서 있다. 중구청라국민체육센터, 김광석다시그리기길, 대백프라자, 방천시장이 있다. 학교는 경북대사대부중, 경북대사대부고가 있다.

대봉2동 인구는 4,687명이고 더샵리비테르 1~2차(1,337세대)가 2022년 3월 준공되면서 인구가 반등했다. 그 외에는 대부분 주택지역이며 일부 재개발이 진행 중인 곳도 있다.

동구 :
대구에서 가장 넓은 자치구

동구의 면적은 대구의 자치구 중 가장 넓다. 동으로는 경상북도 경산시 하양읍/와촌면, 남으로는 대구 수성구, 경상북도 경산시, 서로는 대구 북구, 중구, 북으로는 대구 군위군 부계면, 경상북도 칠곡군 동명면, 영천시 신녕면에 접한다.

행정구역이 넓지만, 산지가 많은 편이어서 실질 시가지 면적은 그렇게 크지 않으며 산불이 자주 발생한다. 설날 당일에 초례봉 언저리에서 산불이 났을 때, 사회복무요원들과 공무원들은 산불 진화로 동분서주하고 귀경객들은 고속도로에서 그 모습을 보고 있기도 했다.

연근이 특산물이며 전국 생산량의 50~60%를 차지한다. 과거에는 전국 사과 생산의 80%를 책임졌지만, 기후변화로 인해 청송군, 안동시, 영주시, 문경시 등 경북 북부 지역으로 유명세가 옮겨졌다. 그나마 팔공산 자락의 평광동에 사과재배지가 일부 남아 명맥을 잇고 있다.

본래 동구 지역은 크게 금호강 이북 지역인 구 해안현 일대(해동촌면, 해서부면, 해서촌면, 해북촌면) 일대와, 금호강 이남의 수성면 일대(수동면, 수북면, 수현내면), 그리고 안심 일대로 각각 그 관할이 다 달랐다. 1914년 부군면 통폐합이 이루어지면서 해동촌면과 해서부면이 해안면으로, 해서촌면과 해북촌면이 공산면으로 개편되었으며, 수동면과 수북면 및 수현내면이 수성면으로 통합되었다.

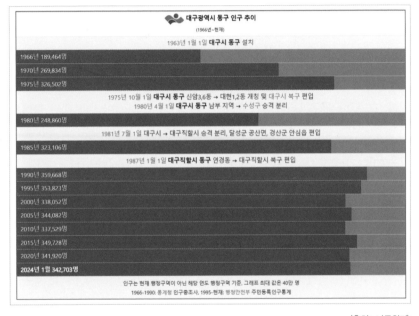

〈출처 : 나무위키〉

금호강 동쪽의 지역은 팔공산과 팔공산 기슭의 경산시까지 금호강을 따라가는 긴 평지로 이루어져 있는데, 이 평지 지역, 불로동, 봉무동, 지저동 일대에도 많은 인구가 살고 있다.

금호강을 경계로 금호강 서쪽과 동쪽으로 분할된 구조를 가지는데, 선거구는 딱 동구 갑/을로 나뉘었지만, 인구 문제로 검사동, 입석동 일대가 갑구로 넘어갔다. 시내와 인접한 서쪽은 대구 교통의 중심지라고 할 수 있다. 신세계 동대구 복합환승센터(동대구터미널)와 동대구역이 이곳에 자리한다.

시내에서 신천을 건너 금호강 이전까지에 해당하는 지역은 6·25 이후 피난민들이 모여 살며 발전한 곳으로, 1970년대 시영아파트들을 시작으로 아파트가 지어지기 시작해 최근까지 쭉 아파트 대단지로 재개발이 이루어지고 있다. 이에 따라 피난민촌이 집중적으로 발달했던 신천 둔치 주변의 신암동과 신천동에는 모두 아파트가 들어서 있다. 신천대로를 따라 지나 보면 북구 대현동부터 수성구 중동까지 신천을 따라 길게 늘어선 아파트를 구경할 수 있다. 그 뒷편 대구파티마병원 일대와 동대구역 일대는 아직 오래된 주택들이 가득하다. 다만 동대구터미널 건너편에도 호텔과 오피스텔이 들어서고 있다. 그러다가 금호강 부근에 들어서면 다시 아파트 대단지가 나타난다.

금호강 동북쪽으로 다리를 넘으면 길게 펼쳐진 평지와 고도제한으로 인한 낮은 건물들 때문에 갑자기 시야가 확 트이는 신기한 경험을 할 수 있다. 같은 동구임에도 전혀 다른 도시인처럼 느껴질 정도다. 아파트도 15층 정도로 고도제한이 되어 있다. 용계역 근처에서 착륙하는 비행기를 볼 수 있을 정도니. 율하지구와 동호지구의 아파트들이 대부분 15층대로 낮다. 비행장에서 동쪽으로 더 이격되어 있는 안심 쪽은 아파트 높이가 조금 더 높은 편이다.

팔공산 일대 및 군위군, 칠곡군 경계 지역은 철저한 오지로 분류된다. 반야월 지역 중 저탄장(안심연료단지) 북쪽의 상매동과 매여동, 경산시 하양읍과 경계가 있는 숙천동 북쪽의 내곡동 역시 철저한 오지다. 동내동도 철저한 오지였지만 대구신서혁신도시가 들어서면서 오지에서 벗어났다.

현재 각산동, 신서동, 동내동 일대에 대구신서혁신도시 및 대구경북첨단의
료복합단지가 있다.

신천동 쪽의 대구 지역을 거의 관할하고 있었으나 많은 부분을 수성구에
떼 주었다. 그러다 수성구가 잘 나가서 인구가 너무 많아지자 몇몇 동(수성동
4가와 범어3동)을 반환받으려 했지만, 해당 동에 사는 학부모들이 자녀들을 동
구에 있는 중고등학교에 보내는 것을 기피하는 바람에 무산되었다. 이는 대
구의 수성학군은 대구 강남 8학군이라 불릴 만큼 학구열이 높은 지역인 데
반해 동구 학군은 그냥 딱 평범한 수준이기 때문이다.

참고로 수성구와 동구는 같은 학군이다. 그래서 수동구라는 명칭도 생겼
다. 그러나 동구에서 곡성군 학교로 써내면 안 된다. 실제로 중고등학교 원서
쓰는 시기가 되면 교육청과 경찰에서 일일이 실제 수성구 내 거주 여부를 조
사한다. 위장전입을 방지하기 위해서다. 이 덕분에 동구 집값은 매년 제자리
걸음이지만 수성구 집값은 고공행진이다.

대구에 오는 대부분 외지인이 가장 처음 마주하게 되는 대구의 관문인 동
네다. 전국 열차이용객 순위 2위이자 정차순위 1위인 동대구역과 고속버스터
미널인 동대구역복합환승센터 동대구터미널, 전국 5대 흑자공항인 대구국제
공항이 있고, 경부고속도로와 신대구부산고속도로가 만나는 동대구분기점
과 동대구IC가 있다.

금호강 이남 지역인 신암, 신천, 효목동의 대중교통 인프라는 매우 훌륭한

데, 북구와 동구의 경계인 신천 칠성교부터 금호강의 아양교까지 지나가는
버스 노선이 10여 개가 넘는다.

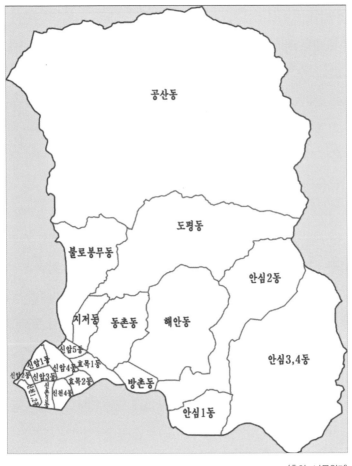

〈출처 : 나무위키〉

신천1, 2동 인구는 11,915명이고 신천과 송라로 사이의 지역이다. 이곳은
중구 동인동, 삼덕동과 가까워 중구의 전화국번을 공용한다. 신천LH아파트
(917세대), 신천역 센트럴리버파크(785세대), 신천주공2단지(609세대), 우방푸른타

운아파트(607세대), 신천휴먼시아6단지(550세대) 등 아파트단지가 꽤 있는 주거지역인 반면 학교가 없다.

신천3동 인구는 14,500명이며 KBS대구방송총국이 있었는데 KBS는 수성구 범어4동으로 이전했다. 대구상공회의소, 대구무역회관, 대구벤처센터 등 경제 관련 기관들과 대구동부소방서, 영남일보가 있으며, 동대구반도유보라(764세대), 동대구역센트럴시티자이(553세대) 등의 아파트단지들이 꽤 있다. 학교는 신천초, 청구중, 청구고가 있다.

신천4동 인구는 8,045명이며 동대구역 고속·일반철도 역사가 있는 신암4동과 더불어 대구의 양대 관문 역할을 하는 동네로, 동대구역 도시철도 역사, 고속버스터미널/동부정류장/남부정류장을 통폐합해 신축한 신세계 동대구복합환승센터(동대구터미널)과 신세계백화점 대구점, 대구신세계가 있다. 그리고 동대구세무서와 옛 대구 동양 터미널 사이에 왕복 4차로 도로(동부로30길)가 있는데, 이 길 주변으로 나름의 상권이 형성되어 있고 대구메리어트호텔, 현대아울렛 대구점과 오피스텔, 모텔 등이 많다. 다만 이 길로는 대구 시내버스가 다니지 않는데, 2006년 개편 전에 있던 717번이 편도 운행했지만 폐선되어 현재는 영천 55번, 555번 만 편도 운행하고 있지만 정작 정류장이 하나도 없다. 학교는 효신초가 있다.

상업지역의 느낌이 많이 나는 서북쪽과 달리 동남쪽은 주거지역으로 동대구비스타동원(524세대) 등의 아파트단지와 주택이 있으며 옛 동부정류장 부지는 재개발 중이다.

효목1동 인구는 12,485명이고 금호강에 접해 있으며 강변에는 해맞이공원과 동촌유원지가 있고 그 옆으로 음식점들이 꽤 많다. 그 외 진로이스트타운1차(897세대), 대구지방기상청, 아양아트센터, 망우당공원이 있다. 학교는 효동초, 대구일마이스터고가 있다.

효목2동 인구는 13,330명이다. 경부선 서쪽에 있어 수성구와 시가지도 연결되어 있고 전화 국번도 공유하는 등 수성구 생활권이다. 태왕 메트로시티(1,859세대), 동대구 비스타동원 2차(627세대)가 경부선변에 있으며, 현재까지 그 외에는 대단위 아파트단지는 없었으나 최근 동대구역의 발전으로 새로운 아파트단지들이 생기는 중이다. 대구지방법원 등기국이 있다. 학교는 효목초가 있다.

도평동 인구는 3,769명이며 원래 도동과 평광동이 따로 있었으나 1996년 합동되었다. 1975년 검사1동이 도동에 편입되었으며 법정동 검사동은 그 흔적이었다가 동촌동으로 완전히 넘어갔다. 평광동은 원래 공산면 소속이었으나 1957년 대구시에 편입할 때 동촌출장소에 넘어갔다.

도동에는 대한민국의 천연기념물 제1호인 대구 도동 측백나무 숲이 있다. 평광동은 산속 깊은 산촌 마을로, 대구 사과의 주산지이기도 하다.

이곳의 향산이 일본의 두 번째 부자이며 소프트뱅크 회장인 손정의의 조상과 친척들이 모여 사는 동네로 일직 손씨의 집성촌이다. 옛 동구청장이 손정의에게 방한할 일이 있으면 겸사겸사 조상들의 묘소를 한번 방문해달라고 요청했는데 손정의는 한 번도 오지 않았다. 사업가로 성공하기 전에는 할머니와 함께 고향에 온 적이 있다고 한다.

불로봉무동 인구는 20,469명이다. 불로교 및 팔공산IC 입구에서 도동 및 지저동과 만나고, 공항교를 건너가면 북구 복현2동이다. 불로동에는 불로동 고분군이 있다. 금호강변의 지저동과 이웃해 있는 불로동 일부는 동촌 생활권이지만, 사실 불로봉무동은 전화국번을 동촌 쪽과 공용(980국)할 뿐 동촌 지역과 비교적 떨어져 있고, 팔공산 권과도 떨어져 있어서 옆 마을인 도평동과 함께 독립된 생활권을 형성하고 있다. 그리고 불로동과 봉무동의 경계는 경부고속도로로 구분되기 때문에 두 법정동 간에도 다소 거리감이 느껴지며, 불로동은 오히려 도평동과 붙어 있다.

불로동에는 대구동구노인종합복지관, 불로동고분군, 봉무동에는 대구경북경제자유구역청, 이시아폴리스, 대구섬유박물관, 봉무공원, 한국폴리텍대학 영남융합기술캠퍼스가 있다. 봉무공원 옆에는 봉무사격장이 있었는데, 사격장은 북구 금호동 문주마을 북쪽으로 이전했고, 사격장 부지에 영신교육재단 산하 학교들인 영신유-초-중-고가 들어서 있다.

학교는 봉무초, 영신초, 해서초, 영신중, 영신고와 대구의 유일한 국제학교인 대구국제학교(DIS)가 있다.

이런저런 개발로 옛날보다는 상전벽해 수준으로 발전했지만, 아직도 대다수 대구시민들에게는 팔공산으로 가는 길목 정도로 인식되고 있다. 그래서 주말과 휴일에 공항과 복현2동의 갈림길인 불로삼거리는 헬게이트가 기본이다. 2011년 1월 20일부터 공항교 북서쪽 끝에 금호강변로가 부분 개통되어 이시아폴리스 안쪽의 접속도로 및 불로삼거리의 우회도로 역할을 하고 있다. 하지만 금호강변로 역시 헬게이트. 그런데 금호강변로 불로IC 인근 교량 이름이 '방촌교'다. 방촌천을 가로지르기 때문이다. 동구에서 대구국제공항과 K-2 비행장으로 인해 소음 피해가 큰 곳 중 하나다.

지저동 인구는 13,489명이다. 대구국제공항 하나로 설명이 끝나는 자그마한 동네로, 대구공군기지가 있는 동네답게 비행기 소음이 잘 들릴 정도로 시끄럽다. 민항기가 운행되는 대구국제공항 청사는 지저동에 해당된다. 비행장 북쪽에는 팔공산IC가 있다. 학교는 불로초, 불로중이 있다.

동촌동 인구는 14,805명이고 동촌면의 중심지였던 곳이며, 금호강 건너 동촌유원지와 맞닿아 있다. 아양교역 근처에 동대구등기소가 있었으나 효목2동 동구시장 입구에 개설된 대구지방법원 등기국 개원과 함께 통합되었다. 입석네거리에 동대구우체국과 경북지방우정청이 신축 이전했다. 대구공군기지 정문이 있는 관계로 인구가 적어 동촌역의 이용률이 낮은 편이다. 그리고 대구공군기지가 있는 동네라서 비행기 소음이 수시로 들리는 지역이다.

방촌동 인구는 17,835명이며 일반주택단지와 강촌마을우방1~2차(1,924세대), 영남네오빌1~2차(1,160세대), 강변1~2차아파트(683세대) 등의 아파트단지들로 이루어진 마을이다. 방촌동은 대구국제공항과 K-2 비행장으로 인한 소음 피해가 발생하는 동네이기도 하다. 학교는 동촌초, 방촌초, 용호초, 동촌중이 있다.

해안동 인구는 14,246명이다. 둔산동 일부와 부동 일대에 대구공군기지가 있으며, 역시 대구공군기지의 비행기 소음으로 피해가 가는 동네 중 한 곳이다. 둔산동 옻골마을은 경주 최씨 광정공파 집성촌으로 대구 도심에서 보기 드문 한옥마을이다. 대구외곽순환고속도로 둔산IC가 있다. 학교는 해안초, 조일고가 있다.

공산동 인구는 20,852명으로 구 공산면이 통째로 동이 된 지역이다. 한참을 시골로 남아 있다가 지묘동에 연경지구가 조성되면서 인구가 크게 늘었다. 그러나 동명에서 보이는 것처럼 팔공산국립공원의 대구 영역 대부분을 차지하고 있어 주말마다 관광객과 등반객들이 몰린다. 능성동에는 중구/남구/동구/서구/수성구 예비군훈련장이 있다. 학교는 공산초, 서촌초, 지묘초, 팔공초, 공산중, 대구팔공중, 달구벌고와 특수학교인 대구선명학교가 있다.

안심1동 인구는 39,308명이며 동구 행정동 중 인구가 가장 많다. 안심주공아파트 등 안심 지역에서 가장 먼저 택지지구로 개발한 곳이라서 오래되어 보이는 경관이지만, 지금은 롯데아울렛 대구율하점을 주변을 필두로 한 율하지구의 개발로 재도약하고 있는 동네다. 학교는 안일초, 율금초, 율원초, 율하초, 신기중, 율원중이 있다.

안심2동 인구는 15,243명이다. 용계동이 실질적인 시가지이며, 대구부산고속도로가 동 중앙을 가르는 형상이라 고속도로를 기준으로 생활권이 다른 양상을 보인다. 용계역, 용계역 푸르지오 아츠베르 1~2단지(1,313세대), 강변동 서마을아파트(647세대) 등이 있는 고속도로 서쪽은 방촌동과 이웃해 있어 동촌 생활권에 속하지만, 고속도로 동쪽은 안심/반야월 생활권에 속한다. 나머지 동네는 산기슭에 위치한 동네. 하지만 일부가 혁신도시 지구로 선정되면서 발전이 기대된다.

율암동 안심연료단지에는 연탄공장과 시멘트공장이 밀집해 있었다. 이 때문에 이 지역의 진폐증 발병률이 너무 높아서 구의회에서 공장들의 이전을 요청했고, 재개발이 진행되면서 안심뉴타운 이 조성되고 있다.

관내 유일한 학교인 정동고는 혁신도시로 이전할 예정이나 부지매각에 난항을 겪고 있는 상태. 참고로 대구용계초등학교는 동구 용계동과는 무관하며, 동구 용계동이 아닌 달성군 가창면 용계리에 있다.

안심3,4동 인구는 20,898명과 27,438명이다. 대략 안심로를 기준으로 남쪽은 3동, 북쪽은 4동이라고 보면 된다. 1998년 인구 감소로 안심3동, 안심4동이 합동했는데 대구신서혁신도시, 대구경북첨단의료복합단지 등 굵직한 사업이 진행 중이라 인구가 증가하고 있어서 2020년 7월 6일부로 다시 안심3동, 안심4동, 혁신동으로 분동했다.

분동 전에는 동구의 행정동 중 가장 많은 인구를 자랑했다. 예비군 동대장이 말하길, 안심3·4동이 대구에서 예비군 수가 제일 많아서, '안심3·4동대'와 '안심3·4동-1대'로 분리되어 있었다고 한다. 분리된 것으로 기준을 잡으면 안심1동이 예비군 수가 제일 많다고 한다.

이중 중추 동네는 신서동과 각산동이다. 동 한가운데에 안심공단이라는 자그마한 공단이 조성되어 있는데 한일시멘트 공장을 제외하면 공단이라기보다 자동차 정비 관련 업체들과 물류센터가 몰려 있는 편이다. 동내동, 신서동, 동호동, 각산동이 아파트단지로 재개발되어 잘 나가고 있고, 대구판 마곡역이나 다름없었던 각산역에 동호지구의 개발로 사람들이 모이기 시작했다. 각산역 근처에는 이마트 반야월점이 있고, 동쪽 끝에는 안심차량기지사업소가 있으며 동부고 옆에는 대구동부경찰서가 있다.

혁신동 인구는 17,806명. 경부고속도로 북쪽으로 신서혁신도시가 지어지면서 2020년 7월, 안심3·4동 중 경부고속도로 이북이 혁신동으로 분리되었다. 혁신도시 내 가장 큰 공기업·공공기관은 한국가스공사 본사이며, 그 외에 10여 개의 기관이 들어서 있다. 하지만 정작 내곡동만큼은 철저한 오지여서,

이곳으로는 동구6번 버스가 하루 4회 들어올 뿐이다. 학교는 새론초, 숙천초, 새론중, 대구일과학고가 있으며 정동고가 숙천초 옆으로 이전해올 예정이다.

남구 :
의료기관 접근성이 좋은 곳

남구는 대구 중남부에 있는 자치구다. 동으로는 수성구, 서로는 달서구, 남으로는 달성군 가창면, 북으로는 중구와 접한다.

원래는 달성군 수성면과 대구부의 남쪽 지역이었다. 1951년 대구시 남부출장소가 설치되었으며, 1963년 구제 실시로 대구시 남구가 되었다. 1980년 4월에 남산동과 대봉동 북부가 중구에 편입되고, (현 명덕로 이남의) 잔여 대봉동은 이천동이 되었다.

1981년 대구직할시 승격으로 대구직할시 남구가 되면서 달성군 월배읍을 편입해 월배출장소를 설치했으나, 1988년에 월배출장소를 달서구에 넘겨주었다. 1995년 대구광역시 남구로 개칭해 오늘에 이른다.

남구 인구는 1966년 200,309명에서 1985년 349,934명으로 제일 많았으며 2023년 현재 139,187명이다.

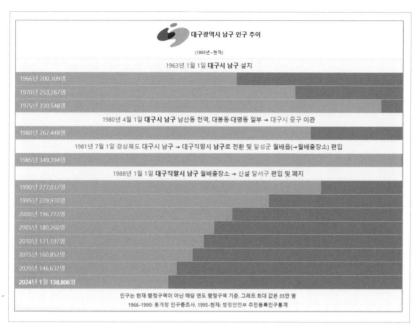

대구광역시 남구 인구 추이

(1966년-현재)

1963년 1월 1일 **대구시 남구 설치**

1966년 200,309명

1970년 253,267명

1975년 330,548명

1980년 4월 1일 **대구시 남구** 남산동 전역, 대봉동·대명동 일부 → 대구시 중구 이관

1980년 267,448명

1981년 7월 1일 경상북도 대구시 남구 → 대구직할시 남구로 전환 및 달성군 월배읍(→월배출장소) 편입

1985년 349,394명

1988년 1월 1일 **대구직할시 남구** 월배출장소 → 신설 달서구 편입 및 폐지

1990년 277,037명

1995년 229,970명

2000년 196,772명

2005년 180,260명

2010년 171,197명

2015년 160,852명

2020년 146,632명

2024년 1월 138,806명

인구는 현재 행정구역이 아닌 해당 연도 행정구역 기준, 그래프 최대 값은 35만 명
1966-1990: 통계청 인구총조사, 1995-현재: 행정안전부 주민등록인구통계

〈출처 : 나무위키〉

　　중구, 서구와 더불어 대구의 구시가지에 속하는 지역이다. 1980년대까지만 하더라도 현금부자들이 앞산 기슭에 고급주택을 지어 모여 살던 대표적인 대구의 부촌과 일반 서민 주택촌이 혼재된 형태였고 봉덕2동의 미리내맨션, 효성타운, 대덕맨션 등 아파트단지도 대구를 대표하는 고급 아파트로 높은 위상을 자랑했으나, 1990년대부터 부자들 대부분은 새로 개발된 수성구로 빠져나갔다. 그나마 수성구 학군에 속해 위상을 유지하고 있었던 봉덕동 아파트단지도 1995년에 수성구 학군에서 제외되며 옛 위상을 잃었다. 일반 주택가에 거주하던 서민층들도 달서구 등지에 새로 개발된 신시가지로 이주했으며, 이러한 고급 주택가들은 지금은 낙후되어 슬럼화가 진행 중이다. 앞산 부근의 주택가는 대체로 큼직큼직한 부지들 덕분에 2010년도 중후반에 들어서는 레스토랑이나 카페가 많이 입점하는 추세다. 담장이 높고 칙칙한 옛날

식 고급주택을 현대적으로 리모델링해 꾸미고 사는 가구들도 많이 보인다.

남구에 3개나 있는 캠프 워커, 캠프 헨리, 캠프 조지 등의 주한미군기지들도 슬럼화에 일조하고 있다. 이 기지들 때문에 재산권 행사는 물론 재건축이 힘들며 고도제한이 걸려 있어서 7층 이상 고층 건물들을 남구에서 거의 찾아보기 힘든 이유가 이것 때문이다. 하지만 최근 캠프 워커의 헬기장 반환이 결정되어 헬기장 부지에 대구시립중앙도서관을 대체할 대구의 새 대표도서관, 대구도서관을 지을 예정이다. 2018년 착공, 2022년 완공을 목표로 생활체육 시설과 각종 여가시설을 조성하기로 계획되어 있으며 최근, 이 덕분인지 기존 헬기장 부지 주변에 고층 아파트가 지어지고 있어 고도제한이 해제된 것 같다.

거기다 남구 자체가 앞산 기슭에 있어서 언덕이 많고 앞산 기슭에는 재수생들이 거치는 관문이자 기숙학원인 앞산일신학원이 있었다. 도로구획도 예전에 구획된 것이라 구불구불하고 전체적으로 뭔가 고 바위도 많고 미로 같은 동네다.

주거지역이긴 한데 대도시 자치구마다 하나쯤은 있을 법한, 아파트가 모여 있는 ○○지구, ○○단지라 불리는 아파트촌이 없다. 봉덕2~3동에 걸쳐 고작 6개가량의 고층 아파트가 그냥 가깝게 모여 있는데, 이게 남구에서 가장 넓은 아파트촌이라고 할 수 있을 정도다. 하지만 이쪽도 아파트끼리 정서나 문화를 공유하는 것이 아니라 그냥 따로 노는 것이라서, 변변한 큰 상업시설이 들어서지도 않고 문화생활을 위해서는 흔히 말하는 시내로 나가야 하는 형편이다. 다만 현재 일대에 재개발이 이루어지며 앞산태왕아너스, 화성파크드림, 영무예다음 등이 봉덕2~3동 일원에 들어섰다. 이미 청구효성타운 상가 겸 스포츠센터였던 구 효성코아 부지에 앞산서한이다음이 들어서 있다.

앞산을 끼고 있는 대명로 이남 지역인 대명 6, 9, 11동 일대와 봉덕동 고산골 지역에서는 고라니, 노루, 멧돼지, 꿩, 청개구리, 그리마, 지네, 사슴벌레, 장수풍뎅이, 족제비 등 도시에서 보기 어려운 동물을 볼 수도 있다. 이들 지역 주택가에서 길고양이는 발에 채일 정도로 흔하며, 조금만 관심을 가진다면 다양한 조류들을 관찰할 수 있다. 특히 멧비둘기와 참새가 많으며 봄철에는 뻐꾸기와 소쩍새가 우는 소리도 들을 수 있다. 가끔은 신천 방향을 향해 비행하는 왜가리나 백로도 볼 수 있다.

대구에서는 존재감이 미약하게 여겨지는 자치구이기도 하다. 지금은 달서구인 송현, 월성, 상인, 진천, 도원, 대천, 본동 등 구마로 이남 지역이 몽땅 남구였으나 1988년 달서구의 신설로 이를 넘겨주면서 면적이 많이 줄었다. 달서구, 북구, 수성구, 동구에 비해 인구가 넘사벽급으로 적으며 구내에 잘 알려진 랜드마크도 앞산을 제외하고는 없기 때문이다. 게다가 수치상의 면적도 그리 넓지 않지만, 면적의 절반이 사람이 살지 않는 산(앞산)이다.

실제로도 대구의 도심인 중구를 제외하고는 가장 인구가 적은 자치구며 그 탓에 상권이 미약한 편이다. 그 흔한 멀티플렉스는 고사하고 극장이 아예 없으며 시내로 나가야 한다. 대형마트라고 해봤자 안지랑역에 있는 홈플러스 남대구점 달랑 하나 있을 뿐이다.

남구에서 그나마 번화한 곳이라면 영대병원역 부근, 안지랑역 부근, 계명대학교 대명캠퍼스(대구디지털산업진흥원)가 있는 계명네거리 부근 정도인데 여기도 그냥 음식점과 술집들이 몰려 있는 것일 뿐이다. 서부정류장, 관문시장이 있는 서부정류장역 일대 번화가는 달서구와 경계를 접하는 남구의 끄트머리에, 일부 구역은 달서구에 속해져 있다.

1970년대만 하더라도 남구에는 '대구의 학원도시'라 불릴 정도로 대학교가 많았다. 경북대학교와 경북산업대학교(현 경일대학교)를 제외한 모든 4년제 대학은 다 남구에 있었다. 영남대학교, 계명대학교, 대구대학교(구 효성여자대학교 + 구 대구가톨릭대학교), 대구교육대학교, 대구신학대학(현 대신대학교)이 모두 남구에 있었지만, 경산시를 비롯한 다른 지역으로 이전하고 지금 남은 대학교는 대구교육대학교 하나뿐이다.

학교들이 남구를 떠나간 것은 대학교뿐만 아니라 초중고등학교에도 사례가 있다. 현재 남구청이 있는 자리에는 대성중과 대성공고가 있었는데, 1980년 각기 다른 재단에 인수되면서 대성중은 수성구 황금1동으로 이전하며 덕원중학교로 바뀌었다(이후 2002년 욱수동 시지지구 종점 근처로 다시 이전). 대성공고는 수성구 만촌3동으로 이전(이후 1988년 영남공고로 교명 변경)했다. 그리고 불교 조계종 재단의 능인중과 능인고는 이천동(현재의 상아맨션 자리)에 있었다가 1986년에 수성구 지산1동으로 이전했다. 대명2동 대구교육대학교 내에 있었던 대구교육대학교 대구부설초는 1998년 달서구 도원동 대곡주공6단지 근처로 이전했다. 또한, 대명3동 삼각지네거리에 있었던 심인중과 심인고도 2021년 달성군 다사읍 죽곡리로 이전했다.

반면 남구로 이전해오는 학교는 1982년에 들어온 대명4동의 경혜여중을 끝으로 없으며, 신설 학교도 1990년 대구남덕초를 끝으로 더 이상 없다.

남구와 수성구 모두 수성면에서 비롯했기 때문인지, 1995년까지만 해도 봉덕동 일부 지역이 수성학군에 포함되어 있어 협성중 출신으로 수성구의 경북고, 경신고, 덕원고, 능인고 진학생들이 있었다.

이렇게 학교들이 떠나가자 2009년 남구에서는 학원도시의 명성을 되찾겠다며 대구지역 제2과학고 유치에 뛰어들었지만 결국 실패했고, 대신 동구가 유치에 성공해 대구신서혁신도시 내에 대구일과학고등학교라는 이름으로 개교했다.

수성학군 제외와 학교 유치의 실패는 봉덕동 일대의 지가, 특히 당시 앞산 일대 3대 아파트 인 미리내맨션, 효성타운, 대덕맨션의 거래가를 낮추는 데 큰 영향을 미쳤다. 1990년대 중반까지 대학교수, 의사, 언론인, 정치인, 기업가 등 상류층들이 거주하던 이 아파트들에는 여전히 앞산 일대가 수성학군에 포함되었던 시기였던 1979년생 이전에 출생한 자녀를 둔 중산층 가정이 몰려 있었다. 그러다 1995년을 마지막으로 주민들의 반발에도 불구하고 이 일대가 수성학군에서 제외되면서 학생 자녀가 있는 많은 가정이 수성구로 이주했고, 당시 최고가였던 일대 아파트들의 거래가는 이후 수성구 내 아파트들과 비교도 할 수 없게 되었다. 땅값에 학군이 미치는 영향이 상당하다는 것을 보여주는 한 사례다.

남구에는 협성교육재단의 중고등학교가 많은데, 특히 봉덕3동(협성경복중, 협성고, 경일여중, 경일여고)에 몰려 있다. 그 외 대명2동(경북예고, 경북여상)에도 협성재단의 학교들이 있다. 남구 관내 중학교와 일반계 고등학교 중 절반이 봉덕3동에 몰려 있어서 등하교 시간대에 이곳을 지나가는 349번, 남구1(-1)번은 가축수송을 한다. 또한 협성재단 산하의 협성경복중은 남구 구내의 유일한 남자중학교다. 대명2동에는 같은 협성재단 산하에 있는 남구 내 유일 남녀공학 고등학교인 경북예고가 있다.

대명5동에는 남구 유일 공립고인 대구고등학교가 있다. 대구고는 야구부가 매우 유명한데 이유는 유명 선수들을 배출한 야구부이기 때문이다. 그리고 앞산 중턱에 있는 학교들에 가기 위해서는 오르막을 올라가야 한다. 등교 자체가 자연적으로 운동이 될 정도다. 대명9동의 남덕초, 남명초, 대명중과 대명11동의 대덕초가 여기 해당된다. 특히 대덕초 동쪽 후문 코스의 오르막은 정말 어마어마한 수준이다.

대구에서 의료기관 접근성이 가장 좋은 지역 중 하나다. 대구경북 5개 상급종합병원 중 2개가 남구에 있다. 영남대학교병원(998병상)과 대구가톨릭대학교병원(874병상)이 그것으로 영남대병원의 병상 수는 경북대병원을 뛰어넘은 상태다. 종합병원으로도 드림종합병원(204병상)과 대구굿모닝병원(200병상) 등이 있어 병원 접근성이 좋으며, 일반 의원도 114개소나 있어 부족하지 않다. 정 필요하면 바로 옆 중구에 가도 된다.

이천동의 인구는 12,795명이다. 중구 대봉동과 접하고 있으며, 대구 도시철도 3호선 이 지나가는 명덕로 남쪽에 해당한다. 동 한복판에 캠프 헨리가 있다. 학교는 대봉초, 영선초, 대구중이 있다.

봉덕1동 인구는 8,418명으로 남구청과 남구의회가 있다.
봉덕2동 인구는 12,871명으로 신천에 접한 쪽이며, 신천을 따라 아파트단지들이 꽤 늘어서 있는데 학교는 하나도 없다.

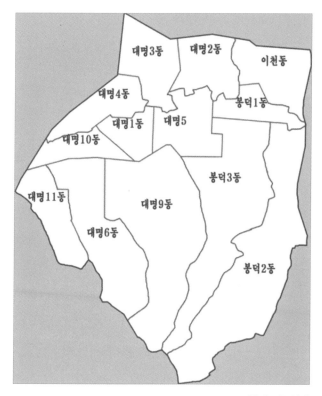

〈출처 : 나무위키〉

봉덕3동 인구는 15,305명으로 남구 행정동 중 인구가 가장 많다. 캠프 워커의 동쪽에 해당하며, 그 옆으로 주거지, 상업지 등이 혼재되어 있다. 앞산 밑쪽으로 아파트단지들이 좀 있다. 학교는 봉덕초, 효명초, 경일여중, 경일여고, 협성고와 화교학교인 한국대구화교중고등학교가 있다.

대명1동 인구는 10,223명이며 대명동 정중앙에 있다. 대략 안지랑네거리 북쪽에 해당하는 지역이다.

대명2동 인구는 12,057명으로 명덕역에서 교대역까지의 구간 주변이 해당한다. 대구교육대학교를 비롯해서 각급 학교들이 많은 동네다. 교대역 앞에

교대역 하늘채 뉴센트원(975세대)이 건설되면서 2022년 하반기 인구가 천 명 이상 증가했다. 학교는 남대구초, 경상중, 경북여상고, 경북예고, 대구여상고가 있다.

대명3동 인구는 9,922명. 남구 서북쪽에 해당하는 지역으로, 계명대학교 대명캠퍼스, 대구대학교 대명동캠퍼스, 영남이공대학교 캠퍼스가 있다.

대명4동 인구는 10,082명이며 두류공원에 면한 곳이다. 대구가톨릭대학교 루가캠퍼스, 대구가톨릭대학교병원이 있고 그 외는 저층 주거지역이다. 학교는 성명초, 경혜여중, 경상공고가 있다.

대명5동 인구는 5,560명. 북쪽 끝에 영남대학교병원과 대구고등학교가 있으며, 남쪽으로 대구남부경찰서, 주거지가 이어진다. 캠프 워커의 일부에 해당한다. 학교는 남도초, 대구고가 있다.

대명6동 인구는 11,179명이다. 대명역 남쪽으로 길고 좁게 앞산까지 이어지는 지역으로 2022년 8월 대명역센트럴엘리프(1,051세대)가 조성되며 인구가 급증했다. 홈플러스 남대구점이 있고 학교는 대명초가 있다.

대명9동 인구는 14,347명. 앞산공원과 앞산케이블카 등 대구 시민의 휴식지 앞산의 주요 등반 포인트다. 앞산 앞으로는 카페촌이 대거 형성되었으며, 안지랑 곱창골목이 있다. 학교는 남덕초, 대명중이 있다.

대명10동 인구는 8,523명이며 안지랑역에서 서부정류장역까지 이어지는 대명로 북쪽에 해당된다. 남대구세무서 등이 있고 평범한 주거지역이다.

대명11동 인구는 7,905명으로 남구의 서남쪽 끝에 해당된다. 대구서부정류장과 관문시장이 있어 유동인구가 상당히 많은 동네다. 과거 달성군청도 대명11동에 있다가 이전했다. 학교는 대덕초가 있다.

서구 :
재건축, 재개발 이슈가 있다

대구 서부에 있는 자치구다. 동으로는 중구, 남으로는 달서구, 서로는 달성군 다사읍 방천리, 북으로는 북구와 접한다. 인구수에 비해 구의 면적은 좁은 편이라 인구밀도는 10,887명/㎢ 정도로 대구에서 중구 다음으로 인구밀도가 높은 곳이다. 슬로건은 '더 많은 배려 함께하는 서구'다.

조선시대에는 대구부 서중면(비산동, 평리동, 원대동)과 달서면(내당동, 상중이동) 지역이었다. 1914년 부군면 통폐합으로 달성군 달서면으로 통합되었다. 1938년 달성군 수성면, 달서면, 성북면이 대구부로 편입되고 그 중 달서면 지역에 서부출장소가 설치되었는데 이것이 서구의 시초. 1963년에 구제 실시로 경상북도 대구시 서구가 되었다. 1975년 10월 원대동 일부, 노곡동, 조야동이 북구로 편입되었다. 1981년 대구직할시로 승격되면서 달성군 성서읍을 편입하고 대구직할시 서구가 되었다. 당시에는 현재의 서구 지역뿐만 아니라 지금의 달서구 서북부 지역인 성서지구, 두류동, 성당동까지 포함한 넓은 면적을 가지고 있었다. 또한 1980년부터 1992년까지 대구에서 가장 많은 인구를 자랑하는 구였으나, 1988년 1월 1일부로 현재의 달서구가 신설, 분구되어 구의 남부(성당동과 두류동(옛 내당4~6동))와 성서지구를 달서구에 넘겨 주고 급격한 인구 감소를 맞이했다. 1995년 대구광역시 서구가 되어 현재에 이른다. 서술했다시피 달성군 달서면이 구의 모체다.

대구의 전통적 주력 산업이었던 섬유·염색 분야 산단이 밀집한 지역이지만, 현재는 대구 관내에서 가장 평균 소득이 낮은 구로 꼽힌다. 1980년대까지만 해도 섬유·염색산업이 발달해 구내가 염색산단, 제3공단, 서대구산단에서 들리는 기계 소리로 가득 찼고 사람과 돈이 모여드는 대구의 성장 동력인 자치구다. 그러나 1990년대 이후 이들의 주력 업종이 쇠락의 길을 걸으며 서구도 이런 운명을 같이했다. 실제로 1980년대 후반까지만 해도 서구는 최대 57만 명이 살던 거대 자치구였으나, 1988년 내당동 일부(현재의 두류동 지역)와 성당동, 성서지구가 달서구로 분리되어 떨어져 나가고, 섬유 산업이 사양길에 들어서고 도심 공동화가 진행되면서 몇십 년 동안 인구가 지속적으로 줄고 소득도 줄고 건물도 낙후되었다. 그 결과 갑/을로 나뉘었던 국회의원 선거구도 1개로 합구되고, 2016년 12월에는 인구 20만 명마저 붕괴되어 현재는 16만 명 정도다. 성서 지역까지 관할했던 전성기를 생각하면 지역의 몰락이 두드러진다. 그래서 2000년대 초반 달서구로부터 죽전동과 용산1동을 다시 반환받으려 시도했고, 대구시청에서도 인구 균형 유지를 위해 이를 고려했으나 달서구청과 지역 주민들의 반발로 인해 무산되었다.

주거지역도 1980년대까지만 해도 지금의 성서지구, 월배지구와 유사한 포지션이었지만, 1990년대 개발 붐이 일던 시기 아파트 개발을 당시 단독주택 세대주들이 반대하는 바람에 아파트가 많이 들어서지 못하고 주택가가 주를 이루게 되면서 도시 구역이 제대로 정비가 되지 못했다. 이 개발 건은 수성구와 달서구가 가져가버렸고 두 자치구는 중구와 더불어 대구 3대 중심구로 자리 잡았다. 이 광경을 본 서구의 부동산 개발업자들은 뒤늦게 다세대 주택사업에 뛰어들었으나, 이후 IMF가 터지면서 서구의 개발은 1990년대에서 정체된 상태로 지속되고 있다. 도시철도 노선도 서구를 비껴가며 역세권 정비 및 개발도 이루어지지 못했다. 이 문제는 순환선이 개통되면 어느 정도 해결되겠지만 이 때문에 대구에서 가장 인구가 빠르게 줄어드는 구가 되었다. 또한 이곳에서 지역구 4선(14~17대)을 한 강재섭 의원의 지역구 방치도 서구 낙후의 원인으로 작용했다.

그러나 최근에는 중리주공아파트와 신평리주공아파트가 재건축되어 중리롯데캐슬, 평리푸르지오아파트가 들어섰고 최근 평리동 등 일부 지역에서 평리뉴타운 등 지속적인 재개발 및 정비계획이 진행되고 있으며, 서대구역 건설 및 복합환승센터, 역세권 주변 개발사업, 산업단지 재생 등이 예정되어 있기에 미래가 어둡지만은 않은 지역이다.

과거에는 대구에서 제법 잘 살기로 유명한 곳이었지만, 경공업이 쇠퇴하고 중공업이 부흥하게 된 시점부터 서구는 점점 몰락의 길을 걷기 시작한다. 서구에는 섬유 산업을 다루는 공단들이 많이 존재했지만 경공업 쇠퇴, 중공업 부흥으로 인해 섬유 산업이 쇠퇴하게 된 것이다. 그렇기 때문에 서구는 대구에서 잘 살지 못하는 동네로 유명하다.

다만 새옹지마라고 서대구역세권개발사업이 진행 중이고 2030년에 인접한 달서구 두류동에 있는 두류공원 일대에 대구시청이 대규모로 지어질 예정이라 서구 역시 간접적으로 수혜를 보게 될 전망이다.

내당1동 인구는 9,865명이다. 달서구 두류동과 달구벌대로를 통해 마주

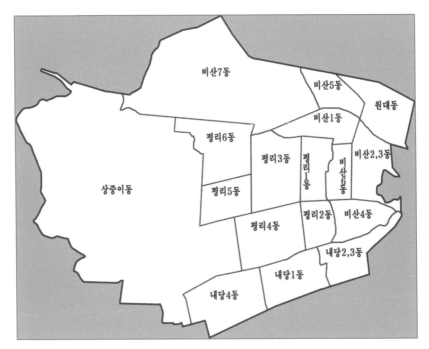

〈출처 : 나무위키〉

보고 있으며, 서구에 속해 있지만, 생활권은 사실상 달서구 생활권이다. 어차
피 두류동은 내당동에서 떨어져 나간 동네라 생활권은 이질감이 적은 편이
다. 대구 도시철도 2호선 내당역, e편한세상두류역(902세대), 대구애락원, 홈
플러스 내당점이 있으며 두류역도 일부 출구는 내당1동에 걸쳐 있다. 현재는
대명11동으로 이전한 서부정류장의 과거 소재지기도 하다. 두류초는 학교명
과 달리 이곳에 있으며, 반대로 내당초는 두류1·2동(그 중 옛 두류1동 지역) 내당
네거리에 있다.

내당2·3동 인구는 8,724명이다. 서문시장 2지구 자리에 구 롯데마트 서대
구점이 있었는데, 2005년 말 화재로 불탄 서문시장 2지구가 임시로 사용하
다가 2012년 9월 서문시장 2지구 복구 개발이 완료되면서 내당동에 있던 서

문시장 2지구 상가들이 모두 신축된 2지구로 옮겼다. 때문에 현재 구 롯데마트 건물은 빈 건물로 방치되어 있었다가 아파트 신축을 위해 현재 철거 중에 있다. 오래된 주택들이 많아 다소 낙후된 경관을 보인다. 반고개네거리 못 가서 있는 반고개 구길 쪽에 반고개무침회골목이 있는데 이 동네에서는 제법 유명하다. 반고개역이 이 동네와 양다리 걸치고 있는 역이다. 학교는 내서초가 있다.

내당4동 인구는 15,278명으로 지금의 내당4동은 1985년 내당6동(구 두류3동)에서 분동된 내당7동이었다. 구 내당4동은 1988년 달서구 두류동에 편입된 내당4동이 바로 그 곳으로 내당4동, 내당5동, 내당6동이 두류동에 편입되어 사라지면서 내당7동이 (신)내당4동으로 바뀐 것이다. 이 곳도 역시 서구에 속해 있으나 달서구 생활권에 더 가까운 곳이며 두류역과 감삼역은 이 동네와 양다리를 걸치는 역이다. 내당동의 다른 동네와 비교하면 삼익뉴타운아파트(1,776세대), 광장타운 1~2차(852세대) 등 아파트단지가 상대적으로 많은 동네다. 달구벌대로 와 7호광장(두류네거리) 일대는 시내 못지 않은 번화가가 조성되어 있다. 특히 광장코아 일대는 서구 최고의 번화가다. 또한 광코 옆에 서구 최초의 멀티플렉스 영화관인 롯데시네마 대구광장관이 있다. 이 외에 대구시서부교육지원청이 있다. 학교는 경운초, 경운중, 달성고, 대구과학기술고가 있다.

비산1동 인구는 8,726명이다. 비산동의 유래가 된 비산(飛山)이 바로 이 동네에 있으며 한참 전에 주거지로 개발되어 산의 형체는 다 사라졌다. 다만 이 동네에 높은 언덕배기가 많아 그 흔적을 알 수 있다. 학교는 북비산초, 비봉초가 있다.

비산2·3동 인구는 8,424명으로 달성공원 옆에 있는 인동촌시장 근처 동네다. 오래 된 가옥들이 좀 많다. 특히 달성공원 바로 옆의 주택단지는 그 정도가 심하며 상당히 낙후된 지역이다. 주민센터는 대구제일고등학교 건너편에 있었지만, 비산2동과 비산3동이 합동하면서 대구상수도사업본부 서부사업소로 바뀌었다. 이마저도 현재는 중리동 경덕여고 근처로 이전해 현재는 서구자원봉사센터로 이용 중이다. 현재 행정복지센터는 서부초로 가는 골목 안쪽의 인동촌시장으로 가는 길에 있다. 학교는 서부초 하나 있다.

비산4동 인구는 9,042명이며 비산동에서 가장 남쪽에 있는 행정동이다. 옛 대영학원 쪽을 경계로 내당2·3동과 접해 있으며, 활발한 주택 재개발로 빌라들이 거의 대부분을 차지하는 동네다. 우방맨션, 한신휴플러스 등 아파트단지도 약간 있다. 더 남쪽으로 반고개역이 있으며 이 역에서 시내버스로 환승하면 바로 비산4동이다. 다만 서문시장과 가까운 동쪽은 3호선 서문시장역 이용이 더 편하다. 주요 관공서로는 한국전력공사 서대구지점이 있다. 학교는 대성초, 경상여중, 대구제일고가 있다.

비산5동 인구는 5,452명으로 생활권은 원대동, 북구 노원동과 같이 팔달시장권에 종속되어 있다. 경부선 철로변으로 복개도로가 있는데, 성서3번 팔달시장행만 다닌다. 학교는 인지초가 있다.

비산6동 인구는 6,934명이고 딱히 특별한 관공서나 건물이 없는 일반주택지역이다. 이 지역은 버스가 편도운행을 하고 있는데, 비산웰빙하와이~비산6동주민센터 구간이 이에 해당한다. 비산6동주민센터 앞은 서구1번, 건너편은 524번이 편도운행하므로 그쪽으로 가려면 잘 확인해야 한다.

비산7동 인구는 8,934명이다. 대구의 관문 중 하나인 북부정류장이 있는데, 강원도로 가는 차편이 많아 군인들을 많이 볼 수 있다. 팔달시장 주변의 약간의 주거지역을 제외하고 동의 대부분은 비산염색산업단지가 차지하고 있다. 공단 지역이라서 외국인 노동자들이 많다. 북구 노원동3가와 접해 있으며, 팔달교를 통해 북구 칠곡(강북) 지역으로 진출할 수 있다. 트레이더스홀세일클럽 비산점(옛 월마트 비산점)이 있고, 트레이더스홀세일클럽 비산점 옆길과 북부정류장을 잇는 도로 주변에는 자동차 정비업소들과 타이어 판매점, 윤활유 판매점이 많으며, 대구 시내버스를 운행하는 차량들도 정비를 받으러 해당 정비업소 주변에 가끔 주차해 있는 모습을 볼 수 있다. 심지어는 가끔 김천시 시내버스 회사인 김천버스 차량도 대구로 넘어와서 정비를 받으러 이쪽 업소에 보이기도 한다. 학교는 서대구초가 하나 있다.

평리1동 인구는 7,035명이며 비산6동과 바로 이웃한 동네로 이곳 역시 딱히 특별한 시설이 없는 일반주택 지역이다. 문화로(평리1동 행정복지센터) 구간은 시내버스 편도운행 구간인데 평리1동주민센터 앞은 524번, 건너편은 서구1번이 편도운행한다(건너편은 전술했듯이 비산6동). 학교는 비산초가 있다.

평리2동 인구는 7,330명으로 비산2·3동 못지 않게 낙후된 지역이었으나, 주거 재개발로 현재 평리롯데캐슬(1,281세대)이라는 제법 대단위 아파트단지가 들어선 동네다. 학교는 서도초가 있다.

평리3동 인구는 12,013명이다. 서대구역 반도유보라 센텀(1,678세대)이 있으며 서구청, 대구서부경찰서, 서구보건소, 서부도서관 등 서구를 대표하는 공공기관들이 많은 명실상부한 서구의 중심지다. 대구가정법원 이 서구청 바로 옆에 있었으나 용산1동의 대구지방법원 서부지원 으로 이전했고, 옛터는 대구 한국업사이클센터가 들어서 있다. 학교는 평리초, 대평중(구 평리여중), 서대구중, 평리중, 대구서부고가 있다.

평리4동 인구는 16,436명으로 평리동에서 평리3동과 함께 그나마 잘나가는 곳이다. 평리푸르시오(1,819세대), 평리청구타운아파트(605세대) 등 아파트단지들이 제법 있고, 주요 관공서로는 서대구우체국과 모자보건센터가 있다.

평리5동의 인구는 6,032명이고 상승하고 있는 추세다. 동 중앙을 허물고 평리뉴타운사업이 진행되면서 2023년 서대구역 화성파크드림(1,594세대), 서대구역 서한이다음더퍼스트(856세대)가 완공되었다. 서대구역 센텀화성파크드림(1,404세대)이 2024년 완공될 예정이다. 학교는 이현초와 한국폴리텍대학 대구캠퍼스가 있다.

평리6동 인구는 5,491명이고 서대구KTX 영무예다음(1,418세대), 대구서부소방서가 있다. 평리5동과 더불어 평리뉴타운사업이 진행 중이고, 학교는 서평초가 있다.

상중이동 인구는 18,527명으로 서구 행정동 중 인구가 가장 많다.
이현동은 현재 서대구산업단지인 공단지대이면서 대구차량등록사업소 북부분소, 이현체육공원, 서구문화회관이 있고 서대구IC 진입로가 있다. 구 이현삼거리는 서대구역 신설과 함께 진입도로가 건설되어 현재의 서대구역네거리로 바뀌었다. 학교는 중리초가 있다.

중리동은 반은 서대구산업단지(서편), 반은 주택단지(동편/서구청 방향)와 퀸스로드로 이루어져 있다. 중리롯데캐슬(1,968세대) 등 주거지 재개발이 이루어진 지역으로 상중이동 인구 대부분이 중리동에 밀집해 있다. 시립병원인 대구의료원이 중리동 와룡네거리 근처에 있으며, 상수도사업본부 서부사업소와 대구 선거관리위원회 및 서구 선거관리위원회도 재개발한 중리롯데캐슬 근처 옆으로 이전해왔다. 2019년에 청소년 문화의 집이 선거관리위원회 근처에 세워졌다. 학교는 달서초, 서남중, 중리중, 경덕여고가 있다.

상리동은 와룡산 기슭에 자리 잡은 대구 서구에서 유일하게 산지로 이루어진 마을로, 자연마을로는 새방골(상리1동), 가르뱅이(상리2동)가 있다. 그리고 같은 상리동이지만 새방골과 가르뱅이는 서로 월경지로, 새방지하도에서 가르뱅이로 직통할 수 없고, 중간에 중부내륙고속도로지선과 신천대로가 놓여 있어서 두 동네는 서로 이격되어 있다. 가르뱅이 뒷쪽의 상리지하차도를 통해 비산염색공단으로 접근할 수 있으며, 비산염색공단(달서천로)으로 이어지는 서재로를 통해 달성군 다사읍 방천리, 방천리로 가는 서재로 중간에 있는 와룡대교를 통해 북구 사수동 및 금호동과 경계를 마주 보는 곳이다. 가르뱅이 일대는 혐오시설들이 많아 주민들의 민원이 끊이지 않는 곳이다.

원대동 인구는 9,845명이며 신라 시대 화랑도의 수련원이 있었던 자리라고 해 원터, 노원이라 불리던 곳이다. 팔달로를 사이로 북구 노원동과 접해 있으며, 이 동네에서 제법 큰 팔달시장 과도 접해 있는 곳이라 북구 노원동과 함께 팔달시장 생활권을 공유하고 있다. 원대동에 있는 팔달로 위로 대구 도시철도 3호선 공사가 활발할 때는 예전부터 상습정체 구간이었던 이곳이 더욱 정체가 심해져 출퇴근 길에는 그야말로 헬게이트가 따로 없었다.

서구의 다른 지역들과 달리 북구 생활권에 가까운 관계로, 서구 관내에서는 평리6동(북편), 비산5, 7동과 함께 북구의 350번대 국번을 공용한다. 원대 오거리 앞 재개발을 통해 서대구센트럴자이(1,526세대)가 건설되었다. 동아리 공원 자리에는 원래 북부정류장이 있었다. 학교는 달성초, 경일중이 있다.

참고로 이 동네에 북구청역이 있다(서구 원대로 71). 정확히는 서구 원대동2가와 북구 고성동3가의 경계에 있으나, 일단 주소는 서구 소재로 되어 있다. 어차피 북구와 양쪽으로 걸쳐 있는 곳이다.

북구 :
인구 2위이고, 교통 체증이 심한 지역

　북구는 동쪽으로는 동구, 남쪽으로는 서구, 중구, 달성군, 서쪽으로는 경상북도 칠곡군 지천면, 동명면과 접한다. 고성동과 칠성동은 부군면 통폐합 당시 달성군으로 분리되지 않고 중구와 함께 대구부에 잔존했다. 1938년 달성군에서 대구부로 편입되었으며 1949년 북부출장소를 거쳐 1963년 구제 실시로 대구시 북구가 되었다. 1975년 10월 서구의 원대동 일부, 노곡동, 조야동을 편입했다. 1981년 칠곡군 칠곡읍을 편입해 면적이 크게 확장되었으며 동시에 대구직할시 북구로 승격되었다. 이후 1995년 대구광역시 북구가 되었다.

　1966년 114,281명이었다. 2005년 464,559명으로 최고 많았으며 2023년 현재 419,624명이다.

　금호강을 경계로 생활권이 분리되어 있고, 국회의원 선거구도 금호강을 기준으로 남쪽이 갑구, 북쪽이 을구다. 금호강 남쪽은 중구, 동구, 서구 등 도심과 가깝지만, 북쪽은 칠곡이라고 불리며 팔달교 등 몇 개의 다리를 지나야

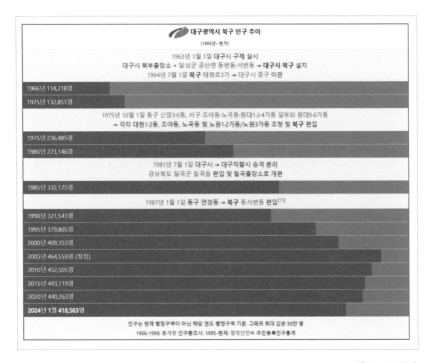

〈출처 : 나무위키〉

만 갈 수 있을 정도로 대구 시내와 지리적으로 분리되어 있다. 참고로 칠곡에서 팔달교를 건너면 서구 비산동이다. 그래서 북구를 금호강(과 함지산)을 경계로 분리해 칠곡 지역을 강북구(가칭)로 신설할 계획도 있는 모양인데 실제로 칠곡3지구에 구청 부지가 마련되어 있다. 그러나 정부의 행정구역 통합위주 정책과 인구 50만 명 이상이라는 분구 기준을 만족하지 못해서 현재는 가능성이 없다. 그래도 대구의 구 중에서는 달서구에 이어 2번째로 인구가 많다. 대신 치안 안정을 위해 칠곡 지역에 북부경찰서와 별개로 2013년 5월 구암동 칠곡3지구 시내버스 공영차고지 뒤편에 대구강북경찰서를 개서했다. 또한 2023년 4월, 경찰서 바로 앞 공영차고지 위치에 대구강북소방서를 열었다.

여담으로 대구 소재의 메가박스는 북구에만 2개가 있었다. 하지만 2016년 12월 동구 신천4동 신세계 동대구 복합환승센터에 대구신세계가 개점하면서 메가박스 대구신세계(동대구)도 함께 들어왔다. 이로써 대구에는 총 3개의 메가박스가 영업 중이었다가 이마트 칠성점의 메가박스 대구(칠성로)가 폐점하며 2개가 되었다.

대구에서는 중구, 수성구, 달서구 다음에 가는 입지를 자랑한다. 인구 기준 2위, 경제 규모 기준 3~4위 수준이다. 다만 구 내에서도 큰 편차가 존재한다. 이러한 내용을 고려하고 볼 때, 북구는 크게 세 부분으로 생활권이 나뉜다. 우선 금호강을 기준으로 남북이 나뉘며, 남쪽은 신천을 경계로 동서로 나뉘고 북쪽은 함지산 기준으로 동서가 나뉜다. 신천의 북동쪽은 산격동, 대현동, 복현동, 검단동으로 구성되어 있는데, 대구에서 '북구'라고 하면 떠올리는 지역이 바로 이 지역이다. 지역거점국립대학인 경북대학교 대구캠퍼스와 영진전문대학교가 있고, 복현오거리를 중심으로 상권이 크게 발달했다. 또한 대구종합유통단지가 자리 잡고 있어 엑스코를 비롯해 거대 상권이 형성되어 있다. 신천을 두고 침산동과 마주 보는 위치에 구 경북도청사가 있으며 도청 산하 일부 사업소들과 대구시 산격청사가 이곳에 있지만, 사업소들은 중장기적으로 안동시나 경상북도의 다른 지역으로 모두 이전 계획이 잡혀 있다. 시청 산격청사도 달서구 두류동 신청사에 통합이전할 예정이다. 이 부지는 대구도심융합특구로 개발될 예정이다. 산격2동과 복현2동의 경우 대규모 아파트단지들이 들어서 있어 중산층들이 주로 거주하고 있으며, 경북대학교 산격캠퍼스와 영진전문대학교가 위치한 특성상 교수, 대학생도 많이 거주하고 있다. 그리고 산격1동, 산격4동은 단독주택 지구이며 검단동 지역은 일부를 제외하면 산업단지 지역이다. 복현1동과 산격3동은 경북대학교 산격캠퍼스와 복현오거리를 끼고 있는 상업지구와 원룸 위주 지역이다.

    금호강 북쪽에는 칠곡이 거대 주거도시로 멀리 자리 잡고 있다. 지도를 보면 알겠지만, 단순히 강을 보고 마주한 것이 아니라, 강 안쪽 계곡에 도시가 있어 다른 북구 지역과는 완전히 분리되어 있다. 과거에는 경상북도 칠곡군 칠곡읍이었으나 대구직할시 승격 당시 북구에 편입된 후 신도시로 개발된 곳이다. 여기도 시지지구와 비슷하게 동천동 지역에 문화유적이 있다 보니 발굴 후 유물은 국립대구박물관에 이관하고 개발했다. 함지산이 주민들의 등산 코스로 활용되고 있으며, 팔거천을 따라 산책길이 조성되어 있어 운동 코스로 각광받고 있다. 함지산에는 신라의 유적인 팔거산성과 구암동 고분군이 위치하고 있다. 각급 지자체 및 정치권에서 이 일대를 사적으로 등재하는 것을 추진하고 있으며 역사 테마파크화하겠다는 계획을 수립하고 있다. 2000년대 후반까지는 북구청이 각종 축제나 문화시설들을 칠곡 위주로 지원했었다. 그러나 최근에는 도심 접근성이 뛰어난 금호강 이남 지역이 재개발되고 있다. 이에 반해 칠곡은 금호강과 함지산으로 도심과 이격된 데다 3지구 개발 이후 대규모 택지 개발이 동쪽에 떨어진 도남지구 개발을 제외하면 지지부진하고, 기존의 택지들은 점차 노후화되고 있다. 대구 도시철도 3호선이 팔거천을 따라 지나가고 있어 교통이 편리하지만 3호선이 도심을 비껴가는 노선으로 건설되어 대구 시내인 동성로나 동대구역으로의 접근성은 좋지 않다. 그러나 철도는 칠곡과 멀지 않은 곳에 서대구역이 개통된 이후 칠곡6번 버스가 직통으로 이어주고 있어 고속철도 접근성이 개선되었고, 동성로로 운행하는 급행버스가 2개 있어 도심을 비껴가는 3호선을 어느 정도 보완해주고 있다. 또한 대구 시민들이 많이 근무하는 구미시와 가까운 편이라 대구의 인프라를 누리고 싶은 구미국가산업단지 직장인들이 가족들과 함께 사는 경우가 많다.

금호강 이북 지역을 제외하고는 서구와 마찬가지로 도시철도가 스쳐 지나가는 선형이라 사실상 없는 거나 마찬가지라 교통 체증은 도심보다 심하다. 당장에 도심은 반월당역, 국채보상로 근처가 주로 정체에 시달리지만, 북구는 구내 도로 대부분이 정체에 시달리고 있다. 당장 대구 교통방송에 단골 출연하는 팔달교, 복현오거리, 신천대로 경대교~도청교 구간이 모두 이 동네에 있다. 1년 365일 정체에 시달리는 신천대로는 더 설명할 필요가 없다. 다음에서도 나오지만, 팔달교 일대와 복현오거리 일대의 지정체 또한 서울 사대문 안 버금갈 정도로 심하다. 팔달교-만평네거리 라인으로는 북부정류장과 서대구고속버스터미널이 있어서 터미널을 오고 가는 고속/시외버스까지 합세해 평리네거리까지 헬게이트가 기본이며, 3호선 모노레일 공사로 몇 년간 불난 데 기름 부은 꼴을 하고 있었다. 그렇다고 치더라도 복현오거리는 정말 구제불능 상태다. 특히 경대교-복현오거리 구간은 오후만 되면 무조건 막히는 것으로 유명하다.

침산동, 노원동에서 서구로 이어지는 공단은 과거 대구를 먹여 살리는 성장동력이었다. 노원동뿐만 아니라 대구역 북쪽의 칠성동, 침산동 일대는 대구에서 최초로 조성된 공단이었다. 이 지역은 섬유·염색 공업 위주인 지역이었으나, 지금은 섬유공업의 쇠퇴로 큰 타격을 입은 상태이다. 그 외 노원동 대구제3산업단지에는 안경테 제조업이 발달해 국내 생산량의 80%를 차지하고 있다.

검단동에는 대구검단산업단지가 있다. 기계/전자공업 관련 중소기업이 많으며 바로 옆에 엑스코와 관련 시설들이 있어 인프라는 잘 갖춰져 있으며 경부고속도로 북쪽 미개발지도 금호워터폴리스 산업단지 개발사업이 진행 중이다. 대구시 산격청사, 경북대학교 캠퍼스, 영진전문대학에서 나오는 학생 수요, 엑스코 수요 등으로 인해 서비스업도 발달해 있다.

상급종합병원인 칠곡경북대학교병원(953병상)이 있다. 이 병원은 일반적인 대학병원의 역할도 하지만 화순전남대학교병원처럼 암 치료에 특화된 부분이 있고, 어린이병원 건물이 별도로 있어 소아청소년과도 특화되어 있다. 그 외 종합병원으로는 대구가톨릭대학교 칠곡가톨릭병원(159병상)이 있으며, 최근에 설립된 경운대학교의 K병원 등이 있으며 일반 병원급들은 상당히 많이 있다. 재밌게도 대학병원 아닌 대학병원이 하나 있는데, 바로 대구보건대학교병원(218병상)이다. 이 병원은 대구보건대학교 산하에 있는 병원이지만 의과대학의 부속병원은 아니며, 해당 대학 재단에서 세운 병원이다. 다만 의료 관련 학과가 강한 학교이니만큼 이러한 병원이 있는 것은 학교에 큰 도움이 된다.

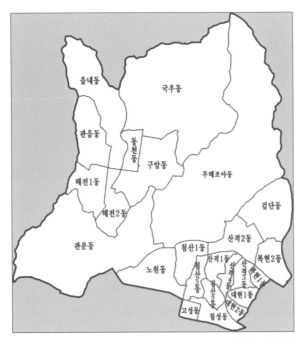

〈출처 : 나무위키〉

고성동 인구는 7,809명이다. 원래 태평로4가동(고성1가동)과 태평로5·6가동(고성2·3가동)으로 구성되어 있었으나 1975년에 괄호 안의 이름으로 바꾸었으며, 1980년에 합동되었다. 고성동3가에 이승엽야구장, DGB대구은행파크, 고성동우체국이 있다. 북대구우체국이 칠곡3지구로 이전한 관계로 고성동우체국이 이 지역 집배 루트의 중간보스를 하고 있어서 택배나 등기우편을 자주 반송시킨다면 눈에 익은 지역일 것이다. 그 외에도 북구 중에서 강북 지역과 무태 지역, 그리고 신천 기준 동쪽지역(산격/복현/검단/대현)을 제외한 북구 일원의 전화 및 서구 원대동/비산동 일부 전화를 관리하는 KT북대구지사가 고성동3가 야구장 입구에 있다. 노후 주택가가 밀집한 지역이었으나 2020년 대 들어 대구역오페라W(989세대), 오페라트루엘시민의숲(682세대) 등 대대적인 아파트 재개발이 이루어지고 있다.

칠성동 인구는 22,179명이며, 대구역 북쪽 지역에 널리 분포한다. 제일모직 등의 공장이 있었으나 철수하고 아파트단지 등으로 재개발되었다. 다만 일반적인 칠성동의 이미지는 칠성동1가에 있는 칠성시장이다. 그 외 경부선 대구역, 대구역 서희스타힐스(1,250세대), 침산푸르지오1차(1,149세대), 성광우방타운아파트(1,010세대), 삼성아파트(624세대), 오페라삼정그린코아더베스트(578세대), 대구오페라하우스, 이마트 칠성점이 있다. 학교는 옥산초, 경명여중, 경명여고, 칠성고가 있다.

침산1동 인구는 3,756명이며 공단지역이 넓게 있고 침산 밑에 주거단지가 형성되어 있다. 학교는 경상여고가 있다.

침산2동 인구는 17,855명이고 신천에 접해 있다. 침산코오롱하늘채 1~2단지(1,349세대), 침산화성파크드림(1,202세대) 등 아파트가 많다. 옛 제일모직 공장 부지를 활용해 대구삼성창조캠퍼스가 조성되어 있다. 학교는 칠성초가 있다.

침산3동 인구는 18,710명이고 북구의 중심지로 북구청, 대구북부경찰서, 대구시립북부도서관, 북대구세무서, 대구시상수도사업본부 등의 공공기관과 한국전력공사 대구본부 등 공기업들이 있다. 성북로를 기준으로 남쪽은 대부분 아파트단지인 반면 북쪽은 주택과 빌라가 혼재되어 있다. 학교는 달산초, 침산초, 대구일중, 침산중이 있다.

산격1동 인구는 8,317명. 대략 연암산 서북쪽이라고 보면 되지만 정확지는 않다. 연암산을 공원화한 연암공원이 있으며 그 안에 구암서원이 있으며 소형 평수로만 구성된 산격주공아파트(1,862세대)가 있다. 학교는 대산초가 있다.

산격2동 인구는 10,082명이고 동북로 북쪽이 모두 해당된다. 대구우편집중국, 대구종합유통단지, 엑스코가 있으며 향토기업인 인터불고 엑스코, NC 아울렛 엑스코점, 코스트코 대구점이 있어 상업시설이 많다. 반면 동북로와 가까운 쪽에는 산격대우아파트(1,702세대) 등 아파트와 주택이 많다. 학교는 북대구초, 산격중이 있다.

산격3동 인구는 8,750명으로 경북대학교 캠퍼스의 2/5 정도를 차지하고 있다. 경북대학교 북문이 있어 그 앞쪽은 이른바 경대북문이라는 제법 큰 상권을 형성하고 있으며 그만큼 원룸도 많다. 대구교육박물관이 있다. 학교는 산격초가 있다.

산격4동 인구는 7,789명이며 대구시 산격청사가 있다. 이 부지는 원래 경상북도청이 있던 자리였으나 안동으로 이전한 뒤 지금과 같이 사용되고 있다. 추후 대구시청이 두류동으로 통합 이전하게 되면 이 부지는 대구도심융합특구 문화산업허브로 사용될 예정이다. 바로 옆에 대구실내체육관이 있으며, 나머지 지역은 평범한 주거지역이다.

대현동 인구는 16,407명이다. 1975년 10월 1일 동구 신암3동·신암6동이 북구에 편입되면서 대현1동·대현2동으로 이름을 바꾸었다. 1979년 5월 1일, 대현2동이 대현2·3동으로 분할되었으나 인구 감소로 1998년 10월 12일부로 대현2동에 다시 흡수되었으며, 2011년 7월 4일에 대현1·2동이 합동되었다.

원래 동구에 속했던 곳이라 상수도 등 기반시설들은 대부분 동구 쪽과 공유하고 있으며 전화국번도 동구와 공용한다. 칠성교, 공고네거리에서 경대교로 가는 길목에 있는 동네. 경북대학교 공과대학과 재정 기숙사가 대현동 소재이며, 흔히 쪽문이라고 불리는 곳이 대현동이다. 아파트단지는 대현 한신휴플러스(751세대), 대현뜨란채아파트(736세대), 대현e편한세상(527세대) 등이 있고 동대구시장과 농협중앙회 경북지역본부 쪽으로 대현3지구의 재개발이 진행되면서 센트럴파크대현(1,106세대)이 건설되었으며, 경북대학교에 붙은 쪽은 빠른 속도로 원룸촌이 되고 있다. 학교는 신암초가 있다.

복현1동 인구는 7,077명이고 경북대학교 캠퍼스의 1/10 정도가 해당된다. 만성 정체가 발생하는 복현오거리가 있다. 복현오거리 막창골목이 있으며 빌라와 저층 아파트가 굉장히 많다. 학교는 경진초가 있다.

복현2동 인구는 29,789명이며 마찬가지로 복현오거리에 접해 있다. 1동과 달리 복현푸르지오(1,199세대), 복현블루밍브라운스톤 명문세가 1~2단지

(788세대), 광명아파트(730세대), e편한세상복현(620세대), 복현자이(594세대), 복현아이파크(585세대), 복현서한타운2차(553세대) 등 아파트단지가 굉장히 많다. 이 지역도 개발된 지가 오래되었기 때문에 재개발이 활발하게 진행되어 복현 푸르지오, 복현아이파크, 복현자이의 재개발 3대장이 있다. 주요 시설로 대구글로벌교육센터, 공항교강변공원, 대구안식원, 영진전문대학교, 영진사이버대학교가 있다. 학교는 문성초, 복현초, 대구북중, 복현중, 성화중, 경상고, 성화여고, 영진고와 특수학교인 대구이룸고, 대구성보학교가 있다.

검단동 인구는 5,943명으로 금호강이 곡류하는 모퉁이에 위치하고 있다. 검단일반산업단지가 자리 잡고 있지만, 서구 비산동에 있는 비산염색공단과 달서구에 있는 성서산업단지에 밀려 인지도가 매우 낮다. 경부고속도로가 지나가며, 강 건너가 동구 불로동이기 때문에 대구국제공항과 인접해 소음 피해가 큰 곳이다. 금호강 건너편으로 북구 동변동과 동구 불로동이 바로 보이지만, 검단동과 불로동을 연결해주는 다리가 없다. 따라서 공항교로 우회해 불로삼거리로 가던지, 또는 공항교 끝에 있는 금호강변로를 이용해야 한다. 검단동에서 무태로 가려면 대구종합유통단지나 산격대교로 우회해야 한다.

노원동 인구는 10,520명이다. 1998년 노원1·2가동을 노원1·2동으로 개칭하고 노원3가1동, 노원3가2동을 노원3동으로 합동했으며 2009년 노원1·2동, 노원3동을 노원동으로 합동했다. 과거 달서면에 속했던 곳이다. 1975년에 서구 원대동2가(일부)·원대동4가·원대동5가·원대동6가가 북구에 편입되어 노곡동의 노와 원대동의 원을 따서 노원동으로 이름을 바꾸었다. 지금 행정복지센터는 원래 노원1·2동 행정복지센터. 노원3동 행정복지센터는 팔달시장역 옆에 있다가 합동으로 폐소된 후 재개발 지구에 들어가면서 철거되었으며, 현재 이쪽 주변으로 대구노원한신더휴(1,580세대)가 있다.

무태조야동 인구는 34,525명으로 북구에서 인구가 가장 많다. 조야동만 유일하게 과거 달성군 달서면에 속했으며, 나머지는 달성군 성북면에 속했던 곳이다. 조야동을 제외한 나머지 지역들은 옛 지명인 '무태'라고 부르기도 한다. 조야동의 경우 1938년에 편입한 이후 줄곧 대구시에 속했으며, 1963년에 일반구가 설치되면서 서구에 소속되었다가 1975년 북구에 편입되었다. 하지만 조야동은 동변동, 서변동과 함께 전화 국번을 동구와 공용한다. 동변동·서변동·연경동은 1938년에 성북면에서 공산면으로 넘어갔다가 1957년 동변동과 서변동이 대구시에 편입되었다. 1963년 일반구가 설치되면서 북구에 소속되었다. 처음부터 독립된 행정동으로 출범했었으나 1975년에 동서변동으로 합동했다. 연경동의 경우 한동안 공산면에 속했다가 1981년 대구직할시의 출범과 동시에 공산면 자체가 통째로 달성군에서 동구로 편입되면서 덩달아 동구에 속했다가, 1987년 북구에 편입되었다. 이때 동서변동이 연경동을 포함하게 되면서 무태동으로 이름을 바꾸었다. 1998년 무태동과 조야동이 합동되어 지금에 이르고 있다. 조야동은 무태 쪽과 이격되어 있어서 시내버스 종점 근처에 민원분소가 있다(옛 조야동사무소). 연경동은 농촌으로 개발제한구역이었다가 연경지구로 개발되었다.

관문동 인구는 34,265명. 동네가 크게 세 곳으로 나뉘는데, 칠곡에 속하는 매천동과 팔달동 일대, 최근 금호지구로 개발되고 있는 금호동과 사수동 일대, 그리고 특별한 개발 없이 근대화된 자연부락이 있는 노곡동으로 나뉜다. 그래서 행정복지센터도 사수동과 노곡동에 분소를 설치하고 있는 상태다. 가장 아래쪽에 있는 팔달동은 대구 시내와 칠곡을 잇는 관문인 팔달교가 있는데 그래서 행정동 이름도 관문동이다. 매천동에 대구농수산물도매시장이 있다. 칠곡지구의 초입인 만큼 두산위브2001(1,108세대), 매천센트럴파크(928세대), 한신더휴웨스턴팰리스(919세대), 한신더휴이스턴팰리스(683세대), 청구장미아파트(518세대), 매천화성파크드림(500세대) 등 아파트단지가 많다. 그리고 태전고가차도를 통해 칠곡1지구로 곧바로 연결된다.

태전1동 인구는 22,080명, 한신중앙아파트(892세대), 칠곡관음타운(772세대), 한일아파트(680세대), 태전역광신프로그레스(532세대), 태전공원, 대구과학대학교, 대구보건대학교, 태전초, 태현초, 강북고, 영송여고가 있다.

태전2동 인구는 23,220명. 태전역, 매천역, 태전휴먼시아 1단지(1,937세대), 협성휴포레강북(756세대), 삼성아파트(735세대), 관천초, 태암초, 관천중, 매천중, 매천고가 있다.

구암동 법정동과 행정동이 일치한다. 구암동 행정복지센터는 강북중학교 건너편에 있다. 인구는 32,871명 원래 구암동은 칠곡1동의 일부였으나 2003년에 지금의 이름으로 바뀌었다. 칠곡의 중앙에 위치해 있으며, 칠곡3지구의 개발로 아파트가 많다. 칠곡3지구의 개발로 인해 구암동은 칠곡2지구와 칠곡3지구에 걸쳐 소재하며 동 행정복지센터는 칠곡3지구 쪽에 있다. 북구를 관할하는 북대구우체국과 대구강북경찰서가 구암동에 있으며 북대구우체국은 고성동에서 이전해왔다. 대신 구 청사는 고성동우체국으로 변경되었다. 학교는 강북초, 구암초, 운암초, 강북중, 구암중, 동평중, 운암중, 구암고, 운암고, 함지고가 있다.

관음동 인구는 15,185명이다. 옆으로 중앙고속도로가 지나가며, 칠곡IC가 있다. 2009년 7월 관음변전소 남쪽에 관음공영차고지가 설치되었으나, 여러 가지 문제로 인해 2010년 9월부터 가동이 시작되었다. 주요 시설로 칠곡2차한양아파트(1,354세대), 어울아트센터, 신전뮤지엄, 관음공원이 있다. 학교는 관남초, 관음초, 관음중이 있다.

읍내동 인구는 25,196명으로 칠곡3동의 일부였으나 2003년에 분리되었다. 이름에서 알 수 있듯이 과거 칠곡읍의 중심지 역할을 했던 곳이며, 칠곡초, 칠곡중, 칠곡향교, 교동초, 교동중이 있는 것에서 그 흔적을 찾을 수 있다. 지금도 칠곡 지역의 상업중심 역할을 한다. 읍내동은 칠곡네거리부터 경상북도 칠곡군 동명면까지 칠곡1지구와 3지구 입구를 아우르며 굉장히 넓게 뻗어 있는 동이다. 주요 시설로 칠곡코스모스한양(792세대), 칠곡산호한양아파트(768세대), 칠곡e편한세상(608세대), 칠곡한서타운(593세대), SD아이프라임강북(573세대), 목련아파트(530세대), 구수산도서관, 구수산, 대구가톨릭대학교 칠곡가톨릭병원, 동아아울렛 강북점, 킴스클럽 강북점이 있다.

동천동 인구는 26,416명이다. 2003년 이전까지 행정동 칠곡3동으로 읍내동과 묶여 있었으나 2003년에 분할되면서 원래 지명인 동천동으로 행정동이 바뀌었다. 2009년 동천동의 북쪽이 국우동으로 분리되었다. 구암동, 국우동과 함께 칠곡3지구로 불리는 곳이며, 팔거역 인근에 칠곡3지구 상업지역과 홈플러스 칠곡점이 이곳에 있다. 같은 칠곡으로 묶이지만, 팔거천을 사이에 두고 5번 국도가 지나가는 읍내동, 관음동, 태전동 등과는 생활권이 조금 다르다. 팔거천 서쪽은 상대적으로 단독주택 비중이 높으며 동아아울렛이 있는 칠곡네거리가 상업 중심지인 반면, 동천동, 구암동, 국우동은 동암로를 끼고 홈플러스~대구강북경찰서가 있는 상업지역이 중심이다. 칠곡3지구 상업지역의 규모가 꽤 큰 까닭에 국우터널 너머의 무태·조야동 시민들이 종종 찾기도 한다. 아파트단지의 덩치도 꽤 큰 편으로 화성센트럴파크(1,440세대), 칠곡보성서한타운(1,244세대), 부영그린타운(1,194세대), 동화골든빌아파트(1,123세대), 칠곡화성타운3차(1,116세대), 칠곡영남타운2차(974세대), 영남네오빌아트(813세대), 칠곡네스빌(512세대) 등이 있다. 학교는 동평초, 북부초, 함지초가 있다.

국우동 인구는 30,883명이다. 2009년 동천동에서 분리되었으며, 법정동인 국우동에 행정복지센터가 있다. 학정동에는 학정역, 학정청아람아파트(943세대), 칠곡 1~2차 한라하우젠트(766세대), 칠곡경북대학교병원, 근로복지공단 대구병원과 제50보병사단 사령부가 있으며, 북구와 달서구 예비군훈련장이 있다. 학정동 위에 있는 동호동은 칠곡군 동명면과 인접해 있으며 경상북도인재개발원, 경상북도농업기술원이 있다. 대구 도시철도 3호선 칠곡경대병원역과 동호차량사업소 또한 이곳에 들어섰다. 국우동은 호국로를 경계로 양분되어 있는데, 남쪽에는 구암동 및 학정동과 같이 개발된 그린빌 5~6단지와 부영1단지아파트(900세대)가 있는 반면 북쪽에는 힐스테이트 데시앙 도남 1~4단지를 비롯해 도남지구가 조성되고 있고 군부대들이 많다. 북동쪽 끄트머리에 있는 분지인 도남동은 대구의 강북 지역에서 안양마을과 더불어 유일하게 농촌의 풍경을 간직하고 있다. 학교는 국우초, 도남초, 학남초, 학정초, 대구체육중, 학남중, 대구국제고, 대구체육고, 학남고가 있다.

연경동과 함께 대구국제공항과 대구공군기지의 루트로 자주 활용되고 있고, 그래서 소음 피해가 검단동, 복현동, 연경동과 함께 매우 큰 지역들 중 하나로 꼽힌다.

달서구 :
비수도권 자치구 중
가장 인구가 많은 곳

달서구는 동으로는 대구 남구, 남으로는 달성군 화원읍과 가창면, 북동으로는 서구, 북서 및 서로는 경상북도 고령군 다산면, 대구 달성군 다사읍과 접해 있다.

전국의 자치구 중 다섯 번째로 인구가 많으며 비수도권 자치구 중 가장 인구가 많은 곳이다. 심지어 서울에서도 송파구와 강서구, 강남구를 제외하면 달서구보다 인구가 많은 자치구가 없다. 하지만 2016년을 기점으로 인구 60만 명에서 지속적인 인구 감소세를 보이고 있다. 이는 옆에 있는 달성군에 새 아파트가 많이 들어서면서 기존 달서구에 거주하던 구축 아파트(기본 20년)의 주민들이 많이 유출된 것으로 보인다. 달성군 지역에 신규 아파트 분양이 계속 진행되고 있고, 달서구에 비해 열악했던 교통, 편의시설이 개선되고 있어 달서구의 인구 유출은 지속될 것으로 예상된다.

1988년 서구 성당1~2동, 내당4~6동, 성서1~3동, 본리동과 남구 관할의 월배출장소를 합해 대구직할시 달서구가 설치되었다. 1995년 광역시로 변경되며 대구광역시 달서구가 되었다. 원래는 달성군 달서면, 성서면, 월배면, 화원면의 일부 지역으로 달서구의 이름 자체는 달성군 달서면에서 왔다. 일단 옛 달서면 지역 일부(두류동, 성당동 일대)가 있는 만큼 달서면의 지분이 없지 않지만, 구의 대부분이 성서와 월배 지역으로 이루어져 있다. 정작 옛 달서면의 대부분은 현재의 서구가 차지하고 있다. 그 때문에 옛 달서면과 현재 달서구의 영역은 꽤 차이가 크다. 현재 달서구에서 달서면의 지분은 극히 일부분이고 따라서 달성군 성서면, 월배면이 구의 실질적인 모체라 할 수 있다.

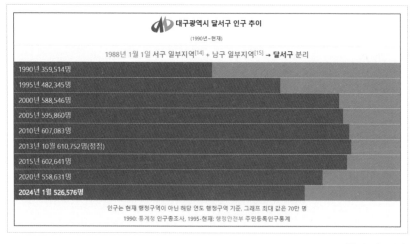

〈출처 : 나무위키〉

1990년 359,514명으로 시작해 2013년 610,752명으로 정점을 찍은 후 2023년 현재 527,781명으로 줄었다.

전형적인 중산층 주거지와 대규모 산업단지인 성서산업단지가 있다. 수성구에서 통근하기에는 어려운 거리에 있는 성서산업단지, 달성군 일대의 산업단지에서 사업체를 운영하는 사람들이 거주한다. 구미의 대기업, 중견기업 등지로 출퇴근하는 사람들도 많이 살고 있다. 죽전네거리와 월배신도시를 중심으로 지속적으로 중대형 아파트가 들어서고 있다.

또한 두류3동 옛 두류정수장 터에 대구시청 신청사가 이전하기로 확정되어 달서구민들이 크게 환영하고 있다. 대구는 달성군 편입으로 시역이 서쪽으로 크게 확장되었다. 이에 따라 달서구 일대가 지도상 중심에 가깝게 확장되었다. 이에 따라 달서구 일대가 지도상 중심에 가깝게 되었다. 도시의 지리적 중심으로 시청 이전 후 새로운 도심지, 중심으로 발전한 대전 둔산신도시나 광주 상무지구 등처럼 발전할 것에 대한 기대감을 주고 있다. 시청 신청사가 건립되어 본격적으로 공무원들이 신청사에서 업무를 보기 시작하면 공무원들과 민원인들이 대거 유입되기 때문에 이들에 의한 상권 활성화로 인해 좋아질 가능성이 크다. 현(現) 이태훈 구청장 역시 대구시 신청사가 들어와 달서구가 더욱 발전할 수 있게 되어 적극적으로 환영하고 있다. 일단 이 구청장은 달서형 뉴딜사업을 추진하고 성서산업단지를 개조해 최첨단 스마트도시 조성에 앞장서겠다는 포부를 밝히고 있어서 달서구의 미래와 경제에 매우 긍정적으로 작용할 것으로 생각된다.

성서와 월배라는 2개의 부도심을 하나의 구로 묶은 형태라서, 두 지역의 생활권이 다르다. 대구 도시철도 1호선 설화명곡 방면(월배)과 대구 도시철도 2호선 문양 방면(성서)은 성서산업단지와 중부내륙고속도로지선으로 분리되어 있어 각기 다른 생활권을 이룬다. 늘 성서를 성서 구로 분구한다는 호재는 때만 되면 흘러나온다.

인구(치안 수요)가 많아 관할 경찰서는 2개가 있다. 월배는 달서구청 옆에 있는 대구달서경찰서, 성서지구는 성서산업단지역(성서네거리) 북쪽의 이마트 성서점 맞은편에 있는 대구성서경찰서가 있다. 소방서 역시 마찬가지인데 지금까지는 월배와 성서를 달서소방서가 혼자 전담했었지만 다사 지역에 강서소방서가 2015년 7월에 신설되었고 성서 지역의 소방 관할을 맡고 있다.

성서 지역을 성서구로 분구하자는 주장이 1995년 지방자치제 시행과 함께 전국적으로 행정구역을 개편할 당시부터 끊임없이 제기되고 있다. 2000년대 초중반 달서구청 차원에서도 실제로 분구를 추진했다. 분구를 위한 인구 조건도 특별시의 경우 70만 명, 광역시의 경우 50만 명으로 55만 명의 달서구는 분구 요건에 부합한다. 성서산업단지역 북쪽에는 분구를 대비해 비워 둔 구청부지를 비롯한 성서행정타운 예정지도 있다. 다만 이 성서행정타운 예정지는 대구시 신청사 건립 재원 마련을 위해 대구시에서 매각하기로 했다.

성서구가 신설된다면 인구는 20만 명이 넘고, 성서 생활권이면서 달성군의 월경지인 다사읍과 하빈면까지 성서구에 포함 시 30만 명이 넘는다. 더구나 성서5차산업단지의 개발이 완료되면 인구는 더욱 늘어날 것이라고 한다.

분구가 주장되는 주된 이유는 월배와 성서의 이격 문제와 행정 효율 도모가 있다. 인구가 16만 명 정도인 서구의 공무원 숫자가 550명 정도인데, 인구가 50만이 넘는 달서구의 공무원 숫자는 560여 명에 불과하다. 따라서 대구 중구(인구 약 7만 명)와 남구(인구 약 14만 명)를 합구하고 달서구를 분구해 공무원 1인당 담당 인구수를 비슷하게 조정하자는 것이다.

계명대학교 및 계명아트센터, 대구지방법원 서부지원/대구지방검찰청 서부지청, 한국토지주택공사 대구경북본부, 대구교통공사, 두류공원(이월드, 83타워, 코오롱야외음악당, 대구문화예술회관), 대구수목원, 대구학생문화센터, 달서아트센터(구 달서구 첨단문화회관–웃는얼굴아트센터) 등이 있다. 수성구 못지않게 이곳 역시 공공시설과 여가시설이 풍부하다. 대곡동에는 정부대구지방합동청

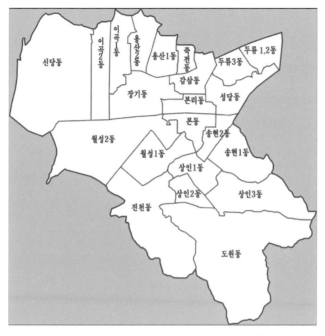

〈출처 : 나무위키〉

사가 들어서면서 9개 지방청을 모두 이곳으로 이전했다. 용산1동의 대구지
방법원 서부지원은 서구, 달서구, 달성군을 관할하며 산하 법원으로 고령군
법원, 성주군법원이 있다. 서부지원은 월성2동 달서구청 뒤에 있던 달서등기
소를 서부지원으로 옮겨 흡수, 통합한 후 서구, 달서구, 달성군의 등기업무(지
원등기과)도 관할하고 있다. 대구가정법원도 서구 평리3동 서구청 옆에 있었다
가 용산1동 서부지원으로 이전해왔다.

두류3동 옛 두류정수장 터에 대구시 신청사가 건립, 이전해올 예정이다.
시청사가 들어오면 자연스레 주변이 발전하고 활성화되기 마련이기 때문에
그동안 상대적 외면을 받던 북구나 달성군 쪽으로 시청사 이전을 기대했으
나, 결국은 중구와 수성구와 함께 대구를 이끌어가고 있는 대구 3대장 달서

구로의 시청 이전이 결정되면서 비균형 발전에 대한 불만도 없지 않은 상황이다. 다만 옛 두류정수장 부지에서 조금만 북쪽으로 가면 대구에서 낙후된 축에 속하는 지역인 서구라서, 시청이 건립되면 서구 지역 역시 간접적으로 수혜를 보게 될 예정이다.

성당동 인구는 21,827명이다. 성당동 행정복지센터는 폐교된 남중학교 자리에 해올고와 같이 자리해 있고, 구 성당1동 주민센터는 성당동 현장민원실로 사용되고 있다.

현 서구의 대부분을 이루는 옛 달성군 달서면 지역이지만 두류공원으로 인해 서구와 이격되어 있어 두류동과 달리 서구와는 생활권을 공유하지 않고 남구 대명동, 달서구 두류동, 본리동, 송현동과 생활권을 공유한다.

두류공원, 이월드의 일부가 성당동에 해당되며 대구문화예술회관, 두류수영장, 유니버시아드 테니스장이 있다. 구 성당2동에 오래된 시영아파트와 주공아파트 단지들이 있었으나 2000년대 들어 성당더샵(904세대), 성당래미안e편한세상(822세대), 성당두산위브(690세대) 등 고층 브랜드 아파트단지로 재개발되었다. 그 밖에 일부 오래된 아파트들도 재개발될 예정이다. 학교는 남부초, 경암중, 상서중, 원화중, 경화여고, 상서고, 원화여고와 대구해올고가 있다. 성당동의 인구 감소를 체감할 수 있는 대표적인 사례로 2012년 2월 폐교된 대구남중학교가 있다.

두류1·2동 인구는 14,792명이다. 두류공원 중 이월드가 있는 쪽을 포함하고 있다. 구 두류1동 쪽은 동네가 상당히 오래된 터라 치안이 좋은 편은 아니다. 다만 성남초등학교 근처로는 재개발이 진행되면서 두류파크KCC스위첸

(785세대)이 들어섰다. 학교는 내당초, 구남중, 대구보건고가 있다.

두류3동 인구는 8,709명으로 두류공원 중 대구시두류도서관과 코오롱야외음악당이 있는 쪽을 포함한다. 삼정그린빌아파트(1,208세대), 서대구세무서가 있다. 두류정수장이 있었으나 폐쇄되었고, 해당 부지에는 2026년에 대구시청이 이전해올 예정이어서 큰 발전이 기대되는 동네다. 학교는 신흥초가 있다.

감삼동 인구는 29,513명이며 서남신시장 주변도 법정동 감삼동이나 행정동은 죽전동에 속해 있으며 달구벌대로로 구분된다.

와룡로를 기준으로 서쪽은 우방드림시티(2,160세대), 대우월드마크웨스트엔드(994세대), 삼정브리티시용산(767세대) 등의 아파트단지가 지어졌거나 지어지고 있는 반면 동쪽은 성당코오롱하늘채(784세대) 정도를 제외하면 대부분 주택가다. 대구시교육연수원, 대구가톨릭대학교 평생교육원, 구병원이 있다. 현재 행정복지센터를 임시로 이전했는데, 그 위치가 두류3동이다. 학교는 감삼초, 본리초가 있다.

죽전동 인구는 12,740명이다. 행정복지센터는 죽전네거리에서 대구의료원으로 가는 길에 있는 구 죽전중학교 건물에 있다. 행정복지센터 건너편 골목 안에 대구경북지방병무청 징병검사장이 있었지만 2013년 12월 대구신서혁신도시로 이전했다. 학교는 죽전초가 있다.

장기동 인구는 16,089명이고, 신천대로가 동 한가운데를 관통하고 있는데, 동의 남쪽 끝과 북쪽 끝이 각각 남대구IC와 성서IC라서 구미시나 칠곡군 등 고속도로에 접한 대구 주변 도시에 직장을 가지고 있으면서 대구를 베드타운으로 삼으려는 직장인들에게는 제법 좋은 거주지 후보로 보인다. 이 신천대로를 경계로 동의 분위기가 확 달라진다. 신천대로 동편으로는 장기 파랑새마을(1,216세대), 장기초록나라(976세대), 영남네오빌파크(836세대), 장기주공아파트(705세대) 등 아파트단지가 제법 조성되어 있다. 이 근방에서는 그나마 큰 규모인 장기동 먹자골목이 형성되어 있는 등 나름 활기찬 분위기인 반면, 서편은 달서아트센터를 제외하면 공장지대와 야산밖에 없어 황량한 느낌이 난다. 장동은 2012년까지 허허벌판이었으나 2013년 이후로 출판인쇄정보밸리가 들어서 대구 내 중견 출판사/지류업/인쇄업자들로 북적거리고 있다. 하지만 학산초, 학산중부터 이곳 사이에 시내버스가 전혀 다니지 않기 때문에 불편한 점이 있다. 학교는 장기초, 장동초, 대구전자공고가 있다.

용산1동 인구는 28,919명이다. 죽전동과 접한 쪽을 제외하면 용산롯데캐슬그랜드(1,619세대), 용산파크타운(802세대), 우방죽전타운(792세대), 용산블루빌타운(584세대), 용산세광태왕2차(564세대), 용산미진태왕1차(544세대) 등 대부분 아파트단지다. 대구지방검찰청 서부지청, 대구지방법원 서부지원, 대구가정법원, 대구학생문화센터, 대구직업능력개발원, 홈플러스 성서점, 하나로마트 성서점이 있다. 학교는 용산초, 용전초, 장산초, 성서중, 용산중이 있다.

용산2동 인구는 26,730명이며 마찬가지로 성서주공5~8단지, 성서영남우방타운1~2차(1,630세대), 성서보성타운2차(1,012세대), 한마음아파트(996세대), 성서청구타운(940세대), 성서보람타운(918세대), 평화타운아파트(579세대) 등 대부분 아파트단지인데, 고저차가 있다 보니 주민들의 애로사항이 생각보다 크다. 병암서원이 있다. 학교는 선원초, 성산초, 성지초, 성곡중, 성산중, 경원고, 성산고, 성서고와 특수학교인 대구세명학교가 있다.

이곡1동 인구는 21,440명이다. 한빛마을아파트(1,461세대), 성서동서화성타운(1,256세대), 성서한샘아파트(1,026세대), 성서푸른마을(672세대), 성서와룡타운(630세대), 성서주공4단지(570세대), 성서무지개타운(572세대), 달구벌대로 이남 성서1차산업단지, 대구성서경찰서, 대구성서우체국, 대구지방조달청, 이마트 성서점 등이 있다. 성서지구의 중심지다. 본래 성서우체국이 달서구 관내 감독국이었다가 2003년 달서우체국에게 넘긴 상태다. 학교는 성곡초, 성서초, 이곡초, 성지중, 이곡중이 있다.

이곡2동 인구는 15,221명이다. 성서보성화성타운 (1,240세대) 성서동서서한(974세대), 성서대백창신한라(876세대), 성서우방타운(765세대), 성서서한타운 2차(714세대), 성서청남타운(616세대) 등의 아파트단지, 주택단지가 대부분을 이루고 있다. 대구성서운동장이 있고 성서산단의 일부가 이 지역에 속해 있다. 성서산업단지역 1, 2번 출구 안쪽으로 들어가면 어느 정도 규모가 되는 근린 상권이 형성되어 있다. 갈산공원이라는 야산이 있는데 장기공원, 장동공원과 마찬가지로 근린공원으로 지정만 되고 개발은 되지 않아 그냥 방치된 야산일 뿐이다. 학교는 와룡초, 와룡중, 와룡고가 있다.

신당동 인구는 29,643명이다. 계명대학교에서 와룡시장으로 형성되어 있고 계명대학교를 기점으로 거리가 발달되어 있으며, 지하철역으로는 계명대역이 있다. 옆 이곡동과는 다르게 대학가라는 특징 때문에 건물 대부분이 주택가로 형성되어 있고 아파트단지는 성서주공1~2단지(3,289세대), 성서삼성명가타운(1,999세대), 삼성한국형아파트(1,709세대) 등 대단지만 있다. 성서1차일반산업단지가 가까이 있기 때문에 외국인 거주자도 이곡동보다 훨씬 많다. 계대동문로를 중심으로 대학가가 형성되어 있어서 놀거리가 엄청 많으며, 산책로도 형성이 잘 되어 있는 편이다. 다사읍에서 보통 성서라고 칭하면 성서 롯데시네마 부근이나 이쪽일 확률이 가장 높다. 경로당이 5곳으로 많은 편에 속하는데 주택가와 지형의 영향 때문이다. 계명대 외에도 계명문화대학교, 한국방송통신대학교, 대구경북지역대학이 있다.

본리동 인구는 19,461명이다. 위로는 장기동, 감삼동, 옆으로는 성당동, 아래로는 본동과 직접 도로를 두고 마주 보고 있는 동으로 성당래미안e편한세상1~2단지(2,644세대), 본리롯데캐슬1~2차(1,001세대), 더샵달서센트럴(789세대) 등 다수의 아파트단지가 있다. 현재 노후화된 주택, 아파트단지 재건축이 이뤄지거나 재개발이 한참 진행되고 있는 동네다. 덕인초, 성당초, 새본리중, 성당중, 대구제일여상고와 위탁학교인 대구예담학교가 있다.

본동 인구는 12,366명으로 본리동과는 구마로를 사이에 두고 이웃해 있다. 본동은 남구 소속이었지만 특이하게도 본리동과 같은 생활권을 형성한다. 주요 주거구역이 본리동과 인접한 쪽에 몰려 있다. 원래 이 동네는 1987년 당시 서구 본리동에서 구마로 이남을 남구에 편입하면서 나온 동네인데다, 월배 지역과 지리적으로 학산공원으로 막혀 본리동과 인접한 면이 더 넓기 때문이다. 아파트단지는 월성주공5단지(1,740세대), 그린맨션2~3차(1,494세대) 등이 있고, 주요 시설로 대구시남부교육지원청, 대구올림픽기념관, 달서구노인종합복지관, 학산공원, 대구공업대학교가 있다. 학교는 남송초가 있다.

월성1동 인구는 40,830명이며 월성택지지구와 월배택지지구로 이루어진 아파트촌이다. 월성1동은 월곡로 동쪽을 제외하면 월성2동과 달리 월성동, 대천동의 비교적 최근에 지어진 신규 아파트단지, 즉 신월성(월배신도시)을 관할한다. 현 이마트 월배점 북쪽 일대로 예전에는 월배공단 지역이었으나, 월배택지지구로 새롭게 개발된 후 인구가 지속적으로 유입되고 있어서 앞으로의 발전 가능성이 큰 동네다. 현재도 계속 신축 아파트들이 계속 지어지고 있거나 계획 중에 있고 상업 시설들이 꾸준히 들어서고 있기 때문에 인구 증가로 진천동과 월성1동의 일부를 분리해 2021년 11월 행정동 유천동이 신설되었다.

월성2동 인구는 14,641명이다. 성서공단로 이남의 공단지역을 모두 관할하기 때문에 면적이 상당히 넓다. 면적의 대부분은 성서산업단지 일부 지역으로 들어가 있어서, 어떻게 보면 월배권 동네임에도 성서권과 양다리를 걸치는 지역이기도 하다. 월성1동과 함께 월성택지지구로 이루어진 아파트 마을이지만, 2000년대부터 개발이 시작된 월성1동과 달리 월성2동은 1990년대 초에 개발된 곳인지라 낡은 아파트단지들로 이루어져 있다. 달서구청, 달서구보건소, 대구달서경찰서, 대구달서우체국, 달서소방서 등이 연속으로 붙어 있어서 명실상부한 달서구 행정의 중심지다. 달서구 관내 우체국들은 2003년부터 달서우체국이 성서우체국으로부터 감독국 지위를 받아 관할하며, 우편물을 집결한 후 관할 우체국들로 보낸다. 달서우체국은 달성군 지역 중 화원읍, 다사읍, 하빈면의 우체국도 관할한다. 달서구청 옆에 달서등기소도 있었으나 2007년 용산1동에 대구지방법원 서부지원이 개원하면서 통합되었다. 이 부지는 한 때 오래된 달서구보건소 신축 장소로 부각되었으나, 달서구보건소는 원래 위치에서 새로 재건축했다. 관련 기사 학교는 감천초, 월성초, 학산초, 대건중, 학산중, 효성중, 대건고, 효성여고가 있다.

진천동 인구는 50,661명으로 달서구 전체 동 중에서도 가장 많은 인구가 거주한다. 일부는 월배택지지구에 속해 있으며 그 밖의 대부분은 일반주택단지와 아파트단지로 이루어져 있다. 대구수목원이 있으며 이 동네를 지나면 달성군 화원읍이 나온다. 그 밖에 수목원 앞에 2012년 11월 초 개청한 정부대구지방합동청사가 있다. 학교는 대진초, 월배초, 진월초, 진천초, 대진중, 월배중, 대진고가 있다.

대곡동 대구수목원 옆에는 2010년 6월 착공해 2014년 10월 27일 개통된 테크노폴리스로가 있는데, 대곡동에서 현풍읍, 유가읍까지 직행으로 갈 수 있다. 개통 전에는 이 지역을 왕래하려면 남대구IC에서 중부내륙고속도로지선을 타고 현풍IC로 가거나 5번 국도를 따라 화원읍, 옥포읍, 논공읍을 지나야 했다. 게다가 남대구IC는 굉장히 차가 많이 밀리는 곳이다.

유천동 인구는 33,773명이다. 중부내륙고속도로지선과 월암로로 둘러싸인 지역이라고 보면 된다. 주요 아파트단지는 월배아이파크 1~2차(3,430세대), 진천역AK그랑폴리스 1~2차(1,881세대), 월배삼정그린코아포레스트(1,533세대), 유천포스코더샵(764세대), 월배힐스테이트(730세대), 대곡역화성파크드림(670세대), 월배쌍용예가(555세대) 등이 있으며, 주요 시설로 대구 도시철도 1호선의 차량기지 중 전동차 중검수용 기지인 월배차량기지가 유천동에 있다. 학교는 용천초, 유천초, 한샘초, 한솔초가 있다.

상인1동 인구는 34,251명이며 상인역 상권 중 롯데백화점 상인점, 홈플러스스페셜 상인점이 있다. 산기슭 근처를 제외하면 거의 모든 동네가 아파트단지다. 주요 시설로 대구교통공사 본사, 월곡역사공원이 있다. 중심에 있는 상인역 역세권에서 큰 비중을 차지하고 있는 것이 고등학교들로, 무려 4개 고등학교에 그 외 학교 2개가 모두 상인네거리 1사분면 쪽에 붙어 있다. 학교는 대서초, 월서초, 월촌초, 상원중, 영남중, 경북기계공고, 대구상원고, 대구하이텍고, 영남고와 직업교육기관인 경북기계공고 부설 대구문화예술산업학교가 있다.

상인2동 인구는 18,310명이고 상인네거리 3사분면에 해당하는 동네로 상인역 상권 중 먹자골목, 롯데시네마 상인이 이쪽에 있다. 1, 3동보다는 주택 및 빌라의 비중이 훨씬 크다. 상인푸르지오(698세대), 상인역모아엘가파크뷰(598세대), 한양은하아파트(520세대), 월배공원, 대동시장이 있다. 학교는 상인초가 있다.

상인3동 인구는 10,319명으로 앞산 기슭에 있는 동네로 상인비둘기 1~2단지(2,824세대), 장미3~4차아파트(1,340세대) 등이 있는 주거지다. 학교는 상원초, 월곡초, 상인중, 상인고가 있다.

도원동 인구는 33,289명이며 진천천 남쪽의 큰 인구와 면적을 자랑하는 행정동이다. 도원네거리를 중심으로 아파트단지가 잔뜩 있고 이쪽이 인구밀집지역이다. 월곡로와 접한 지역은 아무래도 앞산 기슭이다 보니 덜 개발된 느낌이 있으며, 월광수변공원을 중심으로 등산로와 호수(도원지) 등 자연을 만끽할 수 있다. 대구보훈병원이 있다. 학교는 노전초, 대곡초, 대구교대대구부설초, 도원초, 대곡중, 도원중, 대곡고, 도원고가 있다.

송현1.2동 인구는 1동이 17,584명, 2동이 16,673명이다. 같은 달서구의 상인동, 본리동, 본동과 남구와 접해 있다. 동네로 인접해 있는 본동, 본리동과 달리 주로 단독주택이나 빌라 형태의 소규모 다세대 주택 형식으로 주거 구역이 형성되어 있는 동네다. 본동과 마찬가지로 월배에 속하지만 상인동과 인접한 구역을 제외하고는 월배와는 지역적으로 거리가 느껴진다. 남구에 위치한 관문시장의 일부가 송현동에 끼여 있다. 본리동과 마찬가지로 남구와 본리동에 인접한 주택 구역에서 재개발이 진행 중이다. 학교는 1동에 대남초, 2동에 송현초, 효성초, 대서중, 송현여중, 송현여고가 있다.

달성군 :
대규모 국책사업으로
성장세가 큰 지역

달성군의 이름은 대구의 역사적 이름인 달성에서 따왔다. 동으로는 경상 북도 청도군, 경산시, 남으로는 경상남도 창녕군, 서로는 경상북도 고령군, 성주군, 북으로는 대구 북구, 서구, 달서구, 남구, 수성구에 접한다.

월경지가 많은 편으로 다사읍, 하빈면은 달서구를 거쳐야만 달성군청으로 갈 수 있는 진월경지이고, 가창면은 비슬산으로 인해 분리된 실질 월경지다. 이 때문에 생활권 역시 분절되어 있다. 크게 다사-하빈 권역(성서 권역 종속), 화원-옥포 권역(크게 보면 군청 근방의 논공지역까지 포함, 월배권역 종속), 현풍 권역(현풍읍, 유가읍, 구지면, 논공읍 일부), 가창 권역(수성구 종속)으로 나눌 수 있다. 자세한 내용은 후술하겠다.

국민안전처가 발표한 자료에 의하면, 2016년 기준으로 전국 226개 기초자치단체 중 가장 안전 지수가 높은 지역이다. 2017년 조사에서도, 가장 안전한 곳으로 선정되어 이 부분에서 전국 행정 지역에서 독보적인 입지를 보이고 있다.

1914년 경상북도 대구부 중 중구 도심과 북구 고성동, 칠성동을 제외한 나머지와 현풍군을 통합해 경상북도 달성군이 되었다.

이후 1938년 성북면, 달서면, 수성면이 대구부로 편입되었고, 해안면은 1940년 동촌면으로 개칭되었다.

광복 이후에는 1957년 공산면, 동촌면, 성서면, 월배면, 가창면의 5개 면이 대구시에 편입되었다가, 1963년 동촌면을 제외한 나머지 4개 면은 파동이 제외된 상태로 도로 달성군으로 환원되었다. 이후 1979년 월배면이 월배읍으로, 1980년 성서면이 성서읍으로 승격되었다. 1981년 경상북도 대구시가 대구직할시로 승격되면서 월배읍, 성서읍, 공산면이 다시 대구로 편입되었고 현재의 달성군 영역이 이루어졌다. 1992년 화원면이 화원읍으로 승격했다.

1995년 1월 1일 직할시가 광역시로 개칭되고 동년 3월 1일 도농복합시정책과 직할시 시역 확장 정책에 의해 달성군은 대구 산하로 넘어갔다. 대구 편입 과정이 순탄치만은 않았는데 대구에 군청이 있었고 대구와 역사성을 공유하는데도 경북도는 편입에 완강히 반대했다. 경북도의회에서는 달성군이 대구에 편입되면 세금이 늘고 혐오시설이 들어서는 등 불이익이 커진다, 대구시의 부채가 1조 원에 달해 달성군 개발 투자 여건이 없다, 화원, 다사, 현풍 등지의 시 승격 계획 등의 내용이 담긴 유인물을 배포하기도 했다. 그러나 주민들이 달성군수실에 찾아가고, 학생들까지 서명운동에 나서는 등 강력하게 요구한 끝에 결국 경북도의 반대를 꺾고 대구에 편입될 수 있었다.

가창면의 수성구 편입 논의는 현재진행형인데 2023년 홍준표 대구시장이 달성군 가창면의 수성구 편입을 추진하겠다고 밝혔다. 가창면과 수성구 파동이 붙어 있기 때문이다. 최재훈 달성군수는 반대 입장을 밝혔지만, 가창면 주민들은 여론조사 결과 65.3%가 찬성한다고 밝혔다. 역시 월경지인 다사읍, 하빈면의 경우 홍준표 대구시장은 청년의꿈에서 달성군에 있어도 교통이 그리 불편하지 않다는 이유로 제외했다고 밝혔다. 그런 이유가 아니더라도 두 지역을 합하면 총 10만 명에 육박하는 데다 성서5차산업단지도 끼고 있는 이들을 달성군에서 분리시키려고 한다면 극렬한 반발을 피할 수 없을 것이다. 결국 대구시의회 문턱을 넘지 못해서 가창면 수성구 편입은 사실상 무산되었다.

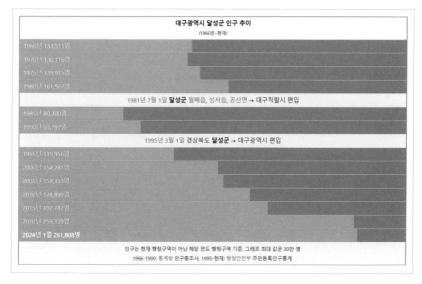

<출처 : 나무위키>

1966년 133,511명에서 2023년 현재 262,084명으로 최고로 많다. 달성군 택지개발과 테크노폴리스 개발영향이 크다. 여러 신도시 개발과 대구국가산업단지, 대구테크노폴리스 등 각종 대규모 국책 사업에 힘입어 대구에서 가

장 성장세가 큰 지역으로 2016년 2월 22일에 인구 20만 명을 돌파하면서 남구와 서구의 인구를 추월했으며, 2017년 1월 기존 군 인구 1위였던 울주군(219,201명)을 제쳤다. 2019년 6월 10일 자로 26만 명을 달성했다. 인구수가 경산시와 거의 비슷하다. 다만 그동안의 성장세가 멈칫하면서 2023년 하반기에 인구가 감소하기 시작했다.

인구수가 늘면서 달성시 승격이나 달성구 전환 논의도 나오고 있다. 그러나 광역시 산하에서 시 승격은 법적으로 불가능하다. 구 단위로는 행정절차를 통해 변경할 수 있지만 군 단위에서 누릴 수 있는 농어촌특례, 세금 혜택 등이 사라지기 때문에 군청에서는 구로 전환되는 것을 원치 않고 있다.

달성1차산업단지(논공읍), 달성2차산업단지(구지면), 대구테크노폴리스(유가읍, 현풍읍), 성서제5차일반산업단지(다사읍) 등 대구의 주요 산업단지가 몰려 있으며, 구지면에는 대구국가산업단지가 조성 중이다. 또한 화원읍과 옥포읍에 대구미래스마트기술국가산업단지가 건설될 예정이다. 서구와 북구가 대구 제조업의 과거(몰락), 달서구가 대구 제조업의 현재(정체)를 상징한다면, 달성군은 대구 제조업의 미래(신산업)를 보여준다고 할 수 있겠다. 이러한 공업단지들을 기반으로 대구시 기초자치단체 중 성장성이 가장 밝다고 볼 수 있다.

인구 26만 명의 도시답지 않게 의료기관이 충분하지 않은데, 아무래도 생활권이 파편화되어 있고 상위 소비기능을 대구 시내에 의존하는 지역 특성 때문이다. 이 때문에 종합병원으로 분류되는 의료기관이 단 하나도 없고, 병원급도 딱 5개 있으며 그나마도 가장 큰 병원이 화원연세병원(114병상)이다. 다만 다사읍은 강 건너 성서지구에 상급종합병원인 계명대학교 동산병원이 있다. 현풍읍, 유가읍, 구지면에 거주 중인 주민의 경우에는 간단한 CT촬영마

저도 차로 최소 20분은 이동해야 한다. 응급실도 임시방편으로 운영될 예정인 행복한병원이 유일하다. 테크노폴리스가 조성되고 거의 10년 만에 생기는 첫 응급실이다.

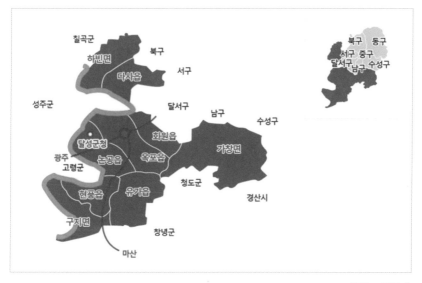

〈출처 : 나무위키〉

군위군 :
인구 밀도가 매우 낮다

군위군은 삼한시대에는 진한의 여담국, 소등붕국 등 부족국가들이 있었다. 신라 초기에는 노동멱현(奴同覓縣)이었다. 그러다가 신라 경덕왕 때 전국의 지명들을 한자식으로 바꾸면서 군위현(軍威縣)으로 이름이 바뀌어 숭선군(지금의 구미시)의 한 현이 되었다.

군위라는 지명의 유래는 934년 고려 태조 왕건이 후삼국을 통일할 무렵 후백제군을 치기 위해 현재의 군위군을 지날 때 고려군의 위세가 당당함을 보고, 이를 기념해 촌로에게 군위라는 이름을 지어준 데서 비롯되었다는 설이 있다.

그런데 정작 고려시대에 편찬한 삼국사기 지리지에서는 신라 경덕왕이 군위라는 명칭을 지었다고 쓰여 있다. 기록의 혼선이 있거나 와전되었을 가능성이 있다. 고려 초기에는 상주목에, 고려 중기에는 일선현(현 경상북도 구미시)에 속했다. 조선 말인 1895년 6월 23일(음력 윤 5월 1일), 군위현이 군위군으로 승격되었다. 1896년 8월 4일, 13도제 실시에 따라 경상북도에 속하게 되었다. 1914년 4월 1일, 부군면 통폐합 때 의흥군과 통합되었다. 1979년 5월 1일, 군위면이 읍으로 승격되어 현재의 1읍 7면의 모습을 갖추게 되었다. 2021년 1월 1일, 고로면이 삼국유사면으로 이름이 바뀌었다. 2022년 12월 8일, 경상북도와 대구시 간 관할구역 변경에 관한 법률안이 국회 본회의에 상정, 통과되었다. 2023년 7월 1일, 대구로 편입되었다.

군위군이 대구경북 통합신공항을 의성군과 공동유치하는 조건으로 대구로의 편입을 요구했고, 2022년 12월 8일 군위군 대구 편입 법률안이 국회 본회의에서 통과되었다. 이후 2023년 7월 1일에 편입되었다. 군위군 대구 편입 이후 2023년 7월 3일부터 부동산 투기 예방 차원에서 홍준표 대구시장은 군위군 전 지역(주거지역 대지권 60㎡, 농지 500㎡, 임야 1,000㎡ 등 초과 시)에 대해 토지거래허가제를 5년간 적용하기로 했다. 대구경북 통합신공항 부지 주변은 이미 허가구역이다. 다만 과도한 재산권 침해에 대한 반발 여론으로 인해 신공항 개발계획이 확정되는 대로 관련성이 낮은 지역에 대해서 허가제 해제의 길은 열어뒀다. 기존 경북경찰청 소속이었던 대구군위경찰서는 행정상 편의를 위해 2023년 7월 1일 편입 즉시 대구경찰청 소속으로 바뀌는 것이 아닌 다음 해인 2024년 1월 1일부터 소속이 바뀌었다.

군위군은 대구 최북단에 있으며, 산지가 많다. 남쪽에는 팔공산이 솟아 있어 동구, 경상북도 칠곡군과 만나면서 산맥이 동서로 긴 성벽과 같이 이뤄져 있는 산맥이 영천시와 만나 분수량을 형성하고 있다. 위천이 군위군을 관통해 흐른다. 위천은 군위군의 가장 동쪽인 삼국유사면 학암리에서 시작해 소보면 사리리를 지나 의성군 비안면에서 쌍계천과 합류하고, 상주시 중동면에서 낙동강과 합류한다. 위천의 지류인 남천은 팔공산에서 시작해 부계면, 효령면을 거쳐 효령면 병수리에서 위천에 합류되어, 하천 유역에 농경지가 형성되어 있다. 토양은 사양토로 비옥해 농경에 적합하다. 삼국유사면에는 위천의 댐인 군위댐이 있다.

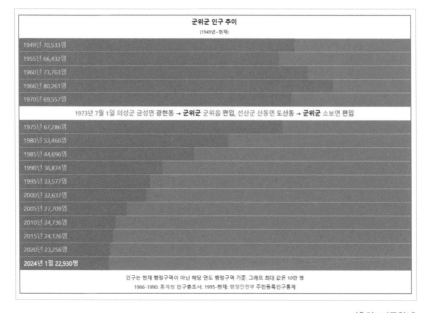

군위군 인구 추이		
(1949년~현재)		
1949년 70,533명		
1955년 66,432명		
1960년 73,763명		
1966년 80,261명		
1970년 69,557명		
1973년 7월 1일 의성군 금성면 광현동 → 군위군 군위읍 편입, 선산군 산동면 도산동 → 군위군 소보면 편입		
1975년 67,286명		
1980년 53,460명		
1985년 44,696명		
1990년 36,874명		
1995년 33,577명		
2000년 32,637명		
2005년 27,709명		
2010년 24,736명		
2015년 24,126명		
2020년 23,256명		
2024년 1월 22,930명		
인구는 현재 행정구역이 아닌 해당 연도 행정구역 기준. 그래프 최대 값은 10만 명		
1966-1990: 통계청 인구총조사, 1995-현재: 행정안전부 주민등록인구통계		

〈출처 : 나무위키〉

　　1949년 70,533명이었으며 1966년 80,261명으로 최고로 많았으며 2023년 22,988명으로 줄었다.

　　면적은 대구의 약 41%를 차지할 정도로 넓은데, 대구 총인구에서 차지하는 비중은 1% 미만에 불과할 정도로 인구밀도는 매우 낮다. 대다수의 지방 지자체와 마찬가지로 인구 감소세였으나, 2021년 10월 14일 경상북도의회에서 군위군 대구 편입 찬성 의견이 채택된 이후부터 인구가 일시적으로 증가하기도 했다. 소멸위험지수가 가장 심각한 곳으로 멀지 않은 시일 내에 가장 먼저 없어질 동네로 점쳐졌다. 2023년 5월 기준 한 세대당 평균 인구수가 약 1.69명/1세대다. 군위군이 독거노인이 얼마나 많은 동네인지 알 수 있는 부분이다.

PART 2

지역 개발 이슈에서 찾아내는
투자 포인트

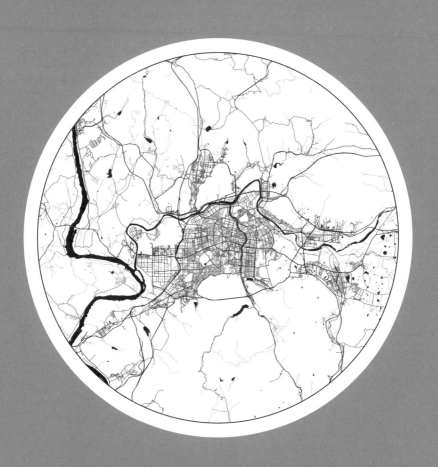

대구 도시철도의 미래

대구시와 경산시에서 운행되는 도시철도 체계인 대구 도시철도는 대구광역시 산하 도시철도건설본부에서 건설하며 대구교통공사에서 운영 중이다. 2023년 기준 1호선, 2호선, 3호선 3개 노선이 운행하고 있다.

1997년 최초 개통 시에는 부산 도시철도와 같이 10km 구간제 요금으로 성인 1구간 500원, 2구간 600원이었으나, 시내버스와 무료 환승을 시작한 후 2006년 10월 28일 요금 개편으로 현재 1호선, 2호선, 3호선의 전 구간은 단일 요금이며 버스와의 무료 환승(최초 하차 이후 30분 이내)도 가능하다. 2016년 12월 30일 운임이 150원 인상되었으나, 단일요금제 방식은 유지하고 있다. 2024년 1월 13일부터 요금이 인상되었다. 교통카드 이용 시 시내버스·도시철도 요금은 1,250원에서 1,500원, 급행버스는 1,650원에서 1,950원으로 인상되었으며 현금 이용 시 시내버스·도시철도는 1,400원에서 1,700원, 급행버스는 1,800원에서 2,200원으로 인상되었다. 이번 요금조정은 2016년 12월 이후 7년 만이다.

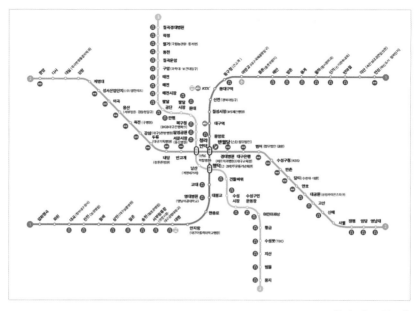

〈출처 : 대구교통공사〉

  2003년 대구 지하철 참사를 겪은 적이 있는 만큼, 안전을 위해 승강장과 역사 내를 꼼꼼하게 확인하고 있다. 안전에 대해 신경을 쓴다는 이야기인 만큼 칭찬받을 점이라고 할 수 있으나, 스크린도어가 전 역사에 깔리기 전 철도 동호인들에게는 사진을 찍기 힘들었다는 이야기로도 해석할 수 있다. 안전선을 넘지 않은 상태에서 펜스 근처에만 가도 철도 사회복무요원이 경고를 하고, 조금만 촬영을 해도 직원과 역무실로 동행해 주의를 받았다는 증언이 꽤 있었다. 코레일이 세류역과 신길역 등에서 일부 몰상식한 철도 동호인들이 소란을 피우며, 위험한 곳에서 사진을 찍은 이후로 승강장 촬영을 경계하기 시작했다. 수년 전부터 전국 철도 운영기관 중 사진 촬영에 대해 가장 보수적이라는 평가를 받고 있었다. 하지만 대구 도시철도 3호선이 대구의 랜드마크로 취급되기 시작하고, 전 역사에 스크린도어가 설치되면서 예전만큼 까다로운 분위기는 느낄 수 없다. 단, 문양역 등에서는 차량기지가 인접해 있는 특성상 촬영이 자유롭지 않은 경우도 있으니 되도록 사전 허가를 받거나 사진 촬영을 자제해야 한다.

모든 노선이 금호강과 신천을 통과한다. 대구 도시철도 1호선은 칠성시장역~신천역 구간(신천교)에서 신천을 건너고 아양교역~동촌역 구간(아양교)에서 금호강을 건넌다. 대구 도시철도 2호선은 대실역~강창역 구간(강창교)에서 금호강을 건너고 경대병원역~대구은행역 구간(수성교)에서 신천을 건너며 대구 도시철도 3호선은 팔달역-공단역 구간(팔달교)에서 금호강을 건너고 대봉교역-수성시장역 구간(대봉교)에서 신천을 건넌다.

대구 지하철 노선도 초기 구상

외환위기를 겪기 전에는 6호선과 3호·5호 지선까지의 계획이 수립되어 있었는데, 모두 현재의 1~2호선과 같은 지하 중전철이었다. 그리고 대구교통

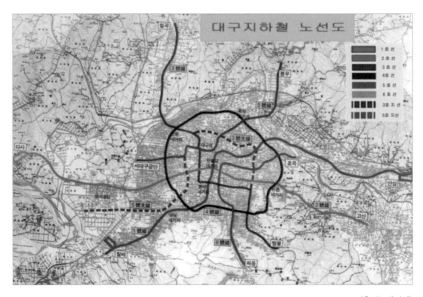

〈출처 : 네이버〉

공사 측에 질문해본 결과 2호선의 문양역, 3호선의 칠곡경대병원역과 학정역, 5호선 봉무역, 6호선 파동역 이렇게 5개 역을 제외한 나머지 1호선, 4호선은 전 구간 지하로 건설할 계획이었다고 한다. 5호선 봉무역과 6호선 파동역은 2호선 문양역처럼 차량기지 내부에 있는 역이 될 예정이었다.

대구 도시철도 1호선

대구 달성군 화원읍의 설화명곡역과 대구 동구 괴전동의 안심역 사이를 잇는 대구 도시철도 노선으로 노선색은 빨간색이다.

대구 지하철 계획은 1980년대 후반에 구체적으로 세워졌다. 제13대 대통령 선거를 앞두고 민주정의당 노태우 후보가 대구 지하철 건설을 공약으로 세운 바 있고, 그가 대통령으로 당선된 이후 대구직할시에 지하철 건설 검토를 지시한 바 있다. 이에 대구시는 교통개발연구원에 타당성 용역을 의뢰했고, 그 결과에 따라 1호선에서 6호선에 이르는 대구 지하철 계획이 세워졌다.

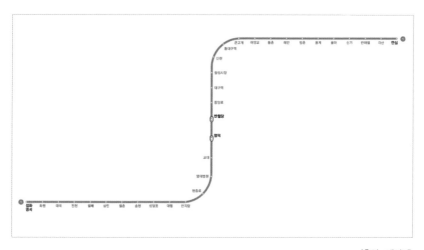

〈출처 : 네이버〉

당초에는 1996년 개통 예정이었으나 1995년 4월 28일, 인근 대구백화점 상인점 공사 인부의 실수와 늑장 신고로 인해 대구 지하철 공사장 가스 폭발 사고라는 대참사가 일어나는 바람에 공사가 2년이나 지연되어 1997년 11월에 진천역-중앙로역 구간이 개통했고, 1998년에는 중앙로역-안심역 구간이 개통했다.

현재의 노선과 거의 같지만, 진천역에서 종착한다는 것이 차이점이다. 경북대학교와 대구국제공항을 경유하는 것도 검토되었다. 완전 초기에는 동대구역, 동촌, 안심 연계는 경부선, 대구선을 활용한 광역철도가 맡고 1호선은 대구역에서 북상해 침산동과 경대교, 경북대북문, 복현오거리, 대구국제공항, 불로동을 거쳐 파군재 삼거리 인근에서 종착할 계획이었다. 그러나 기존선 활용이 쉽지 않고 동대구역을 포기할 수 없기에 현재와 같은 노선이 되었다.

대구 도시철도 1호선 하양역 연장과 진량연장선

대구 도시철도 1호선을 하양역까지 연장하는 광역철도사업으로 건설되고 있다. 2024년 12월 말 개통 예정이며, 이 구간이 개통될 경우 대구 1호선은 비수도권에서는 부산 도시철도 2호선과 대구 도시철도 2호선, 부산김해경전철에 이어 4번째로 도시철도의 기능과 함께 광역전철의 기능까지 겸비하게 된다.

하양 연장 노선은 대구선의 복선 전철화가 끝나 용도 폐지된 청천역~하양역 부지를 넘겨받아 사용하게 된다. 복선전철화되는 대구선과 직결운행하는 것도 검토되었지만 규격 및 선로용량 문제로 무산되었다. 만약 실현되었더라

〈출처 : 땅집고〉

면 비수도권 최초로 국철노선과 직결하는 도시철도 노선이 되었을 것이다.

　아직 증결, 중간역 추가에 대한 계획은 없어서 기존 구간이 8량인 것과 달리 6량 기준으로 지어지지만, 어차피 해당 구간은 지상 구간인 데다 그다지 번화가도 아니기 때문에 필요시 어렵지 않게 8량 증결 공간이나 추가 역사 부지를 마련할 수 있어서 큰 문제가 될 것이 없다.

　예비타당성조사 자료에 따르면 안심역부터 별도의 경전철 시스템으로 건설하거나 단선으로 건설하는 방안도 있었으나, 결국은 여러 차례 고민 끝에 현재처럼 1호선 직결에 복선 배선으로 결정되었다. 경전철로 하게 되면 구조물 면적이 줄어 건설비가 절감되는 효과는 있겠지만 별도로 차량을 구입하고 차량기지도 따로 건설해야 하는 데다 안심역에 별도의 승강장을 설치해야 하는 등의 추가 지출이 발생하기에 효율이 떨어진다. 게다가 지하 구간도 아닌 데다가 대구선 부지를 받아 건설하는 것이기에 비용절감효과도 크지 않다. 단선으로 하면 건설비를 아낄 수 있는데도 불구하고 복선으로 건설한 것은 각 역간 거리가 꽤 길기 때문에 교행할 신호장을 만들어야 하며 배차간 격이 늘어나고 운행장애 발생 시 대처가 어렵기 때문이다. 또한 이것은 후술할 추기 연장에 대비할 목적이기도 하다.

1호선 국가산단연장 노선

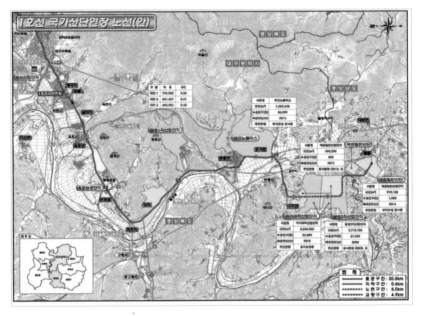

〈출처 : KDI〉

대구 도시철도 1호선 국가산단연장사업 예정지인 대구 달성군 일원은 국가산업단지, 테크노폴리스 산업단지, 달성 1, 2차 산업단지 등 대규모 산업단지의 개발이 집중되고 있어 산업활동을 위한 화물차량과 출퇴근 승용차의 급격한 증가로 심각한 교통난이 예상되고 있다.

국가산단업단지의 경우 대구시에서 첨단 대기업을 유치하고 산업구조 전환를 통해 신성장동력을 창출하고자 현재 의욕적으로 구상되어 추진되고 있는 상태이며, 정주환경 조성에 따라 인구유입이 급격하게 늘어나고 있다. 이에 인구유입에 따른 심각한 교통정체를 미연에 방지하고자 주변도로의 확장과 신설이 필요하게 되었다. 하지만 도로의 확장 및 신설은 화물운송 비용을 감소시켜 산업경쟁력 확보에는 도움이 될 수 있으나 통행여건 개선에 따라 오히려 승용차통행을 증가시키는 부정적인 요인이 될 수 있다.

늘어나는 교통수요와 국가산단 근무인원의 정주권을 향상시키기 위해 도로의 확장과 신설을 배제한 대용량 교통수단을 공급할 필요성이 대두되고 있다. 이 사업이 시행될 경우 산업단지까지 철도 네트워크를 구축함으로써 도로에 비해 정시성이 높고 안전하게 대량수송이 가능하게 되어 산단 간의 연계성이 높아질 뿐 아니라 도심을 관통하는 도시철도와 연계해 생활환경 등 정주환경 개선에 큰 도움을 줄 수 있을 것으로 기대하고 있다.

이 과업의 추진으로 국가산업단지를 비롯한 주변 대규모 산업단지와 연계한 대구 도시철도망을 구축함으로써 산업단지 정주환경을 개선하고, 투자경쟁력을 강화해 산업단지 개발의 시너지 효과를 발현하는 데 목적을 두고 있다.

또한 대중교통서비스 공급을 통한 대규모 개발사업의 활성화를 도모하고, 지역경제 활성화 및 도시균형 개발을 촉진할 것이라고 기대된다. 대규모

개발사업 유발교통량을 철도로서 수송분담해 도시 내 교통혼잡을 개선하고, 궁극적으로 국가산업단지, 테크노폴리스 산업단지 등 산단 간 대규모 이용 수요를 처리하고자 한다.

대구시는 1991년에 1, 2, 3호선을 포함한 대구시하철기본계획 1단계를 수립했다. 이후 국가산단의 확대에 따른 출퇴근 인구의 증가, 정주성에 대한 요구에 대해 도시철도 연장 필요성이 대두되었다.

달성군에서는 2006년 도시철도 건설 타당성조사 용역을 시행했다. 이후 2009년에는 이 용역을 근거로 국가산단 연계교통체계구축대책 국비사업 건의가 이루어졌다. 2012년에서 2013년에는 대구시 2단계 중장기 도시철도기본계획이 수립되었으며 제2차 대도시권 광역교통시행계획(2012~2016)이 제출된 뒤, 세부추진계획(안)을 수정 제출했다. 광역교통시행계획에서도 중장기적으로 대도시권 기업체 교통수요관리방안을 지자체에서 광역권으로 확대하는 방안을 제시한 바 있다. 대구권 광역간선철도망을 화원설화~국가산단까지 계획했으나 2013년 대도시권 광역교통기본계획(2012~2020) 수정계획을 제출해 달성군 화원읍 설화리에서 창녕군 대합일반산업단지까지 연장계획했다. 여기서는 달성군 화원에서 국가과학산업단지 간 교통불편을 해소하기 위해 정주환경과 투자 경쟁력 개선 및 창녕군 대합산단간 광역철도망을 구축하는 것으로 기술되어 있다.

이에 국토해양부에서는 이 사업의 추진을 목적으로 기획재정부에 예비타당성조사를 의뢰하게 되었다.

대구 도시철도 2호선

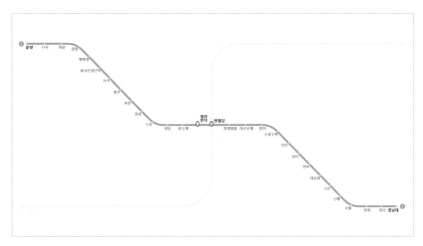

〈출처 : 네이버〉

대구 달성군 다사읍의 문양역과 경상북도 경산시 대동의 영남대역을 잇는 대구 도시철도이며 노선색은 초록색이다.

2005년 10월 18일 처음 개통했을 때는 대구 수성구 사월동 사월역이 종점이었고, 2012년 9월 19일 경산시 대동 영남대역까지 연장되었다. 대구 지하철 계획은 1980년대 후반에 구체적으로 세워졌다. 제13대 대통령 선거를 앞두고 대구 출신인 민주정의당 노태우 후보가 대구 지하철 건설을 공약으로 세웠고, 그가 대통령으로 당선된 이후 대구직할시에 지하철 건설 검토를 지시했다. 이에 대구시는 교통개발연구원에 타당성 용역을 의뢰했고, 그 결과에 따라 1호선에서 6호선에 이르는 대구 지하철 계획이 세워졌다. 이때 세워진 2호선 계획은 경산시 구간을 제외하면 현재의 2호선과 거의 큰 차이가 없다. 다만 건설지에 의하면 지금의 3호선이 2호선으로, 2호선은 3호선으로 지어지려고 했으나 순서가 변경되었다. 1996년 말로 예정되었던 1호선 완공에 맞춰 1995년 말 착공해 1999년 완공으로 계획되었으나, 대구시의 재정난과 대구 지하철 공사장 가스 폭발 사고로 인해 1호선 완공이 당초 계획했던 1996년 말에서 1997년으로 1년 늦춰지며 1호선 완공에 맞춰 착공하려던 2호선 역시 1996년 12월 19일에 다사~사월 구간이 착공되었다. 기공식은 수성구 연호동 제5군수지원사령부 앞에서 열렸으며, 김영삼 당시 대통령이 참석했다.

달성군이 대구로 편입되기 전에는 차량기지를 달서구 성서에 두려고 했고, 종착역도 문양역이 아닌 대실역으로 계획되어 있었다. 달성군이 대구에 편입되며 차량기지의 위치가 성서에서 지금의 다사읍 문양리로 변경되었다. 이에 따라 노선도 연장되었다.

2호선은 1996년 12월 19일에 착공되었지만, 대구시 재정 상황이 좋지 못했고, 더불어 1997년 외환위기에 따른 IMF 관리체제로 인해 국가의 SOC 예산이 대폭 축소되는 바람에 공사가 차질을 겪었다. 월드컵에 맞춰 2002년 개통을 목표로 했으나, 2005년 10월 18일에 문양에서 사월까지의 구간이 동시개통되었다.

경산시는 대구시의 확장을 계기로 대구의 대학교육 기능 및 주거 기능을 분담하게 되었고, 따라서 대구와 경산을 왕래하는 사람들이 많아졌다. 그렇지만 대구 2호선이 대구-경산 경계인 사월역에서 끊기는 바람에 대구와 경산을 오가려면 경부선을 빼면 시내버스밖에 없었고, 이에 경산시민들은 2000년대부터 대구 도시철도 1호선과 대구 도시철도 2호선 경산 연장을 요구했다.

이때 경산시에서 요구했던 노선은 사월-영남대-하양-안심 노선으로 23km에 달하는 장거리 노선이었다. 하지만 KDI의 예비타당성조사에서 경

대구 도시철도 진량 연장

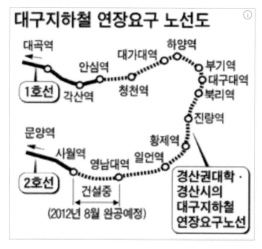

〈출처 : KDI〉

제성이 낮다는 결론이 나서 추진이 중단되었고, 이에 경산시가 반발하기도 했다('경산까지 경전철을' 내달 17일 집회 열어 〈조선일보〉).

그러나 2004년에 대구 – 경산 간 상생협력 차원에서 2호선 경산 연장이 재추진되었다. 앞서 언급된 KDI 보고서에서 영남대까지의 연장은 타당성이 있다고 보고되었고 이를 근거로 시내버스 편이 별로 없는 정평동을 거쳐서 영대까지 직통하는 노선으로 확정했다. 이 사업은 2호선의 다른 구간과는 달리 대구시와 경상북도, 경산시의 합동 사업으로 추진되어, 공사는 대구광역시 도시철도건설본부에서 시행하고 예산은 국비 60%, 대구시 20%, 경상북도 10%, 경산시 10%로 분담하기로 합의했다. 이 구간은 2007년 6월 4일부터 공사가 시작되어 2012년 9월 19일에 개통했다.

이 구간의 개통으로 경산시 대학들이 큰 혜택을 입었고, 이용객도 괜찮게 나오고 있다. 영남대역은 겨우 3달 조금 넘게 영업했는데도 1일 승차인원 평균 1만 명 이상을 초스피드로 찍어버렸고, 2013년에도 1만 명 이상을 찍었다. 2016년 기준 이 노선을 이용해 대구와 경산을 이동하는 트래픽이 일 4만 명대에 이른다.

대구 2호선 성주 연장

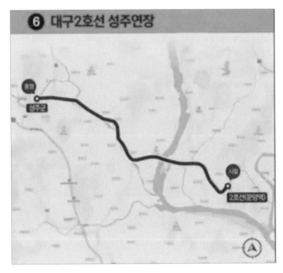

〈출처 : 유튜브〉

성주 경전철과 별개로 2호선 성주 연장 계획이 있다. 건설될 경우 문양역부터 성주군청까지 16.5km를 전철로 잇게 된다. 그리고 부산 2호선처럼 영남대행 열차는 성주 발/문양 발로 나눠질 가능성이 크다.

2021년 대구시 도시철도망 구축계획 공청회에서 건설순위 9위로 평가되었는데 후보노선으로 채택되었다. 대구시 기준으로 B/C는 0.15, AHP는 0.029가 나온다. 최근 정부 광역교통사업으로 선정되었지만 예비타당성 조사의 문턱을 넘어야 한다. 다만 성주 사드 배치에 대한 보상 차원으로 1조 원 넘는 사업이 책정되어 건설 가능성이 있다. 정부에서는 사드 보상으로 문양 역에 성주읍까지 성주 경전철을 계획했다. 그러나 추진은 미미했다.

2021년 대구시 도시철도망 구축계획 공청회에 따르면 성주군 연장에서 6개 역이 추가된다. 역 위치와 역명은 미정이다.

대구 도시철도 3호선

대구 북구 동호동의 칠곡경대병원역과 수성구 범물동의 용지역을 잇는 노선으로 대한민국 최초의 상업 운행 대중교통 모노레일이며 노선색은 노란색

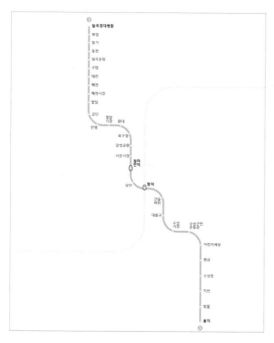

〈출처 : 네이버〉

이다. 2009년 7월 24일에 착공해, 2015년 4월 23일에 칠곡경대병원역~용지역 구간이 개통했다.

금호강으로 대구 본시가지와 분리되어 있으며 계곡 지형으로 대구 본시가지와 연결된 도로망도 한정적인 칠곡과 대구 본시가지를 연결해주고 있다. 비록

반월당역, 중앙로역 등 도심으로 진입하려면 환승이 필수지만 출퇴근시간 팔달교의 정체를 피해 칠곡과 대구 본시가지를 오갈 수 있고, 실제로도 3호선 개통 후 팔달교의 정체가 어느 정도 완화되었다. 역시 칠곡처럼 계곡 지형으로 본시가지와 연결된 도로망이 한정적인 데다 도로 대부분이 협소한 지산범물지구에서 대구 본시가지를 빠르게 연결해주고 있다. 명녘역 환승은 청라언덕역과 달리 어렵지 않아 지산범물에서는 NH에도 3호선의 경쟁력이 있으며, 2000년대 후반 이후 쇠퇴하고 있던 지산범물에 조금이나마 활력을 불어 넣어주는 존재이기도 하다.

본선 외에 별도의 지선 계획이 존재했는데, 현재는 원대역과 수성구민운동장역 인근에 분기기를 설치하지 않아 지선 건설이 불가능하다.

본선의 도심 구간이 중심지를 스쳐 지나가며 수요가 저조한 상황에서 현재 동대구역복합환승센터와 대구신세계가 성공한 것을 생각하면 동대구역을 경유하는 황금노선을 버린 건 사실상 3호선의 중요한 부분을 잘라낸 것이나 다름이 없다. 이후 지선은 4호선으로 일부 부활했다. 그리고 나머지 지선 부분도 대구권 광역철도로 기능이 일부 부활할 예정이다.

대구 도시철도는 1호선과 2호선 개통 후 환승역이 반월당역 1개밖에 없었지만 3호선 건설 이후 3개로 늘었다. 이후 3호선의 대구신서혁신도시 연장구간이 완공되면 대구 도시철도 2호선의 고산역, 대구 도시철도 1호선의 신기역이 추가된다. 대구 도시철도의 1단계 노선 중 마지막 노선으로, 1호선, 2호선에 이어 '3호선'으로 정해졌다. 배차 간격은 평시 7분, 출퇴근 시간 5분이다. 착공 시에는 경전철의 일종이라는 이유로 평상시(NH, Normal Hour) 5분, 출퇴근 시(RH, Rush Hour) 3분이라고 알려졌지만, 감사원에서 수요 뻥튀기를 지적하면서 조정되었다. 영업거리는 23.1㎞이며, 세계에서 가장 긴 무인운전 모노레일 노선이다. 전 구간이 지상이고 모든 역이 3층에 상대식 승강장이 있다.

대구 도시철도 3호선 연장선

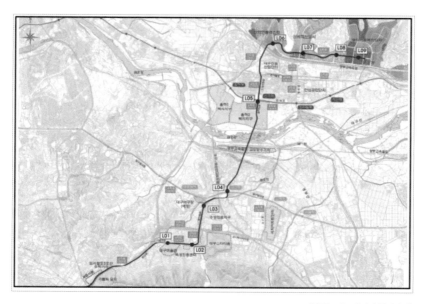

〈출처 : 대구광역시 홈페이지〉

2010년 10월 15일 연장이 확정되었고, 최근 정보에 의하면 시에서 정부에 예비타당성조사 신청을 준비하고 있다.

대구시는 3호선을 금호강 건너편 안심 끝자락에 있는 대구신서혁신도시까지 연장하기로 했다. 연장 길이는 13km. 추가 역은 9개이며 2015년 하반기에 예비타당성조사를 신청한다고 한다. 예상 B/C 수치는 0.94. 연장구간은 2025년에 개통을 목표로 했다.

신서혁신도시 연장안이 나왔던 가장 큰 이유는 바로 수성학군을 혁신도시를 비롯한 수성알파시티 그리고 현재 계획 중인 대구대공원 방면과 연결하고, 대중교통 상황이 좋지 않아 고립되어 있는 시설인 미술관과 대구스타디움 방면에 도시철도를 놓기 위해서였다. 공공기관 임직원들이 수성구에 거주하면서 혁신도시 출퇴근을 용이하게 하기 위했던 것이었다. 하지만 대구를 비롯한 지금의 혁신도시는 직원들이 내려와서 근무하는 기러기 아빠 근무자들이 많아서 현재로선 성공 가능성이 낮아보이고 점차 대구에서 거주하는 근무자가 많아져 혁신도시가 정착되기까지는 아직 더 기다림이 필요해보인다.

도시철도망 구축계획에서는 용지역과 동내역 1:1 배차로 용지역 이후는 첨두시 10분, 평시 14분의 배차간격으로 운행할 계획이다.

대구시에서는 신서연장선에 대해 2019년부터 2022년까지 대구대공원, 수성의료지구 롯데쇼핑타운 등 수요처를 넣어 경제성 향상 용역을 진행해왔고, 2021년 6월에 용역회사 유신에 비용편익비 산정 용역을 의뢰했다. 하지만 B/C 0.81이 나오면서 예비타당성조사 신청이 기약 없이 미루어졌다. 혁신도시의 성장세도 주춤하고 있어서 연호지구와 금호강 유역을 채우고, 환승역을 바꾸지 않는 한 경제성이 이보다 더 오르기 힘들 것이라며 지역 언론에서 우려를 표하고 있다.

요약하면 노선 자체가 내재한 문제가 너무나 많다. 범안로 구간 병주, 인구 저밀도 구간이 대부분인 문제, 금호강과 고모차량기지 통과, 신기역 북쪽의 좁은 도로 문제 등 비용이 깨질 것은 상당히 많은 데 비해 수요는 3호선의 선형상 잘 나오지 않을 가능성이 크다는 딜레마까지 있다. 거기다 모노레일 전동차의 라이센스 문제까지 겹치는 등 현재 이 연장선의 미래는 매우 좋지 않다.

대구 도시철도 4호선

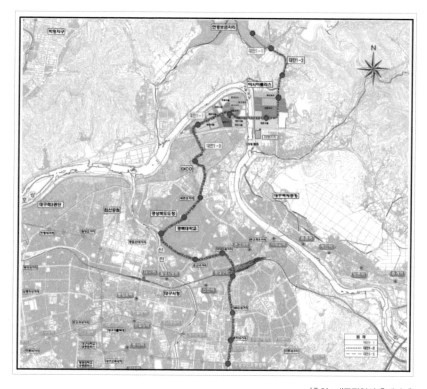

〈출처 : 대구광역시 홈페이지〉

대구 수성구 범어동의 수성구민운동장역과 동구 봉무동의 연경지구 사이를 잇는 철차륜 AGT다.

대구 도시철도의 4번째 노선이자, 대구권 내에서 대구권 광역철도에 이어 5번째로 개통하게 될 철도 대중교통이다. 노선색은 파란색이다. 총연장 12.491km의 노선이 될 예정이며 총 12개의 정거장이 예정되어 있다.

차량은 2량 1편성 철제차륜 경전철이며 총 9편성이 도입된다. 운행 시격은 첨두시 7분, 비첨두시 14분이다. 왕복 운행 소요시간은 41.5분이며 회차 시간을 제외한 편도운행 소요시간은 20분이다. 수성구민운동장역에서 이시아폴리스역까지 20분에 주파할 수 있다.

수성구민운동장역이 기점으로 되어 있다. 따라서 수성구민운동장행 열차가 상행, 이시아폴리스행 열차가 하행이다. 대구 도시철도 건설본부는 4호선을 2025년 착공, 2030년 개통할 예정이다. 대구 도시철도 3호선의 모노레일을 공급했던 히타치사에서 엑스코선 사업 불참 의견을 전달했다. 대구시에서는 모노레일에서 철차륜 AGT로 계획을 수정할 방침이다. 부산김해경전철로 대표되는 철차륜 AGT는 교각의 직경이 굵고 상판이 육중하기 때문에 모노레일보다 건설비가 증가하지만 대구시에서는 전체 사업비에서 10% 정도의 예비비를 미리 반영해뒀기에 사업적정성평가를 받지 않아도 된다는 입장이다.

홍준표 대구시장에 의해 경대교역이 추가되고 경북북문역 엑스코역 등이 위치가 변경되고 차량기지도 이시아폴리스 인근으로 옮겼다.

도시철도 음영지대인 이시아폴리스와 금호워터폴리스에 철도노선이 생기게 되고 이제껏 중구 에 쏠려 있던 환승역이 수성구와 동구에도 생기게 된다. 4호선의 경유지가 대구역이 아닌 동대구역으로 정해진 것이 의아할 수도 있는데 엑스코에 찾아오는 외지인들은 자가용을 끌고 오는 것이 아닌 이상 십중팔구 대구의 관문인 KTX 필수정차역 동대구역 아니면 바로 옆에 있는 동대구터미널을 통해 대구로 오기 때문이다. 엑스코에서 행사 등이 있으면 동대구역을 통해 외지인이 오는 경우가 상당히 많다. 또한 엑스코에 들르는 외지인들이 대구신세계에도 들른다면 쇼핑 등의 관광 효과도 노려볼 수 있기 때문에 대구역이 아닌 동대구역을 경유하는 것이다. 즉, 중구, 서구, 남구, 대부분의 북구, 달서구, 달성군민보다 수성구, 동구, 일부 북구주민과 외지인을 중시하는 노선이라 할 수 있다. 대구시 당국의 입장에서는 외지인이 한 명이라도 더 대구에 오게 하려면 이러한 방법을 취할 수밖에 없는 것이다.

2018년에 발표된 기본계획에서는 수성구민운동장역~연경역, 수성구민운동장역~지묘역, 수성구민운동장역~이시아폴리스역 3가지 대안 중 마지막에 있던 수성구민운동장역~이시아폴리스역 구간을 1단계로 하고 이시아폴리스역~연경역 구간을 2단계로 기획해 1단계 구간을 먼저 개통하기로 했다. 2단계에 포함된 역은 봉무역(이시아폴리스 육교 인근), 강동역(봉무동 강동마을 인근), 지묘역(태왕그린힐즈 인근), 연경역(연경아이파크 인근)이었다. 2019년에는 경제성이 부족한 2단계 계획은 흐지부지되고 수성구민운동장역~이시아폴리스역 구간에 13개 역을 신설하는 방안이 국토교통부 고시에 반영되었다.

대구 도시철도 5호선

대구 도시철도의 5번째 노선. 색상은 연두색 '순환선' 형태의 노선은 1990년대 계획에서는 4호선, 2000년대 구상에서는 5호선, 2010년대 계획에서는 순환선으로 불렸다가 2023년에 5호선으로 확정되었다. 계획 자체는 대구 1호선이 건설되기 전부터 4호선이라는 이름으로 세워져 있었다. 이때는 당연히 지하 중전철로 계획되었다. 당시에는 장기적으로 만평네거리에서 (지선 형태로 분기해) 경부선을 따라 구미시까지 연결하는 계획도 있었다.

초기에 세워진 중장기 계획노선에서 이미 지어진 노선들을 제외하면 유일하게 살아남은 노선이다. 2010년대에는 자료처럼 기존의 5호선 계획을 합해 서대구산업단지, 성서산업단지까지 확장된 대순환선인 4호선 계획안도 있었다. 광주 도시철도 2호선이 대순환선으로 계획이 바뀐 직후여서 많은 사람이

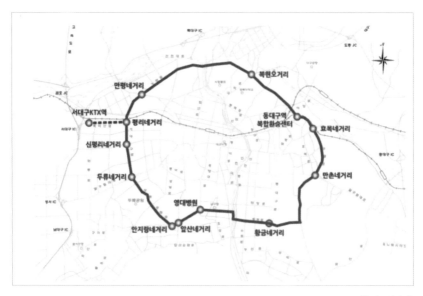

〈출처 : 네이버〉

연달아 충격을 받았다. 또한 이 시기부터 재정 여건상 경전철로 구상했다. 이후 이 대순환선 계획은 제2차 대중교통기본계획에서는 4호선이 아니라 봉무동~경대병원~파동을 연결하려 했던 4호선에 밀려 5호선이라는 이름으로 구상되기도 했다. 하지만 대구 도시철도 1호선의 대명동 구간에서 선형과 기능이 중첩되기에 폐기되었고, 다시 3차 순환도로를 완전 순환하는 선형으로 되돌아왔다. 그리고 나중에 구상된 대구산업선이 해당 기능을 일부 대체하게 되었다. 대순환선에서 다시 원안으로 돌아온 모습이다.

이때부터 4호선이라는 이름 대신 순환선이라는 이름이 붙기 시작했다. 그러나 대외적으로는 여전히 1990년대 수립된 계획에서 비롯한 4호선이라는 명칭이 자주 통용된다. 하지만 대구시나 국토교통부 등 주무부처에서는 4호선 명칭을 사용하지 않고 있다. 이 계획에서는 순환선과 더불어 4호선, 3호선

혁신도시 연장을 반영하고 있다. 2018년 국토교통부에서 추진 중인 대도시권광역교통기본계획에서는 3차 순환로를 따라가는 순환선 BRT가 포함되어 있다. 2021년 6월 25일 공청회에서 현재 노선 순환선 본선과 서대구역지선, 불로지선이 포함되고 노선을 4단계로 나눠 서측, 북측, 동측, 남측으로 분할하는 내용이 발표되었다. 그리고 시범 노선이자 1단계 계획인 서측 구간이 먼저 우선적으로 추진될 예정이었다.

홍준표 대구시장이 트램에 대한 부정적 입장을 드러냈고 순환선의 건설 방식, 차량 종류 및 노선 경로가 바뀔 것이라고 밝히면서 앞선 노선도는 모두 백지화되었다.

2023년 3월 9일, 대구시 긴급 브리핑을 통해 순환선이 5호선으로 정해졌으며, 노선 또한 기존 알려진 계획안과 달리 더 넓은 지역을 순환하는 형태로 계획된다고 밝혔다.

대구 도시철도 6호선

대구 도시철도 6번째 노선의 색상은 보라색이다. 도시철도 음영지역인 수성구 중동, 상동, 파동 주민들이 제안한 경전철 노선으로 4호선과 환승될 예정이다.

참고로 6호선 역시 4호선처럼 AGT이기 때문에 경제성을 고려함과 더불어 1개뿐인 열차 정비창을 사용하기 위해 4호선과 반드시 연결되어야 한다.

현재 파동을 비롯한 신천변엔 재개발로 여러 아파트가 들어서 인구가 늘어나고 있지만, 기존 도로는 확장이 쉽지 않아 수성구의회와 수성남부선 추진위원회를 중심으로 중동, 상동, 파동 주민들이 요구하고 있는 노선이다. 구

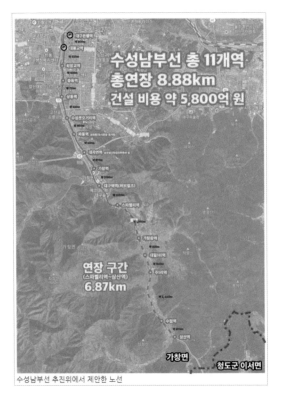

수성남부선 추진위에서 제안한 노선

〈출처 : 네이버〉

6호선, 신천선의 수성구 구간과 비슷한 루트로 가나 신천을 따라간다는 점이 다르다.

홍준표 대구시장의 공약에 포함되었다. 해당 보도자료에서는 4호선과의 연계를 강조했다. 2023년 3월 9일 대구시는 4호선 기본계획 기자회견을 열면서 추가로 5호선(더 큰 순환선)과 함께 6호선인 수성남부선의 건설에 대한 계획을 밝혔다. 2025년까지 도시철도망 구축계획을 수립하고 2026년 승인을 목표로 한다.

상권으로 살펴보는 이슈

대구 최대 상권, 동성로

대구 최대 상권으로 흔히 동성로, 반월당, 시내라고 불리는 지역이다. 사실상 단핵도심을 중심으로 형성된 대구의 특성상 동성로 상권의 규모는 타 상권에 비해 규모가 매우 크다. 중앙대로의 기준 동편인 삼덕동, 동인동, 동성로는 주로 젊은 층들이 많이 찾고, 서쪽 편인 북성로, 서성로, 약령시, 남성로, 경상감영공원, 떡전골목은 주로 노년층이 많이 찾는다. 2010년대 이후부터는 더현대대구와 약령시의 정비, 대구근대골목 정비 등으로 상권이 활성화되면서 반월당 지하상가와 그쪽 일대도 사람들이 많다.

현재 메인상권은 동성로 상권(반월당역~중앙로역)이며 동성로 야외무대 등에서는 버스킹도 자주 한다. 2000년대 대구 도시철도 2호선 개통 이전에는 대구역광장, 교동시장 쪽에도 많은 상권이 있었으나, 반월당역이 환승역 버프를 받으면서 현재는 주요 상권이 남쪽으로 많이 내려왔다. 즉, 원래부터 거대한 상권이었던 것은 아니고, 대구역-중앙로-반월당 쪽으로 세월이 지나면서 확장되고 서로 연결된 것이다. 다만 메인상권이 남쪽으로 내려오면서 중앙로역~대구역 쪽 상권은 과거보단 쇠락하긴 했다. 그래도 완전히 쇠퇴한 것은 아니고 롯데백화점 대구점 을 비롯한 상점, 교동시장 등이 있어 절댓값으로는 상권이 유지되고 있나. 현재 농성로 일대의 상권은 코로나19의 직격탄으로 인해 상권의 수요가 어느 정도는 동대구로 이동했다.

<출처 : 네이버>

새로 부상하는 동대구역 상권

동대구역, 신세계 동대구 복합환승센터를 끼고 발달한 상권이다. 접근성이 좋다는 것 때문에 큰고개 쪽 상권이 이동해 형성된 곳이다. 8호광장인 만평네거리와 비슷한 입지지만 동대구역의 위상이 커지면서 이쪽은 메이저 번화가로 성장했다. 메인 유흥가는 백화점 건너편 골목들로, 길이 좁고 주변엔 시외/고속버스가 노상 지나다니는 곳이지만 이에 아랑곳하지 않고 30대 이상의 비즈니스 골목으로 거듭났다. 쇼핑 기능은 떨어지는 구역이었으나, 2016년 대구신세계 백화점이 들어서면서 상당히 개선되었다. 동대구역과 환승센터 근처로는 토요코인, 메리어트 호텔 등의 호텔과 많은 오피스텔, 아파트 등이 들어서고 있다. 참고로 이곳과 범어네거리 상권 사이에는 동대구로가 있는데 걸어가기에는 조금 멀다. 코로나19로 인해 동성로 상권이 어느 정도 쇠퇴함과 동시에 떠오르고 있는 상권이 이 동대구역 상권이다.

〈출처 : 네이버〉

젊은이의 거리 광장코아

광장코아는 인근에 두류공원과 이월드, 대구의 상징인 83타워가 있어 큰 상권이 되었다. 대구의 1~12호광장 중 유일하게 아직까지 '7호광장'이란 지명으로 불리는 지역으로 '광장코아' 또는 광장코아를 줄여 '광코'라고도 불린다.

상권은 크게 두류네거리 서편의 7호광장 쪽과 3차순환도로를 따라 내려오는 번화가 쪽으로 나뉘는데, 메인은 두류젊음의거리가 있는 7호광장 쪽이다. 광장코아에서 두류공원 야외음악당으로 이어지는 길목 사이에 200여 개의 가게가 성업 중이다. 공단들의 쇠퇴, 시가지의 노후화로 인한 인구 감소와 슬럼화 때문에 여러모로 골치인 서구 입장에서는 상권이 커가는 것이 고마울 따름이다. 영화관 허가도 내줘 롯데시네마 대구광장이 들어서 있다. 지상뿐 아니라 지하에도 의류 등을 파는 두류역과 연계된 두류아울렛 지하상가가 꽤 길게 펼쳐져 있다. 인근에는 서남시장도 자리 잡고 있는데, 이쪽도 상권이 제법 형성되어 있어 서남시장~두류역까지 상권이 이어진다. 2019년 12월, 감삼역 인근 옛 두류정수장 부지가 대구시청 신청사 이전지로 확정되면서 향후 주변 상권이나 건물이 더 늘어날 가능성도 생겼다.

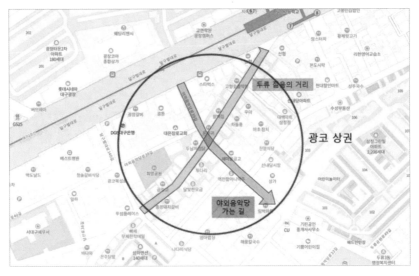

〈출처 : 네이버〉

서부정류장 인근 상권

대구의 시외버스정류장 중 하나인 서부정류장 인근에 형성된 상권으로 서부정류장 바로 옆에는 관문시장이, 관문시장 건너편 골목 안쪽에는 식당과 술집가가 밀집되어 있다. 그 때문에 노년층 비율이 상대적으로 높긴 하지만 청년층도 제법 찾는 편이다. 규모도 제법 되고 아직 유동인구도 많지만 낡은 건물이 상대적으로 많다. 2023년 12월 아파트단지 송현한양수자인 입주가 예정되어 있어 이곳 상권의 재정비를 기대하는 의견도 있다. 한때는 영화관도 있었으나 2010년 초에 없어졌다.

〈출처 : 네이버〉

앞산 먹자골목 상권

앞산 먹자골목 들안길보다 먼저 조성된 먹자골목으로 안지랑~현충로 구간에서 앞산 자락 쪽으로 올라오면 자리 잡고 있는 곳이다. 80년대까지 대구의 유명한 회식명소였으나, 수성못 근처 들안길 정비와 앞산순환로의 개통으로 현재는 쇠퇴했다. 2010년대 이후 예전의 고급주택들을 리모델링해 레스토랑이나 카페들이 새로 들어서는 경향도 있다. 앞산 카페거리(사진에 표시된 지역 아님)는 그 특유의 한적한 분위기로 선호하는 매니아들이 있지만, 번화가라고 보긴 어렵다.

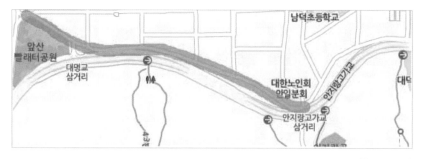

〈출처 : 네이버〉

대학생 젊은이 거리

〈출처 : 네이버〉

경북대학교와 영진 전문대학이 있어 대학가 주변에 상권이 형성되어 있다. 메인상권은 경대북문으로, 가격대는 막창 골목이 있는 복현오거리 쪽이 비싼 편이고, 경대북문은 평균치 정도, 쪽문 쪽은 낮은 편이다. 다만 북문의 경우 평균치라고 해도 학생 입장에서는 비싼 편이라고 느낄 수 있다. 어쩔 수 없이 당연하다는 듯 먹기는 한다. 물론 가성비 좋은 가게도 찾아보면 아예 없는 것은 아니다. 경대서문 상권은 한때 잘 나가던 2000년대 초중반과는 달리, 이제는 상권이라고 말하기 민망할 정도로 쇠락해서 오히려 서문보다는 정문 쪽이 작지만 알차다.

칠곡3지구 상권

〈출처 : 네이버〉

북구 칠곡의 핵심 상업지구. 대구 도시철도 3호선 팔거역이 인접해 있다. 칠곡3지구 개발이 본격적으로 시작되던 1990년대 후반부터 2000년대 초반까지는 빈 공터로 황량하기 짝이 없었으나, 지금은 개발로 인해 건물들이 빽빽이 들어서 있다. 덕분에 기존 칠곡지구의 번화가를 책임지던 대구과학대, 보건대 쪽 대학로는 과거에 비해 상대적으로 빛이 바랜 상태다.

팔거역 기준 동쪽이 메인으로 식당, 술집, 카페, 모텔촌, 학원가 등이 들어서 있으며, 뉴발란스, 내셔널지오그래픽 등이 입점한 아울렛 세븐밸리도 들어서 상권이 많이 커졌다. 영화관도 상권 내에 메가박스 북대구(칠곡), 롯데시네마 2개가 있다. 메가박스 옆 건물에는 교보문고도 입점해 있다. 그 외 패스트푸드 브랜드들도 들어서 있다. 팔거역 서쪽에는 규모가 제법 큰 홈플러스 칠곡점이 자리 잡고 있다. 이 상권을 동서로 가로지르는 이태원길이 있다. 서울의 이태원과는 관련이 없고 소설가 이태원에서 따온 명칭이다. 팔거역 4번 출구에서부터 동천육교까지 쭉 보행자 전용도로로 이어져 있다.

범어네거리 주거업무상권

〈출처 : 네이버〉

수성구의 중심. 패밀리레스토랑이 뭔지도 잘 알려지지 않았던 시절에 TGIF가 입점해 있었으며 주변에는 그랜드호텔 등도 있어 어느 정도 세를 자랑하던 곳이었다. 이후 오피스텔과 고층 아파트가 들어서면서 고급화 분위기가 조성되어 상권이 범어천 복개도로 쪽으로 후퇴하기도 했다. 지금도 상권이 제법 유지되고 있지만 2000년대 이후 들어선 고급아파트를 겨냥한 상권과 노후화된 기존 상권이 겹쳐 있어 묘한 느낌을 풍긴다. 상권 종류나 범위도 번화가라기보단 동네 상권에 가까운 편이다. 그래도 수성구민과 범어네거리 인근의 많은 업무용 빌딩, 법원, 검찰청, 대구지방고용노동청, 수성구청, 대구수성경찰서 등 직장인들의 소비력이 결합해 지금도 유지되고 있는 주거업무 상권이라고 볼 수 있다. 근처 범어로데오타운은 학원가이기도 하다.

대구 외식의 거리 들안길

수성유원지와 들안길은 별도로 형성된 상권이기는 하나 지리적 근접성으로 하나의 목차로 다루도록 한다. 들안길은 90년대 이전까진 허허벌판이었다. 지명인 들안길의 유래도 들 한복판에 들어선 길이라 해 들안길이라 지어

〈출처 : 네이버〉

졌다. 이후 큰길을 중심으로 골목 두 블록 정도까지 대형식당이 들어차게 되어 대구권에서 회식 자리로 유명한 곳이 되었다. 점심특선으로 괜찮은 식사를 즐길 수 있는 곳이 많다. 원래는 지산/범물 동네 상권이었으나 경치 좋은 수성못 덕인지 대구시민들의 나들이 장소로 발전했다. 버스킹도 제법 활발한 편이다. 인근에는 호텔수성과 수성랜드라는 작은 놀이동산도 있다.

잘 나가던 지산범물 거리

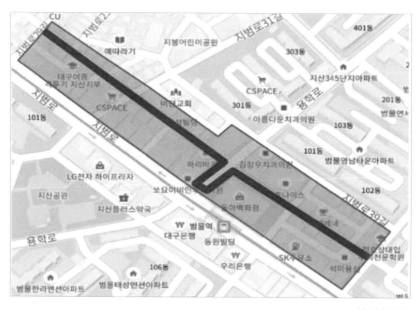

〈출처 : 네이버〉

지산범물지구가 1990년대까지는 부촌으로 이름 떨치던 곳이라 자연스럽게 형성된 상권이다. 동아백화점 수성점을 중심으로 한 번화가다. 서쪽(용학로 서편, 지산동)에는 술집과 식당, PC방이 밀집되어 있으며, 동쪽(용학로 동편, 범물동)에는 학원, 헤어숍, 카페가 빼곡하게 있다. 대구 안쪽 깊숙한 곳에 있는 것이 단점이나, 버스 노선도 제법 있고 대구 도시철도 3호선 범물역도 생겨 접근성이 나쁘지는 않다.

지역상권 신매동

신매동 신매광장 일대에 조성된 상권지대. 수성구 시지지구의 중심지로 신매광장 주변에 식당과 술집, 옷가게 등이 밀집해 있다. 달구벌대로와 신매역이 근처에 있기 때문에 접근성이 좋은 편이다. 시지지구가 발전하기 이전에는 이곳 주민들이 경산시로 놀러가는 경우가 많았으나, 지금은 반대로 근처의 경산시민들이나 동네 주민들이 이곳에서 노는 경우가 많다. 목요일에는 신매시장 목요장터가 이곳에서 열리는데 2000년대 들어서 재래시장이 흥한 희귀한 케이스다.

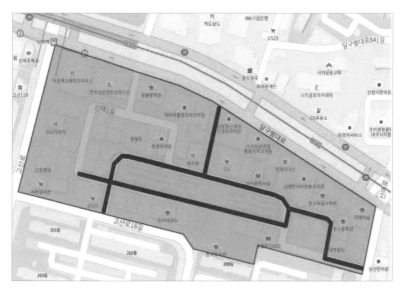

〈출처 : 네이버〉

대구 택지의 역사로 보는 이슈

지산범물지구

지산범물지구는 대구 수성구 남쪽에 있는 지산동 대부분, 범물동, 두산동 일부 지역에 건설된 택지지구를 말한다. 노태우 정부 시절 주택 200만 호 건설계획에 의해 대구도시개발공사가 개발을 맡아 형성되었다.

지산범물지구에는 예전 번화가 시절에 만들어진 대구시경찰청, 구립문화예술회관 수성아트피아, 대구시교통연구원, 대구보건환경연구원, 한국환경공단 경북권지역본부, 수성못, 들안길 먹자골목, 진밭골 산책로 및 캠핑장, 호텔수성(구 수성관광호텔), 국공립기관이 다수 모여 있다.

1990년대 초중반에는 대구 계획도시의 1번지로 급속도로 발전하며 많은 인구가 유입되고, 그로 인해 현재의 범어동과 만촌동 못지않은 대규모 학원가가 형성되었으며, 지금은 다수가 범어만촌으로 이전했으나, 아직도 수성구의 이름에 맞는 우수한 학원들이 즐비해 있다.

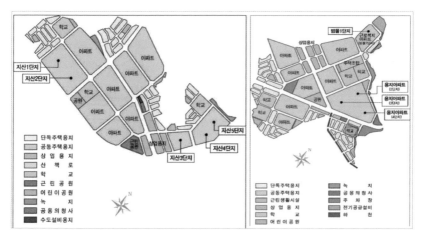

〈출처 : 대구도시개발공사〉

2010년대 초까지만 해도 다른 지역에서 학구열이 높은 많은 학생이 지산 범물까지 와서 학원에 다니기도 했으며, 2006년 남녀공학으로 개교했던 공 립고등학교인 수성고등학교는 지산범물의 우수한 학생들이 대거 유입되면 서 그 명성이 높았다.

하지만 개발된 지 20여 년이 흐르고, 동네의 노후화와 만촌3동, 범어4동 등 대구 주요 명문고 밀집 지역에 신축 아파트가 들어서면서 많은 수의 인구 가 범어동이나 만촌동으로 이동하게 되고, 신설 남녀공학 공립고인 수성고보 다 명문고인 경신고와 정화여고, 경북고, 대륜고, 대구여고 등에 편하게 통학 시키고자 하는 주민들이 범어, 만촌으로 이주하게 되면서 지산범물의 명성이 범어, 만촌으로 이동하게 되었다. 더불어 학령 인구가 줄어 2010년대 중반 이후로는 지산범물은 예전의 아성에는 미치지 못하게 되었다.

여전히 동아백화점 수성점을 기점으로 주변에는 여러 종류의 영어학원,

수학학원, 종합학원 등이 집중되어 있으나 그 수가 예전과는 비교할 수 없으며, 지산동 먹자골목이라 불리는 동아백화점 건너편에는 술집과 노래방, 유흥업소, 오락시설이 즐비하다.

지산범물지구에는 학원가가 다소 쇠퇴해 예전 명성만큼은 아니지만 아직까지 남아 있는 유명학원과 실력 있는 학원, 강사, 원장들이 꽤 괜찮게 형성되어 있다. 범어만촌에 있는 많은 학생들이 지산범물의 몇몇 명성 있는 학원으로 수준 높은 수업을 들으러 역유입되는 현상도 일어나고 있다.

특목고 등의 학교를 지망하는 것이 아니라면 수성구 지역의 학교에 배정받는다. 따라서 수성학군의 혜택을 톡톡히 본다.

대구 내에서 명문 사립 남자 고등학교에 속하는 능인고가 지산1동(경찰청 뒤)에 있고, 자율형 공립 여자 고등학교인 수성고는 지산2동(수성못 근처 화성파크드림 옆)에 위치해 있다. 이외에도 지산범물지구 거주 학생들은 가까운 황금동과 범어동의 경북고, 경신고, 정화여고, 대구여고, 대륜고 등으로 많이 진학한다.

1980년대까지 남구가 대구의 부촌이었다면 1990년대부터 2000년대 중반까지 대구 수성구의 부촌은 지산범물이었다. 잘 계획된 신도시에 중대형 평수를 보유한 고층 아파트, 수성못 근처, 동아백화점 수성점을 비롯한 편의시설, 학원가와 시내버스 종점의 혜택 등을 누릴 수 있어 대구와 수성구의 중산층, 상류층이 선호하던 곳이었다.

지금은 범어동이나 타 시도로 이사했지만 〈날아라 슛돌이〉의 한 출연자를 비롯해 야구선수 마해영, 이승엽, 씨름선수 이태현, 영화배우 강신성일 등 유명인과 연예인도 이 시절에는 지산동, 범물동에 살고 있었다.

하지만 이후 교통부문에서는 2005년 대구 도시철도 2호선 이 수성동, 범어동, 만촌동을 거쳐 시지지구 방면으로 개설되었고, 1990년대 말부터 진행된 범어·만촌권 재개발, 2006년 들어 황금 주공아파트가 당시 대구 최대규모의 재건축으로 롯데화성캐슬골드파크로 변화 등 다른 수성구 지역들의 활발한 재개발 및 재건축이 진행되었다.

설상가상으로 2006년 공립고등학교인 수성고가 개교하고 학부모들이 자녀가 공립고+남녀공학인 수성고에 배정받는 것을 피해 명문 사립 남/여고가 많은 황금동과 범어동 등으로 떠나면서 부유층~중산층 거주지라는 자리를 대구의 도심인 중구 동성로와 훨씬 더 가까운 범어동, 황금1동, 만촌3동, 수성동에 넘겨줬다. 자녀를 다 키워 독립시킨 사람들도 더 조용한 환경인 시지지구나 경산시로 이탈하기도 했다.

현재의 지산범물은 노후화되었지만, 백화점인 동아백화점 수성점과 백화점 위의 CGV 대구수성, 2015년 개설된 대구 도시철도 3호선, 범물역 근처 지산동 먹자골목, 수성못, 학원가, 구립도서관 등 여러 시설은 남아 있다. 교통부문에서는 4차순환도로 개통을 위해 2013년 파동을 거쳐 달서구 월배 방면으로 이어지는 앞산터널이 개통되면서 월배지역과의 접근성이 개선되었고, 2015년 대구 도시철도 3호선이 개통되어 수성못역, 지산역, 범물역, 용지역이 신설되어 역세권에 편입되었다.

또한 예비타당성조사에 통과된 4호선이 신설되면 3호선과 연계해 동대구역과 경북대학교와의 접근성이 개선될 예정이다. 향후 계획 중인 대구 도시철도 3호선의 신서혁신도시 연장으로 시지지구와 안심지구와의 접근성이 개선될 예정이다.

그리고 현재, 지산범물지구 곳곳에서 재개발이 이루어지고 있고, 3호선을 따라 있는 아파트 단지에서는 재건축 동의서 및 정비구역지정을 받는 등 조금씩 변화의 물꼬를 트고 있다.

다만 지금 지산범물의 구축들은 15층 이상의 용적률 250%를 넘기는 아파트들이 낳아서 용적률을 완화시키지 않는 이상 재건축보다는 리모델링 쪽으로 기울 가능성이 크다.

만약 재건축 혹은 리모델링이 된다면 향후 잘 갖추어진 생활 인프라와 시내버스 노선, 도시철도 보유 등이 큰 메리트로 작용할 것이다.

시지노변지구

시지는 대구 수성구 동부의 고산1~3동 지역을 일컫는다. 택지지구로서의 시지라고 하면 보통 신매동, 욱수동, 사월동, 매호동, 노변동, 시지동의 비교적 작은 구역을 가리킨다.

시지(時至)라고 하는 지명의 어원은 시지원(時至院)에서 비롯되었다. '신증동국여지승람'에 따르면 개설 초기 전국에 1,310개소의 원이 설치됐는데 경상도에만도 468개소에 이르렀다. 때맞춰 도착해야 한다는 의미로 시지(時至)라고 했는데 원의 성격과 역할에서 지명이 유래했다.

'시지' 자체는 행정동 고산2동 관할의 한 법정동이지만, 이곳이 옛 고산면 시절 면의 중심지였던 관계로 고산면 일대에서 시지라는 지명을 널리 쓰고 있다. 고산(孤山)은 한자에서 알 수 있다시피 높은 산이 아닌 외롭고 작은 산이라는 뜻으로 유래에 대해서는 여러 가지 설이 있다. 실제로 얕은 산들이 많지만 지대가 그렇게 높지는 않다. 다음에서 보듯 경산시에서 서북쪽으로 2km가량 떨어진 평지에 있는, 높이 100m도 안 되는 작은 산인 고산이 이 지

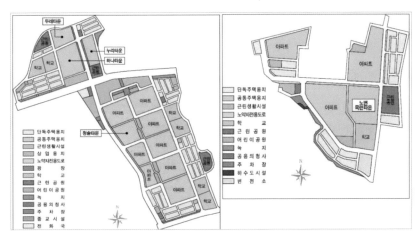

〈출처 : 대구도시개발공사〉

역명으로 발전했다.

　조선시대에는 경산현 서면(西面)이었으며, 1914년에 경산군, 자인군, 하양군이 통합되었을 때 고산면으로 개칭되었다가, 1981년에 대구시가 직할시로 승격되었을 때 대구직할시로 이관되었다.

　지금의 수성구 원도심권 지역이 1980년 동구에서 분리된 것과 달리 시지 지역은 1981년 7월 1일 대구직할시의 출범 때 경산군에서 분리되어 대구로 편입되었다. 대구 소속 행정구역의 역사는 이제 40년이 넘은 곳이다. 택지개발이 되기 전까지 이곳에는 제대로 된 도로조차 없었으며, 그나마 있는 도로는 현재 달구벌대로인 '고산(경산)국도'로 불리던 왕복 2차선짜리 도로였다. 주거지는 2층이나 단층의 오래된 한옥이나 양옥이 대부분이었고, 아파트로는 한우로얄, 삼두아파트, 경북아파트 같은 5층짜리 중대단지들이 있었다. 지역 대부분이 전부 다 과수원이나 농경지가 대부분이었고, 그런 곳은 아직 중심지에서 벗어나면 성동 등에서 쉽게 볼 수 있기도 하다. 1990년대 초반부터 신매동, 매호동, 욱수동, 노변동, 그리고 시지동 일부와 2000년대 초중반 사월동에 대규모 주거단지가 개발되어 현재는 아파트 단지가 밀집되어 있다. 이후에도 2010년대 후반 수성알파시티 개발로 주거단지와 업무지구가 개발되고 있으며, 시지지구의 가장 서쪽에 연호지구 법조타운 개발도 예정되어 있다. 나름대로 신도시다. 전체적인 외형은 개발 시기가 비슷한 수노권 1기 신도시와 비슷하다. 신매역을 중심으로 북쪽과 남동쪽에 있는 주거지역이다. 이름답게 시지지역에서 가장 중심부를 담당하는 곳으로, 그중에서도 상업지역인 광장과 신매시장을 포함한 남동쪽이 더욱 중심이다. 아파트 역시 북쪽은 10평대의 소형평수가 많다면, 남동쪽은 30평에서 50평 사이의 대형평수로 이루어진 아파트가 대다수다. 시지에서 지구 단위로는 가장 먼저 개발된 곳으로, 90년대 초중반에 지어진 아파트가 주를 이룬다. 종종 2000년대 이후 지어진 아파트도 산재한다. 시지에서 가장 대단지인 시지 천마타운이 이곳에 있다. 고산역 남동쪽에 위치한 주거지역이다. 시지지구 쪽보다 규모도 작고 조용한 편이다. 1990년대 중후반에서 2000년대 초에 지어진 아파트가 주를 이룬다. 평수는 역시 10평대의 소형평수부터 80평대의 초대형평수까지 다양하게 구성되어 있는 편이다. 한국교통안전공단 대구경북본부 및 수성자동차검사소가 노변지구 내부에 있다. 최근에는 수성알파시티 개발지역과 연담되어 경계 부분에서는 오래된 도시 모습과 신도시 풍경이 혼재되어 나타난다.

대구혁신도시

대구 동구 각산동, 신서동, 동내동, 괴전동, 대림동, 사복동, 숙천동 일대에 지어진 혁신도시다. '팔공이노밸리'라고도 불린다. 모두 11개의 공공기관이 입주하고 서울에서 직원 3,200여 명이 옮겨 오며, 총 이전 인구가 22,000여

명에 달할 것으로 기대하고 있다. 대구권 의료산업 클러스터의 중추 도시이자 정부·민간 R&D(연구개발) 거점으로서 대구경북첨단의료복합단지(대구경북첨단의료산업진흥재단)도 있다. 혁신도시 이전 대상 11개 기관이 모두 입주를 완료했다.

이와 별개로 개별 이전 대상이 2개 있는데, 중앙119구조본부와 한국로봇산업진흥원이 그것이다. 중앙119구조본부는 2014년 12월 달성군 구지면 수리리로 이전했으며, 한국로봇산업진흥원은 2015년 1월 북구 노원동3가 대구 3공단으로 이전했다. 동대구역네거리에 있는 동부소방서도 2023년을 목표로 대구신서혁신도시로 이전하며 대구소방학교도 같은 자리에 동시에 신설 개교한다. 현재 동구 검사동에 있었던 대구 출입국 관리사무소와 성서산업단지역 8번 출구 인근에 있었던 대구지방식품의약품안전청이 대구경북지방병무청 뒤에 신청사를 짓고 이전했다. 정부에서 혁신도시 시즌 2를 선포함에 따라 관련 지원이 늘어날 예정이며, 대구시에서도 혁신도시 정주여건 개선 정책을 추진하고 있다.

〈출처 : 대구광역시 홈페이지〉

칠곡지구

1. 칠곡1지구

칠곡1지구는 매천동 북쪽으로 분지가 양쪽으로 넓어지기 시작하는 부근에 있는 태전1, 2동 지역은 1990년대 초반에 개발된 곳이다. 교육기관으로는 대구과학대학교, 대구보건대학교가 있다. 둘 다 같은 재단 소속이며(현재는 대구보건대학교만 재단 분리), 역시 같은 재단 소속이자 아이돌그룹 방탄소년단의

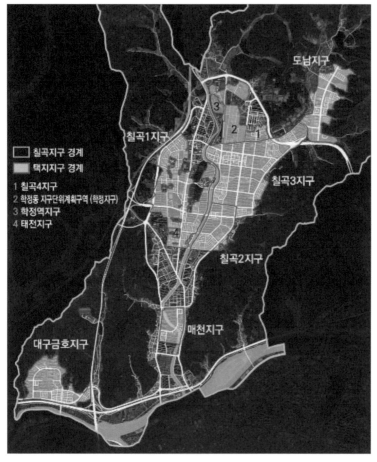

〈출처 : 네이버〉

슈가가 다녔던 강북고, 영송여고와 함께 산 하나에 옹기종기 모여 있다. 원래는 울창한 나무가 우거진 나지막한 산이었지만 대학교다, 고등학교다 짓는다며 산을 깎았다. 최종적으로 영송체육관을 짓게 되면서 나무는 거의 전멸 상태다. 대학들 주변은 3지구가 본격적으로 번화가가 되기 전까지 대학로라고 불리며 칠곡 젊은이들이 놀던 곳이다. 이전의 번영에는 미치지 못하지만, 여전히 학생들이 많이 찾는다. 예전에는 칠곡에서 유일하게 변화한 지역이었으며 칠곡에서 가장 먼저 고층 아파트를 짓기 시작한 곳이다. 대학로 주변은 1990년대 초중반까지 공장이 들어서 있었으나 대학로 확장으로 인해 세원에서 공장 부지를 팔고 영천시 도남동으로 이전했고, 그 자리는 식당가와 원룸으로 채워졌다.

2. 칠곡2지구

칠곡2지구는 칠곡1지구에 이은 칠곡지역의 2번째 택지지구로, 1994년에 조성이 완료되었다. 범위는 팔거천 동쪽지역 중 보성서한아파트, 칠곡영남타운2차아파트 블록부터 구암고등학교까지며, 팔거천, 태암남로, 구암로, 팔거천동로24길로 둘러싸여 있다.

택지지구답게 주로 아파트와 저층주거지로 구성되어 있으며, 팔거천 동쪽 칠곡운암역 부근에 은행, 학원, 소방센터, 동천지구대, 우체국 등이 있는 일반 상업지역이 분포하고, 구암역 부근에도 상업지역이 소규모로 형성되어 있다. 칠곡 2지구는 성서와 비슷한 시기에 조성되어 아파트 단지와 녹지 경관이 서로 비슷하다.

주택가 중심에 아주 큰 공원이 하나 있다. 여긴 택지개발을 하다가 무려 한국에서는 사료도 별로 없다는 원삼국시대의 주거지 유물이 출토되는 바람에 발굴은 해야 하는데 택지 개발을 엎을 수도 없고 해서, '반은 발굴을 끝낸

다음에 주택을 짓고 반은 공원으로 남겨서 다음을 기약한다'라는 콘셉트로 만든 공원이라고 한다. 칠곡2, 3지구 사람들이 등산하러 많이 찾는 배후의 함지산에도 삼국시대에 지은 토성이 있지만, 산성의 표지판을 못 본 사람들은 동네 뒷산으로만 알고 있다. 정식 명칭은 '팔거산성'으로 팔공산의 가산산성이 지어지기 전까지는 대구 북쪽의 중요한 군사시설이었다고 한다. 오랫동안 복원이나 연구 없이 사실상 등산로로 이용되어왔는데 드디어 2015년도에 북구청으로부터 예산을 지원받아 본격적인 복원 및 연구에 들어갔다.

또한, 함지산 중턱에는 삼국시대 유적인 사적 제544호 구암동 고분군이 있으며, 이 일대가 고대역사문화특구로 지정되어 있다. 칠곡 2지구는 규모가 작기 때문에 지역 전체가 대구 도시철도 3호선 칠곡운암역 및 구암역의 역세권이다. 따라서 3호선 개통 후 이 지역 아파트의 평균 매매가격이 개통 5년 전에 비해 2배 가까이 오르기도 했다.

3. 칠곡3지구

칠곡에서 가장 큰 변화가 있는 칠곡의 중심지 역할을 한다. 칠곡3지구 (동천동, 구암동 일대)는 1990년대 후반에 2지구와 함께 개발이 시작됐어야 했지만, IMF 외환위기 때문에 도로만 지어진 채로 몇 년을 휑하게 버려져 있었다. 한동안 칠곡 3지구는 전부 논밭이었다. 지금 칠곡 3지구를 바라보고 있는 칠곡 토박이들이 가장 안타까워하는 것 중 하나는 바로 "내가 옛날에 저기 땅 좀 사놨어야 한다"는 것이다.

또한 십몇년 째 칠곡 지역이 강북구(가칭)로 분구되어 구청, 소방서, 보건소 등 공공기관이 들어온다며 배짱으로 놀려두고 있는 빈 땅(행정타운 부지)이 있다. 그중 일부 부지에 대구강북경찰서가 2013년 개서했다. 일단 입주할 공공기관이 정해질 때까지 시내버스 종점, 공영주차장으로 이용되고 있으며, 706, 726, 939, 급행7, 칠곡2가 기종점으로 이용했고, 해당 부지에는 현재 후술될 대구강북소방서가 들어서 있다.

달서구와 마찬가지로 많은 인구수와 넓은 면적에 비해 관할 소방서가 강의 남쪽에 있는 북부소방서뿐이고 정작 이곳에 재난이 발생하면 거리적으로 서구를 관할하는 대구서부소방서가 오히려 더 가까워서 대구서부소방서가 출동하는 등 제대로 된 재난 대응이 어렵다고 판단되어 오래전부터 소방서 신설을 요구하는 목소리가 높았는데, 소방관 1명당 책임지는 인구수가 더 많은 달서구의 대구강서소방서 신설로 밀렸었다. 그래도 2016년부터 본격적으로 강북 지역의 소방서 신설이 논의되어 예산 150억 원을 지원받아 칠곡 3지구 시내버스 종점 부지에 대구강북소방서를 신설하기로 결정되었다. 이로써 대구에서 2번째로 소방서가 2개인 자치구가 된다. 또한 2023년 4월 17일 대구강북소방서 개서로 동서변동, 연경동, 노곡동이 해당 관할지역에 소속된다.

4. 칠곡4지구

칠곡3지구 정북 쪽의 학정동, 국우동 지역을 통칭하는 말이다. 원래는 경북농업기술원 부지 일대를 통틀어 칠곡4지구로 칭했으나 개발이 더딘 관계로 칠곡5지구로 불리다가 학정지구로 명칭이 확정되었다. 따라서 칠곡4지구는 국우동 및 학정동(한라하우젠트, 학정청아람) 일대를 칭한다.

국우동에는 제50보병사단 군부대도 있으며, 훈련소 및 예비군 훈련장이 있다. 달서구와 북구 거주 예비군은 이곳에서 훈련받는 관계로, 빼도 박도 못하고 50사단 남문으로 와야 한다.

학정동에는 경상북도 농업기술원(구 명칭은 농촌진흥원)이 논밭에서 시험 작물을 기르고 있어서 아파트 단지(학정 한라하우젠트1~2단지, 학정 청아람, 학정역 효성해링턴 플레이스)가 위압적으로 논밭을 둘러싸고 있는 풍경을 볼 수 있다. 정확한 명칭은 팔계평야다. 지금은 주민의 산책로 겸 아이들의 곤충채집하는 곳으로 기능한다.

도남지구

경상북도 칠곡군 동명면에 이은 낙후 지역이며, 칠곡 3지구에서 더욱 동북쪽으로 파고 들어가면 도남동이다. 국우동과 인접해 있으며, 도남지라는 저수지가 있다. 길이 좁은 관계로 시내버스는 1일 17회 칠곡5번만 운행되었지만 2022년 1월 22일부터는 북구1번과 칠곡1(-1)번도 운행된다. 칠곡 내에서도 가장 구석에 있고 대구 도시철도 3호선 수혜도 전혀 받지 못해서 도시 개발이 전혀 되지 않은 곳이며, 북구 내에서 검단동, 복현동, 연경동과 함께 대구국제공항의 항로가 지나는 지역인지라 비행기 소음의 피해를 감수해야 하는 지역이다. RWY 13방향으로 착륙할 때는 저공비행하는 경우도 많다. 이 여파로 연경동, 도남동은 대구국제공항 및 K-2 비행장에서 오가는 비행기들과 여러 가지 소음 문제 때문에, 도시개발은커녕 사람이 살기에 매우 부적합한 지역이었다.

이러한 단점에도 불구하고 주민들은 오피스빌딩 건설이나 정부기관 이전 등을 노리며 비싼 토지보상을 기대했다. 그러나 그런 것들은 옆 동네인 학정동, 국우동으로 넘어가고, LH가 임대아파트 단지를 건설한다며 시가의 반값으로 토지를 강제 수용한다는 날벼락이 떨어진 안타까운 곳이다. 대구 북구청장, 대구시장도 LH를 막을 길이 없다고 하기 때문에 이제는 정말 답이 없다. 결국 도남택지지구는 땅 주인들의 강력한 저항으로 무산되었다. 덕분에 웃을 수도(정부기관을 상대로 이겼으므로) 울 수도(개발이 밤하늘의 별처럼 까마득히 멀어졌으므로) 없는 상태였다.

이 사건으로 택지지구 개발이 사실상 취소되었다가 토지 거래가 다시 허가되면서 도남지구 개발이 추진되기 시작했다. 2019년 5월 태영컨소시엄(태영건설+현대건설)이 힐스테이트 데시앙 도남을 일괄 분양해서 대구 칠곡 지역에서 최대 규모 브랜드타운이 조성되었다. 조야동명광역도로 신설이 확정되어 도남지구 중앙을 관통하게 되었다.

성서지구

성서산단의 북쪽은 대구의 주요 외곽 택지지구이자 주거지역 중 하나인 성서택지지구가 있다. 1992년, 대구의 주택 공급난이 심화되자 이를 해결하기 위해 당시 달서구 일대의 토지 95만 9,700평을 6,658억 원의 사업비를 들여 1996년까지 1, 2지구로 나눠 개발한 곳이다. 1지구는 달서구 장기동에서 이곡동 사이에 걸쳐 있으며 총 12,107세대의 아파트 단지들이 있다. 2지구는 달서구 이곡동에서 용산동에 걸쳐 있고 도합 16,383세대의 아파트 단지가 들어서 있다.

중부내륙고속도로지선 동쪽 용산지구지역과 함께 성서·용산 택지지구는 대구의 주요 신시가지 지역 중 하나다. 한국형 신시가지에 걸맞게 심시티처럼 직선으로 이루어진 구획과 아파트 위주로 구성된 모습을 보이고 있다. 주로 아파트단지 중심으로 조성되었지만, 곳곳에 가로수망과 여러 근린공원들도 조성되어 있어 환경이 제법 쾌적하며, 공공용지로 구획되었기에 근래 들어

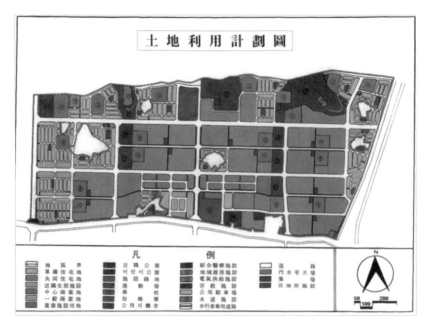

凡例

地 區 界	近 隣 公 園	綜合醫療施設	道 路			N
專 用 住 宅 地	어린이公園	地域暖房施設	門水引프場			
共 同 住 宅 地	綠 地	電氣供給施設	廣 場			
近 隣 生 活 施 設	運 動 場	宗 教 施 設	住油所施設			
中 心 商 業 地	學 校	公用駐車場				
一 般 商 業 地	幼 稚 園	水 道 施 設				
業 務 施 設 用 地	公用의集會	步行者專用道路				

土 地 利 用 計 劃 圖

〈출처 : 대구도시개발공사〉

빽빽하게 쌓아올리는 주상복합과 달리 동간 간격이 넓은 편이다.

여담으로 강창역 남쪽에도 대단지 삼성한국형, 삼성명가타운아파트를 필두로 주거지구가 형성되어 있는데, 별도의 택지지구로 계획된 곳이 아니고, 성서3차산업단지 삼성상용차 사업장의 배후 주거지로 예정되었던 곳이다. 삼성상용차가 사라진 지금은 이 사실을 알아차리기 힘들다.

1990년대에 신시가지로 지어진 곳답게 전반적으론 부촌, 빈민촌으로 나누기보단 방대한 인구를 바탕으로 한 서민, 소시민, 공무원, 자영업자, 중소기업 사장, 전문직, 알부자 등이 소탈하게 고루 섞여 사는 분위기라고 볼 수 있다. 그리고 방대한 인구에 걸맞게 이마트 성서점과 홈플러스 성서점, 모다아울렛 대구점 등 쇼핑시설과 계명아트센터, 대구학생문화센터, 달서아트센터 등 생활편의시설이 풍부한 편이다. 2019년 4월 15일에는 계명대학교 성서캠퍼스 남쪽 강창역 인근에 3차병원인 계명대학교 동산병원도 개원했다. 학군도 택지지구를 바탕으로 하는 공립고, 사립고(경원고등학교) 및 대구외고 등이 위치해 나쁘진 않은 편이다. 상술했듯 2000년대 중반까지는 달서구 내에서 월배에 비해 전반적으로 우위를 점하고 있었다. 하지만 성서의 아파트들이 노후화되기 시작했을 무렵 월배공단 자리에 월배신도시가 새롭게 개발되며 중대형 평수 위주의 아파트단지가 대거 들어섰다. 공립 남녀공학 위주인 성서에 비해 영남고, 대건고, 효성여고 등 사립학교의 비중이 높은 월배로 무게 중심이 쏠렸다. 성서 내에서도 용산동, 이곡동보다 넓은 의미의 성서에 포함되는 도심지와 인접한 죽전동, 감삼동 쪽에 고층 주상복합이 대거 들어서고 있어 비중이 커지는 중이다. 달서구 밖으로도 다사읍 일대에 저렴한 가격의 신축아파트가 새롭게 들어서며 인구가 꽤 유출되었다.

월배신도시

대구 달서구 월배지역에 위치한 신도시다. 신월성으로도 불린다. 월배공단이 취소되고 그 부지에 조성된 택지지구다. 월배신도시의 일반적인 범위는 동쪽으로는 월곡로, 서쪽으로는 월배차량기지사업소와 달서대로, 남쪽으로는 월배로, 북쪽으로는 중부내륙고속도로지선에 이르는 사각형 지대다. 다만 넓게 봐서는 달서대로가 아닌 진천천 동쪽까지로도 볼 수 있다. 월배신도시와 월배를 혼동하는 경우가 있는데, 월배는 월배신도시가 포함된 생활권으로, 구 달성군 월배읍 지역 전체를 의미한다. 대구 달서구 서남부에 위치해 있으며, 행정동으로는 월성1동, 상인1동, 진천동으로 구분된다.

월배신도시의 남쪽 경계 지역인 월배로 대구 도시철도 1호선이 지나가

1호선 역세권이다. 시내버스 노선망은 아직 미흡한 것이 단점이다. 도로교통망은 미완성된 일부 구간을 제외하면 잘 갖추어져 있고 중부내륙고속도로지선(구 구마고속도로)이 월배신도시 북쪽을 지나 교통이 편리하다. 대구 도시철도 1호선의 3개의 역과 접한다. 역 수가 적어 보이지만 사실 월배신도시 남쪽과 접한 부분 선체가 지하철 1호선이다. 그만큼 월배신도시는 그리 크지 않아서 역 수가 적어 보이는 것이다. 참고로 월배신도시는 가로로 약 3km, 세로로 약 2km 정도의 크기다. 교통 체증이 심하다. 왜냐하면 아직 완전히 개통하지 못하고 중간에 끊긴 도로가 많기 때문이다. 그나마 핵심 간선도로인 조암로가 최근 완전히 개통되어 숨통이 트였다. 월배신도시를 개발하며 도로를 뚫으려 보니 지가가 비싸서 토지매입에만 비용과 시간이 꽤 소요된다. 실제로 개통한 조암로 일부 구간 왕복 7차선 700m 뚫는데 총공사비 420억 원

〈출처 : LH(한국토지주택공사) 홈페이지〉

중 360억 원이 토지매입비로 쓰였다. 상인네거리가 전통적인 번화가라면, 신월성은 신흥 번화가다.

이 일대는 몇 년 전까지만 해도 그냥 아파트단지만 있고 아무것도 없는 곳이었으나, 급속도로 발전해 지금에 이르렀다. 골목 안쪽까지 상권이 발달한 상인네거리와 달리 신월성은 주로 대로변에 상권이 발달해 있고, 백화점이 있어서 쇼핑가의 성격도 강하게 띠는 상인네거리와 달리 학원 및 유흥과 여가 위주의 상권이다. 신흥 번화가라 상인네거리와 달리 모든 건물이 새 건물이다. 노브랜드버거의 첫 대구 매장인 대구월성점이 신월성 지역에 존재한다.

테크노폴리스

대구 달성군 유가읍과 현풍읍지역에 조성된 대규모 산업지구, 대구경북경제자유구역 투자 지구다. 줄여서 '텍폴'로 부르기도 한다. 사진의 입구만 보면 논밭만 있을 것 같지만, 막상 터널을 통과해 테크노폴리스 내부로 진입하면 꽤 상권이 발달해 있다. 롯데시네마나 카페 등 나름 소규모 신도시 도심 수준은 된다. 네이버 지도로 둘러보면 어느 정도 감이 온다.

대학, 연구기관, 기술기업이 밀집되어 있는 복합 산업지구다. DGIST와 전자통신원, 생산기술연구원, 기계연구원, 건설생활환경시험연구원 등의 대경권 연구센터가 입주해 있다. 국립대구과학관, HD현대로보틱스, 현대모비스 등도 있다. 수성알파시티, 대구신서혁신도시, 사이언스파크 등과 같이 대구가 밀어주는 곳 중 1곳이다.

19개 아파트 단지에 16,132세대가 입주해 있고, 상업지구에는 1,743개 점포가 있으나, 응급실이나 종합병원이 없어 주거지로서 매력이 떨어지고 상권

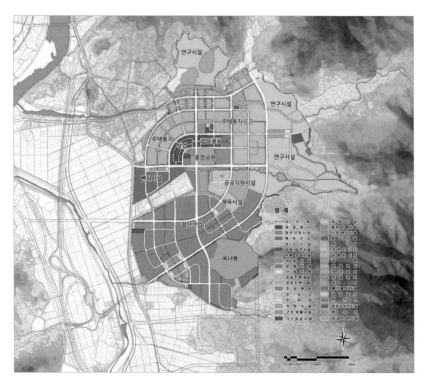

〈출처 : LH(한국토지주택공사) 홈페이지〉

활성화를 저해하고 있다. 이 점은 명실상부한 복합 산업단지로 성장하는 데 걸림돌이 되고 있다. 2023년 4월 현재 행복한병원 1층에 응급실이 운영 중이기는 하나, 전문적인 응급의료센터라고 보기는 어려워 보인다.

북쪽에는 달성1차산업단지, 동쪽으로 비슬산, 남서쪽의 구지면에는 달성2차산업단지와 대구국가산업단지가 있고, 북서쪽으로는 현풍읍 구 상권이 있다.

대구시 중장기 발전계획에서 예전부터 부도심으로 지정되었다. 부도심의 통칭은 현풍 또는 텍폴. 또한 달성군 남서부(논공읍, 현풍읍, 유가읍, 구지면)의 중심지다.

2006년부터 지어지기 시작했다. 19개 아파트단지 16,132세대가 입주한 상태다. 원룸 및 단독주택들이 다수 지어지고 있고, 상업용 건물들의 건설 및 분양도 이루어지고 있다. 신도시의 조성으로 인구가 늘어나며 시골에서 도시로 탈바꿈한 유가, 현풍 2개면은 각각 2018년 3월 유가읍으로, 2018년 11월 현풍읍으로 승격되었다. 테크노폴리스 남쪽 지구(국립대구과학관 서편)에는 단독주택 단지가 있지만, 아직 많은 주택이 건설되어 있는 상황은 아니다. 2014년, 대구수목원과 테크노폴리스를 잇는 자동차전용도로인 테크노폴리스로가 개통되고, 대곡역까지 운행하는 급행8번 등도 있기 때문에 대구 시내 방면으로의 교통이 아예 불모지까지는 아니다. 다만 그걸 감안해도 반월당역까지 버스 타고 가려면, 1시간 이상 소요되는 등 거리가 상당하긴 하다.

연경지구

대구 북구 연경동, 서변동, 동구 지묘동 일대 151만㎡에 조성되는 공공주택지구다. 2007년에 승인되어 현재까지 조성 중인 단지다. 개발 이전에는 구릉지에 마을이 뿔뿔이 흩어져 있던 전형적인 부락이자 왕복 2차선 도로가 전부이던 곳이었다. 도로의 왼편으로는 마을과 농경지가 있었으며 우측으로는 동화천이라는 하천이 흐르고 있었다. 또한 북구2번 버스만이 경유하던 상당히 낙후된 곳이었다.

2006년 건설교통부의 공시에 따라 6,039억 원을 들어 공동주택 7,259세대와 상업, 문화, 교육시설을 조성하는 택지지구로 지정됐고, 동화천을 확장 개발해 자연과 인간이 하나되는 도시로 개발 중이다. 뒤로는 도덕산과 팔공산, 앞으로는 동화천이 흘러 전형적인 배산임수 지형이다. 동남쪽으로는 이시아폴리스, 남쪽으로는 금호워터폴리스, 서쪽으로는 동서변지구, 국우터널

을 넘으면 대구칠곡과도 가깝다. 멀티플렉스 영화관인 롯데시네마와 씨네Q
가 개관 예정이다. 특히 씨네Q는 대구에서 최초로 입점하게 된다.

씨네Q에서 CGV 대구연경으로 변경되어 개관했다. 유치원 2개, 초등학교
1개(북구), 초중 통합운영학교 1개(동구), 고등학교 1개소(북구) 부지가 마련되
었다. 특히 인구감소 문제로 인해 초, 중학교는 대구에서 최초로 통합된 학교
가 만들어진다. 동화천의 선형은 유지하지만 확장시켜 친수단지로 조성 중이
다. 또한 공원/녹지면적은 전체 조성면적의 37% 이상이고 동화천이 차지하
는 비중은 12%라 녹지면적이 넓다. 동화천에는 산책길, 공원, 수변공간이 개

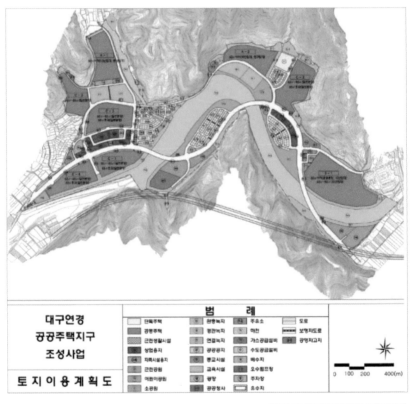

〈출처 : LH(한국토지주택공사) 홈페이지〉

발되고 있다.

동화천 일대에 두꺼비(보호종)가 있어서 인근 아파트 내로 종종 들어오는 경우가 있다. 그 밖에 생물은 왜가리, 백로, 황로, 오리, 고라니, 청둥오리 등 흔히 볼 수 있는 하천 생물이 발견된다. 종종 수달이 목격되기도 한다고 한다. 특히 여름에는 소쩍새의 소리와 털매미 소리를 들을 수 있다. 2020년 완료 예정인 동화천 정비사업이 마무리되면 금호강 유지용수를 끌어다가 동화천으로 공급하게 됨으로서 하천유지수 확보에 큰 도움이 될 것이다. 동화천변에 자연암벽등반장인 연경도약대가 있다.

안심연료단지

동구 안심지구가 경상북도 경산군 안심읍이던 1970년대부터 조성된 대규모 연탄 제조 단지. 2000년대 들어서 연탄 소비가 줄어들고 연탄 사업이 사양산업으로 전환됨에 따라 쇠퇴했다. 그 흔적으로는 반야월역, 반야월저탄장이 있으며 그 당시 큰 규모의 연탄 업체였던 대성연탄이 자리 잡고 있었다. 1970년대부터 1990년대까지 30년 동안 호황을 맞이하며 대구 경제의 중요한 한 축을 담당했다.

처음에는 단순히 연탄만 취급하는 연탄 단지였으나 한일시멘트, 대동레미콘 등 대구에서 굵직한 시멘트업체가 들어오며 시멘트 산업 또한 성행했다. 그러나 주변 지역이 점차 개발되고 대구 시가지의 확장에 따라 주거단지가 들어오면서 주민들의 민원이 발생해 결국 안심뉴타운 사업이 시행되는 데 하나의 원인을 제공했다. 예전 구 대구선 시절에 반야월역으로 공단 내 필요한 연탄과 시멘트 등의 화물을 취급했다. 지금은 안심뉴타운으로 조성되고 있다.

〈출처 : LH(한국토지주택공사) 홈페이지〉

펜타힐즈(중산지구)

경상북도 경산시의 중산 제1지구 시가지조성사업이라는 명칭으로 경상북도 경산시 중산동 일부와 옥산동 일부에 개발이 진행되고 있는 신도시다. 대구 수성구 시지지구 바로 옆이며, 2014년 12월 달구벌대로에 접하는 펜타힐즈서한이다음아파트가 입주를 시작했다. 2017년 8월 펜타힐즈더샵1차가 완공됨과 동시에 구역 내 시가지 조성 공사가 서서히 마무리되면서 일반인들에게도 공개된다. 부지는 약 24만 평이며 개발되기 이전에는 ㈜새한 경산공장이 있었다. 처음에는 ㈜새한이 구미로 공장을 이전하면서 유휴부지에 신도시를 개발하는 것으로 시작했지만 IMF를 비롯한 외적인 요인으로 새한이 이 사업을 포기하게 되었다. 이후 2005년 군인공제회의 PF자금을 받아 현재의 사업 시행자는 ㈜중산도시개발이다.

경산 중산지구 개발 이전에는 주식회사 새한의 경산공장이 대규모로 위치하고 있었다. 시작은 삼성 제일합섬이 1960년대 이곳에 공장 설립 계획을 잡은 것으로 삼성의 섬유산업 주축을 담당했으나 새한으로 넘어간 이후 새한

〈출처 : 네이버〉

그룹이 무너지면서 공장은 자연스럽게 문을 닫게 되었다. 이후 부지는 한동안 방치되어 있다가 중산지구 개발사업이 확정되고 2011년 해당 부지에 유채꽃박람회가 열린 이후 개발이 시작되었다. 개발이 진행 중인 곳으로 아직 입주가 완전히 이루어지지 않아 현재까지의 인구는 적다. 784세대의 펜타힐즈서한이다음아파트가 2014년 12월 완공되어 신도시 내 첫 번째로 입주민들이 거주 중이며 2017년 8월 1,697세대의 펜타힐즈 더샵1차가 완공되어 입주 완료했다. 2018년 8월 펜타힐즈더샵2차 791세대도 입주했고, 2019년 5월에는 펜타힐즈푸르지오 753세대가 들어왔다. 2021년 4월에는 힐스테이트 펜타힐즈 657세대가 들어서고, 초기 계획대로 사업이 진행된다면 총 6,500세대의 아파트가 들어설 예정이다.

대임지구

경상북도 경산시 대평·임당·대정·대동·계양동 일원에 개발 중인 택지지구다. 5개 동에 걸쳐 있는 택지지구로 총면적만 163만㎡(49만3000여평)에 달하는 대구, 경산 통틀어 가장 큰 규모의 택지지구다. 대구 도시철도 2호선 임당역·영남대역과 인접한 역세권 지역이자 수성IC·경산IC와 가까워 교통 편의가 갖춰져 있다. 임당초등학교를 비롯해 지구 내 4개의 학교 용지와 인근에 영남대가 위치해 교육 여건도 괜찮은 편이다. 홈플러스, CGV, 스타벅스, 경산시청 등 다양한 생활편의 인프라도 갖추어져 있다. 2017년 국토교통부에서 신규 택지지구 개발사업 후보지로 대임지구를 발표했고, 2018년 7월 LH에서 공공택지지구로 고시하면서 개발계획이 확정되었다. 2021년 말 토지보상을 끝내고 착공에 들어갔으며 2029년 준공될 예정이다.

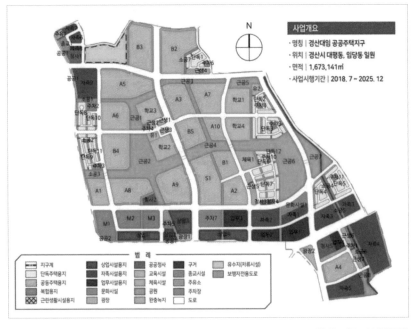

〈출처 : 대구도시개발공사〉

대임지구는 총 세대수 10,490가구(공동주택 9,573호, 단독 282호, 주상복합 635호), 거주인구 23,371명으로 계획되었다. 주택용지 569,499㎡, 상업시설용지 46,522㎡, 업무시설용지 39,347㎡, 유통시설용지 21,688㎡, 주상복합용지 41,528㎡, 공공청사용지 24,491㎡, 자족시설용지 110,872㎡로 계획했다. 사업비는 2조 3,000억 원이 투입된다. 2022년 일부 주거단지에 사전청약을 시행했다. 2023년 5월, LH 대구경북지역본부는 대구 도시철도 2호선 임당역 바로 앞에 위치한 상업필지들을 실수요자 대상 경쟁입찰을 통한 최고가 낙찰 방식으로 공급한다고 밝혔다.

수성의료지구

대구 수성구 대흥동과 시지동에 건설 중인 산업단지다. 대구경북경제자유구역이다. 대구경북경제자유구역에 따라 2008년부터 추진되어 2025년까지 사업 예정이다. 최근 들어 기반 공사를 끝냈으며, 분양도 물류, 상업, 근린생활시설 등은 분양을 마치는 등 꽤나 선방하고 있다.

IT, 소프트웨어 산업 관련 기업들을 유치하기 위해 짓는 산업단지다. 이전부터 이 지역은 꾸준히 개발수요가 있었지만 개발이 안 되다가 2008년 대구경북경제자유구역 지정과 2013년 박근혜 대통령 취임 이후 시행이 확정되었다.

크게 공동주택 지구와 단독주택 지구가 있는데 공동주택 지구는 노변청구에 근접한 위 부지에는 동화아이위시, 수성월드메르디앙에 근접한 대구부산고속도로 밑 부지에는 청아람이 분양이 완료되었다. 동화아이위시는 2016년에 분양이 완료되어 2019년 2월 기준 입주를 시작했다. 결국, 2023년 8월 30일, 의료시설용지를 폐지해 개발 방향을 완전히 IT, 소프트웨어 중심으로 바꿨다. 재난안전통신망은 재난 관련 기관별 통신망을 일원화하는 전국 단일 통신망인데 수성알파시티 안에 세계 최초 4세대 통신기술을 기반으로 전국 단일 재난안전통신망이 개통되었다. 4세대 무선통신기술 기반으로는 우리나라가 세계 최초로 구축 및 운영한다. 하나의 센터가 멈추거나 특정 센터의 주요 장비에 장애가 생기더라도 차질 없는 통신망 운영을 위해 운영센터는 대구와 서울, 제주로 3원화했다. 대구운영센터는 제2운영센터로, 경상·전라도를 포함한 남부권 통신망 부하 분산과 기지국 및 시스템 유지보수, 통신망 등 기능상실에 대비한 백업, 공무원·업체 교육장으로 활용될 예정이다.

2019년 6월 17일 대구시와 대구경북경제자유구역청, 롯데자산개발이 수성알파시티 롯데대구몰 사업의 추진과 지역경제 활성화 도모를 위한 업무협약을 체결하며 사업계획을 구체화하고 속도를 내기 시작했고 2020년 착공해서 2022년 개점을 목표로 한다. 애초 계획되어 있던 것보다 축소되어 5,000억 원을 투자해 지하 1층, 지상 5층, 연면적 23만㎡ 규모로 변경되었고 복합쇼핑타운이라는 사업 방향은 유지되었다. 지속되는 사업 지체로 인해 대

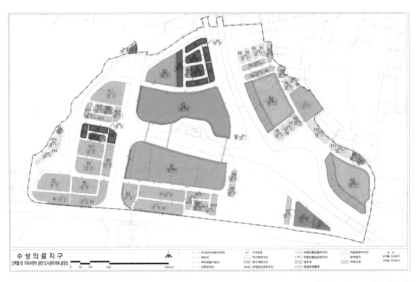

〈출처 : 대구도시개발공사〉

구시에서 강경대책을 지시했다.

계획이 축소된 것은 롯데에서 수천억 원 상당의 토지이익을 얻어 아무런 개발 없이 매각하려는 의도가 보여 이를 봉쇄하기 위해서다. 롯데 측에서는 사업개발을 하려고 하는 의지가 있다고 밝혔으나 홍준표 대구시장은 재산세 중과세 또는 심하면 토지 몰수까지 고려하고 있다.

결국, 홍준표 대구시장이 대구 롯데몰 사업에 관해 강경대응한 지 18일 만에, 대구시와 대구경북경제자유구역청, 롯데쇼핑은 3월 10일 대구시청 산격청사에서 롯데복합쇼핑몰 건립에 대해 신속한 추진을 위한 합의서를 체결했다. 이곳에는 2026년 6월까지 공사를 완료하고, 이듬해 9월 말에 개점할 전망이다.

대구대공원

대구 수성구 일대에 개발될 공원 겸 택지지구다. 공원으로 개발될 예정이었지만, 공원 일몰제로 인해 부지가 난개발 위기에 처하면서 민간공원 조성사업으로 추진될 예정이다. 대구 도시철도 2호선 대공원역의 이름에서 알 수 있듯이 이 지역은 원래 대구대공원으로 개발될 예정이었다. 환경등급 1~2등급 청정지역이라 보존이 매우 우수하기 때문이다.

대구시는 공원으로 추진하려 했지만 2020년 시행되는 공원일몰제와 달성공원 동물들의 처우 개선, 달성토성 복원사업으로 달성공원 이전이 가시화되면서 민간 투자가 불가피해졌다.

결국 환경등급이 낮은 지역에 공동주택을 일부 건설하는 민간공원 사업으로 전향되어 사업이 확정되었다. 대구대공원은 주거단지, 달성공원 동물원 등이 들어설 예정이며 외환들지구, 구름골지구로 나뉜다.

〈출처 : 네이버〉

2022년 절반가량 부지를 매입했다. 연말까지 나머지 부지를 모두 매입한 뒤 착공할 계획이다. 2023년 3월 26일 대구도시개발공사에서 '대구대공원 민간공원조성 특례사업'의 재원을 마련하기 위해 ESG채권을 발행했다.

2023년 11월 7일 대구대공원 민간공원 조성 특례사업 추진에 따라 지난 2023년 7월 비공원구역 산지전용 면적에 대한 세부적인 조정과 실시설계를 반영한 2차 실시계획 변경을 신청 후 대구시 인가를 대기 중인 상태다. 이 계획에 맞춰 2023년 11월 중 2차 실시계획 변경이 인가되면 2023년 12월 대구대공원 조성 공사 발주계획을 수립 후 2024년 3월 착공, 2027년 6월 준공을 목표로 대구대공원 조성 공사가 본격적으로 시작될 예정이다.

연호지구

　대구 수성구 연호동 인근에 조성 중인 공공주택지구다. 1970년 건립된 오래된 대구고등법원, 대구지방법원, 대구고등검찰청, 대구지방검찰청 이전지로 확정되어 법조단지가 만들어지며 대구 MBC 사옥을 신축이전한다. 산업, 주거, 상업시설도 일부 조성된다. 예전부터 남겨둔 연호네거리 인근 허허벌판을 공공주택지구로 개발하는 계획. 수성구 연호동, 이천동 일원 89만 7,000㎡를 법조타운, 산업단지, 주거시설, 상업시설로 개발한다. 9,300명/3800세대가 거주할 계획이며 2018년 착공해 2023년 준공할 예정이지만 토지보상 문제로 지연되고 있다.

　다양한 주거단지 유형을 도입해 건설하는 데 타운하우스, 테라스하우스, 신혼희망타운, 청년주택 등을 병행한다. 옆으로는 삼성라이온즈파크와 수성 알파시티를 접하고 있어 알파시티와 연계해 개발할 방침이며 시공사는 LH

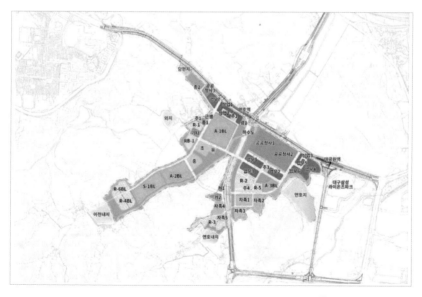

〈출처 : 대구도시개발공사〉

이다. 달구벌대로와 대구 4차 순환도로의 일부인 범안로를 접하고 있다. 금호강을 건너서는 동대구IC가, 근처에 조성 중인 수성알파시티에는 수성IC가 있어 대구부산고속도로를 이용할 수 있다. 대구 도시철도 2호선 연호역 역세권이고, 달구벌대로에서는 다양한 버스노선 이 지나가기 때문에 대중교통 이용이 편리하다.

산업단지로 살펴보는 이슈

대구염색산업단지

대구 서구에 있는 섬유산업단지로 흔히 염색공단이라 불린다. 1976년부터 추진되어 1978년 2월 현 위치가 선정됐고, 그해 10월 착공해 1981년 7월 준공되었다. 이후 용지 수요의 증가로 1988년 단지 확장 공사가 이뤄졌다. 당시까지만 해도 대구 시가지의 끝이었지만 칠곡지구가 개발된 지금은 대구 시가지 중심이 되었다. 염색 관련 기업들만 집중적으로 육성시키고자 밀집시켜 놓은 산업단지로 염색업체 이외에 업종 기업은 당연히 입주할 수 없었다. 다만 서대구역세권개발사업 등 인근 지가 상승으로 현 공장을 팔고 지가 싼 외곽에 확장 이전하거나 설비 투자하는 것도 제한이 있어서 문제다. 대구광역시는 난개발이 될까 우려했지만, 최근 업종 제한이 해제되었다.

한때는 지역 일자리 창출에 기여해 서구와 대구의 인구도 빠르게 증가했고 섬유도시 대구라는 이미지를 만들었다. 그러나 현재는 섬유산업이 사양산업이 되며 지금은 많이 쇠퇴했다. 국민의 정부 시절 국가에서 염색산업을 살리기 위해 밀라노 프로젝트를 추진했지만 실패했다. 염색 공장의 특성상 악취가 심하게 난다. 특히 여름철 밤에 가장 심하다. 공단 인근인 신평리네거리, 대구 서구청에서도 나고 멀리 떨어진 비산네거리까지 날 때도 있다. 이를 해결하기 위해 염색공단을 포함한 3개 공단에서 발생하는 하수를 처리하는 시설을 지하화하는 계획이 있다.

염색공단을 포함해 주변 공업단지의 영향으로 외국인 노동자가 많이 보인다. 2023년 7월 13일 오전 8시 40분경 폐수처리장에서 1~2톤가량의 황산이 누출되는 사고가 발생했다. 직원들이 40톤가량의 황산이 들어 있던 70톤 용량의 저장탱크에 23톤을 추가로 넣었는데 화학적인 이상 반응으로 끓어 넘친 것으로 추정된다. 다행히 방류벽에 갇혀 외부로 흘러나가지는 않았으나 상당량이 증기로 변해 공기 중으로 퍼졌다. 소방, 환경 당국, 지자체에서 긴급 출

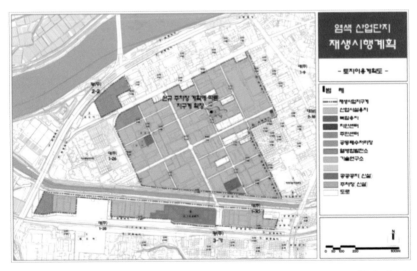

〈출처 : 네이버〉

동해 약 40분 만에 메인 밸브를 잠그면서 누출이 멈췄다. 사업장 내 황산 가스 농도를 측정한 결과 특이 사항은 없었으며 방류벽 내부 황산은 회수해 중화 처리했다. 이로 인해 공장 직원 등 20여 명이 긴급 대피했으며 이례적인 주황색 연기에 놀란 시민들의 신고가 잇따랐다. 화학사고가 발생하면 주민에게 고지해야 한다는 화학물질 안전관리에 관한 조례가 있으나 안내문자는 없었다. 이에 대해 대구 서구청은 환경청에서 소량의 유출이고 인체 위해성도 낮다 판단했다며 주민 혼란을 불러일으킬 것을 고려해 안전문자를 발송하지 않았다고 밝혔다. 과거부터 염색공단에서 발생하는 악취로 인한 민원이 많았고 대구 도심 확장으로 땅값이 상승하며 이전 요구가 늘어나고 있다.

이전 후보지는 165만㎡ 이상 규모와 1일 10만 톤의 용수 공급이 가능한 지역이어야 한다. 대구경북 통합신공항과 군위군 대구 편입으로 인해 공단을 군위군으로 이전하자는 이야기가 나오기도 했다. 하지만 새 정부 국정과제 중 하나인 염색산단 첨단화와 충돌한다는 문제가 있다. 홍준표 대구시장이 군부대와 염색산단 등 대구 도심 속 여러 기피시설을 이전한다는 계획을 발표해 이전 가능성이 더 커졌다. 2023년 3월 29일 대구시에서 조달청 나라장터를 통해 '대구 염색산단 이전 기본계획 수립 및 타당성 검토 연구용역'을 입찰공고했다. 2023년 5월 용역에 착수했다.

대구시는 2024년 5월까지 12개월 동안 용역을 통해 이전 후보지 검토, 신규 산업단지 입주 수요조사, 신규 산업단지 개발 구상, 개발 지원 및 재원조달 방안, 후적지 개발방안, 사업 타당성 검토 등을 수행해, 2023년 연말 중간보고회와 2024년 4월경 최종보고회를 개최할 예정이다. 최종 용역 결과를 반영해 2024년 하반기에 염색산단 이전지를 선정하고 대구염색산업단지 이전 기본계획을 수립한다는 계획이다. 대구시는 2030년까지 염색공단을 군위 군으로 이전한다고 공식 발표했다.

대구제3산업단지

대구 북구 노원동, 침산1동에 위치한 산업단지다. 줄여서 3공단, 3산단, 노 원공단이라고 부르기도 한다. 명칭은 말 그대로 대구시의 3번째 산업단지로 1960년대 북구 침산동 인근의 대구제1산업단지가 있었고, 1단지의 포화로 달서구 성서지구 인근에 대구제2산업단지, 북구 노원동 인근에 제3산업단지 를 준공했다. 1단지의 경우 제일모직 등의 철수로 현재는 침산산격지구, 대 구삼성창조경제단지, 2단지의 경우 계획이 무산되었다가 나중에 성서산업단 지가 조성되었다. 따라서 현재 대구에 남아 있는 가장 오래된 산업단지다.

1967~1968년 대구 시내 경공업 제조업체를 집단화, 도시공해방지를 위 한 환경개선 목적, 도시형 내륙 공업단지를 목표로 건설되었다. 입주 기업은 다양한 업종으로 분포해 있지만 주로 경공업, 중소기업뿐이며 대구 토종산업 중 하나인 안경테산업과 최근 대구시가 미래 먹거리로 키우는 로봇산업이 유 명하다. 특히 안경테공장이 많기로 유명하며 심지어 안경테를 도매로 판매하 기도 해 대구시 내 여러 안경원은 물론이고 전국 곳곳에 안경테를 공급한다. 침산교 부근의 안경테 조형물이 이곳의 랜드마크이며 근처 만평역의 둥그런 외관도 이곳의 안경 산업을 상징한다. 안경테 못지않게 로봇산업도 뛰어난데 테크노폴리스와 이곳에 세계에서 다섯 손가락 안에 드는 로봇기업이 입주해 있다. 한국로봇산업진흥원도 이곳에 위치해 있다. 최근 들어 쇠퇴한 3공단을 살려보려고 대구시에서 로봇 쪽으로 밀어주며 로봇연구센터가 위치해 있다.

대구3호선 공단역과 가깝고 신천대로와 인접하다. 1960~1970년대까지 근처에 있는 염색공단과 서대구공단과 더불어 대구시를 먹여 살리는 역할을 했지만 1980년대부터 경공업에서 중화학공업 쪽으로 산업구조가 변화하며 쇠퇴했다.

서대구산업단지와 염색공단과 더불어 쇠퇴한 공단을 살리는 공단재생사업(뉴딜사업)단지로 지정되어 국가에서 다양한 지원을 하고 있다. 처음 건설될 때는 대구시의 경계였지만 칠곡군의 편입으로 대구도심이 확장되어 도심과 상당히 가깝게 되었다. 대구시가 중점적으로 추진하는 서대구역이 불과 15분 거리에 위치해 있는 것이 그 근거다. 그래서인지 지가가 많이 상승했으며 그 결과 몇몇 기업들은 대구 내 외곽 산업단지인 대구국가산업단지나 대구테크노폴리스로 이전한 상태다. 산업단지도 쇠퇴했지만, 산업단지를 끼고 있어 주변도 역시 낙후되어 재개발이 이루어지는 중이다. 1960년대 조성된 산단이라 공장건물도 연식이 오래되어 최근 공단 내에서도 오래된 건물 대신 지식산업센터로 개발이 추진되고 있다. 단지 옆에는 금호강과 접하고 있으며 북쪽으로는 대구 6대 택지 중 하나인 칠곡지구와 복현동 남쪽으로는 염색공단, 서대구공단과 접하고 있다. 바로 앞에는 한국건강관리공단 북부검진센터가 있다.

성서산업단지

대구 달서구에 있는 산업단지다. 총면적은 12,257,670㎡로 총 6개 산업단지로 구성된다.

섬유·의복, 조립금속, 운송장비, 전기·전자, 비금속, 석유화학, 목재·종이, 1

차금속, 식음료 등 다양한 분야의 업체가 입주해 있으며, 대구·경북지역의 주류업체인 금복주의 본사와 공장도 이곳에 있다. 규모로는 대구 도심지에서 가장 큰 산업단지다.

이곳에 입주한 업체들의 민원 업무 및 성서산업단지 안내 업무는 대구성서산업단지관리공단에서 담당하고 있다. 성서라는 주변 지명에서 이름을 따와 성서산업단지로 명칭이 정해졌다. 예전에는 성서공업단지의 줄임말인 성서공단이라고 불렸다. 지금은 성서산업단지를 줄여서 성서산단이라고 불린다. 성서1차산업단지부터 성서5차산업단지까지 5개 단지가 있으며, 5차산업단지는 다른 단지와 달리 달성군 다사읍 세천리에 홀로 떨어져 있다.

〈출처 : 대구성서산업단지관리공단 홈페이지〉

한때 대구 산업의 한 축이었고 지금도 중요한 기능을 맡고 있으나 대구국가산업단지, 대구테크노폴리스 등이 개발되고 나서 일부 기업의 이주 등이 겹쳐 현재는 초창기에 조성된 단지들의 경우 서대구공단, 3공단처럼 낙후되어가고 있다. 노태우 정권 때 이곳을 국가산업단지로 승격하려고 했지만 무산되었다. 대통령 공약이었다.

성서1차산업단지는 총면적 2,687,363㎡로 1965년부터 1988년까지 개발되었다. 주로 경공업 중심의 기업들이 분포하고 있으며 성서산업단지 가장 오른쪽에 자리 잡고 있다. 가장 먼저 조성된 단지로 금복주의 본사와 공장, 파리크라상 대구공장, 산업통상자원부 산하 한국산업단지공단 이 입주한 대구비즈니스센터 등이 있고, 그 옆 건물에 고용노동부 산하 한국산업인력공단이 있다. 거기다 고깃집 된장, 맛짜장, 간장 등을 만드는 삼화식품 공장도 있다.

성서2차산업단지는 총면적 4,593,927㎡로 1993년 완공되었다. 기계, 전기전자 등의 다양한 업종의 기업들이 분포하고 있다. 성서산업단지 내에서 가장 부지 크기가 넓다. 한국가스안전공사 대구경북지역본부가 있으며, 한국산업은행 성서지점, 중소기업은행 성서공단지점, DGB대구은행 성서공단영업부 등 은행들과 대구환경공단 서부사업소, 성서체육공원 등이 있다.

성서3차산업단지는 총면적 2,896,165㎡로 식품, 유통, 운송장비 등의 다양한 업종의 기업들이 분포하고 있다. 화물트럭 등의 유통 허브도 마련되어 있어 물류 운송 등도 활발하다. 2002년 조성되었다. 달서대로 서쪽에 있으며 STX중공업 대구공장, 희성그룹 희성전자 대구2공장, 아진엑스텍 본사 등의 기업이 있고, 사라진 삼성상용차도 이곳에 있었다. 옛 삼성상용차 부지는 재개발되어 다른 기업들이 들어와 있다. 대구테크노파크 벤처공장, 대구융합 R&D센터, 대구기계부품연구원 등 연구시설들도 있고, 삼성전자와 이마트의 물류센터가 있다. 다른 시설들로는 신한은행 성서공단금융센터, 하나은행 성서공단지점, NH농협은행 성서공단지점 등 은행이 많고 모다아울렛을 비롯해 아울렛들이 조성되었다. 대경로봇기업진흥협회가 대구기계부품연구원 단지 내에 위치해 있다.

성서4차산업단지는 총면적 433,415㎡로 주로 목재, 종이, 출판 위주의 다양한 업종들이 자리 잡고 있다. 성서산업단지 내에서 가장 작은 산업단지다. 2006년 조성되었다. 옛 월배 비상활주로 일대에 조성된 단지. 성서출판산업단지와 붙어 있다.

성서5차산업단지는 총면적 1,403,883㎡로 2012년 조성되었다. 주로 전기전자 위주의 기업들이 입주해 있다. 옆에 배후 주거단지를 끼고 있는 형태다. 다른 단지와는 달리 달성군 다사읍 세천리에 홀로 떨어져 있다. 교류가 안 되는 월경지인 셈이다. 성서3번 버스가 산단 방향으로 운행한다. 에스티아이, 메가젠임플란트 등의 기업이 있다.

서대구산업단지

대구 서구 이현동과 중리동에 걸쳐 있는 산업단지다. 줄여서 서대구공단이라고도 부르며 과거에는 이현공단이라 부르기도 했다. 1970년대 대구경제 발전을 위해 조성된 산업단지. 그때만 해도 대구시의 외곽이었다. 지금은 남쪽으로 몇백 미터만 가면 죽전역이 있을 정도로 주거단지와 가까운 편이며, 자동차부품, 전자, 기계 쪽 공장이 많이 있다. 근처에 서대구역이 있어 접근성이 개선될 전망이다. 희한하게도 공단 안에 퀸스로드라는 아울렛이 있다. 서대구산업단지 재생사업의 하나로 죽전역 인근에 전국 최대 규모 지식산업센터인 디센터1976이 만들어졌다.

〈출처 : 한국산업단지공단 홈페이지〉

검단일반산업단지

〈출처 : 한국산업단지공단 홈페이지〉

대구 북구 검단동 일대에 조성된 산업단지로 정식 명칭은 검단일반산업단지이며, 대구검단산업단지관리공단이 관리한다. 총면적은 782,000㎡이며 각각 산업시설 570,000㎡, 지원시설 39,000㎡, 공공시설 150,000㎡ 녹지

시설 23,000㎡다. 지원시설에는 1,512세대 근로자 아파트가 건설되어 있으며 1965년 2월 2일에 지정되어 1974년 4월 30일에 착공해 1975년 12월 31일에 준공되었다. 주변에 금호강, 금호워터폴리스, 엑스코, 신천대로 등과 접하고 있어 교통 및 인프라가 잘 갖추어져 있다. 그러나 엑스코 등이 위치하고 있는 종합유통단지는 대구종합유통단지관리공단 관할 지역 및 소속으로 대구검단산업단지관리공단과는 아무런 관련이 없다.

금호워터폴리스(검단들)

금호워터폴리스는 대구 북구 검단동 310번지 일원에 1,184,000㎡, 총사업비 1조 2,328억 원의 규모로 조성되는 산업단지다. 대구검단산업단지와 대구종합유통단지 위에 있는 검단들은 경부고속도로와 인근 대구국제공항, 대구공군기지의 소음과 이로 인한 고도제한 등에 가로막혀 대구시가 장기간 개발 방향을 찾지 못해 표류하던 지역으로, 1974년 검단제2산업단지 조성 계획을 발표했으나 무산, 1995년 종합물류단지 계획도 영남권 내륙화물기지가 대구시가 아닌 경상북도 칠곡군에 건립되는 사항으로 확정되면서 무산, 대구농수산물도매시장 이전 계획 역시 무산, 시외버스터미널 조성 계획도 무산되었으나 금호강을 끼고 형성된 수변 공간 덕분에 천혜의 개발 조건을 갖춘 곳으로 손꼽히던 곳이라 대구시는 경부고속도로, 중앙고속도로, 대구부산고속도로 등에서 10㎞ 이내 거리인 광역교통접근성 활용 및 수려한 금호강 수변공간과 연계해 산업, 상업, 주거가 어우러진 명품 복합단지로 조성하기 위해 금호워터폴리스 개발계획을 수립하게 되었다.

대구시는 대구도시개발공사를 사업시행자로 지정해 공영개발 방식으로

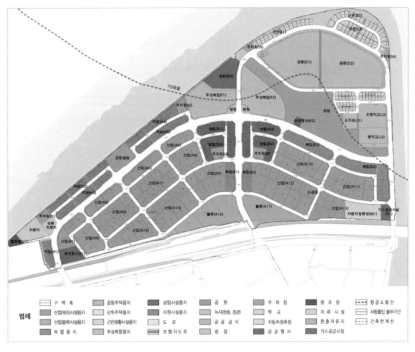

범례

▭ 구 역 계		공동주택용지		상업시설용지	공 원	주 차 장	펌 프 장	┉ 항공소음선
▮ 산업제조시설용지		단독주택용지		지원시설용지	녹지완충,경관	학 교	저 류 시 설	차량출입 불허구간
▮ 산업물류시설용지		근린생활시설용지		도 로	공 공 공 지	자동차정류장	완 충 녹 지	┉ 건 축 한 계 선
▮ 복 합 용 지		주상복합용지		보행자도로	광 장	공 공 청 사	가스공급시설	

<출처 : 한국산업단지공단 홈페이지>

사업을 추진하고 있으며 검단산업단지, 엑스코, 이시아폴리스, 동서변지구 등과 연계한 도시형 첨단복합산업단지를 조성해 대구의 경쟁력을 강화하고, 향후 금호워터폴리스가 엑스코(유통단지)~이시아폴리스~팔공산 등과 연계한 관광산업의 중추거점이 될 수 있도록 조성할 계획이다.

산업단지의 토지이용계획을 살펴보면 산업시설용지 및 복합용지는 기업의 원활한 물류수송과 접근성을 위해 경부고속도로변에 약 34만 4,000㎡의 산업시설용지가 조성되며 이곳에는 전자정보통신, 메카트로닉스, 신소재, 자동차 및 운송장비 등의 첨단 제조시설과 운송, 서비스 등 다양한 물류시설이 입주하게 된다.

정주환경이 우수한 금호강변 164,000㎡의 부지에는 공동주택 2,700여 세대와 단독주택, 근린생활시설이 계획되어 있으며 주거시설용지 남측으로는 근린공원과 학교, 공공시설 등이 조성될 예정이다.

단지 중심부에 위치하는 118,000㎡의 상업시설용지에는 주상복합 1,400여 세대와 호텔부지가 계획되어 있으며 금호강변을 따라 있는 45,000㎡의 부지에는 지원시설용지와 근린공원지역으로 계획되어 수변공간과 연계할 수 있도록 계획되어 있다.

경부고속도로가 관통하지만, 아직 IC는 없으며 근처 북대구IC, 팔공산IC, 대구외곽순환고속도로 파군재IC를 이용해야 한다. 대구시는 금호워터폴리스 산업단지 입주 기업들의 안정적인 물류수송 및 인근 대구3공단, 서대구공단, 검단공단 및 이시아폴리스 간의 산업물류 연계체계를 구축하고, 공항로에 집중된 화물교통량의 분산을 통해 만성적인 교통 체증의 개선을 위해 신천동로 종점에서 시작, 경부고속도로 남측을 따라 금호강을 횡단하는 총연장 2.9km, 왕복 4차선 규모의 금호워터폴리스 진입도로 건설사업을 추진 중이며 대구도시개발공사는 금호워터폴리스와 검단산업단지의 연결도로인 검단공단로를 기존 2차선에서 4~6차선까지 확장하고 금호대교를 신설할 계획이다. 또한 대중교통은 대구 도시철도 4호선 금호워터폴리스역이 건설되고 지구 내에 금호시내버스공영차고지가 예정되어 있다. 차고지 부지가 금호워터폴리스 개발 구역에 편입되는 성보교통과 경상버스가 입주하며 성보교통 차고지를 종점으로 삼는 노선들이 연장될 것으로 예상된다.

달성1차산업단지

대구 달성군 논공읍 북리에 있는 산업단지다. 북쪽으로는 달성군청과 달성행정타운, 옥포지구, 남쪽으로는 대구테크노폴리스와 접해 있으며, 테크노폴리스를 통해 접근할 수 있다. 달성군이 대구로 편입되기 전인 1980~1983년에 공사를 진행해 조성되어 운영 중인 산업단지로, 당시 논공면(현 논공읍)의 발전과 인구 유입에 크게 기여했다. 그러나 현재는 노후된 아파트 등으로 인해 인구 유출과 함께 쇠퇴하고 있다. 참고로 달성2차산업단지는 2006년에 조성이 완료됐으며, 대구 달성군 구지면에 있다.

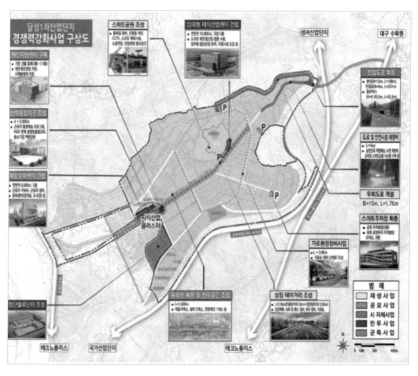

〈출처 : 한국산업단지공단 홈페이지〉

대구테크노폴리스

대구 달성군 유가읍과 현풍읍지역에 조성된 대규모 산업지구, 대구경북경제자유구역 투자지구다. 줄여서 텍폴로 부르기도 한다. 사진의 입구만 보면 논밭만 있을 것 같지만, 막상 터널을 통과해 테크노폴리스 내부로 진입하면 꽤 상권이 발달해 있다. 롯데시네마나 카페 등 나름 소규모 신도시 도심 수준은 된다. 네이버 지도로 둘러보면 어느 정도 감이 온다.

대학, 연구기관, 기술기업이 밀집되어 있는 복합 산업지구다. DGIST와 전자통신원, 생산기술연구원, 기계연구원, 건설생활환경시험연구원 등의 대경권 연구센터가 입주해 있다. 국립대구과학관, HD현대로보틱스, 현대모비스

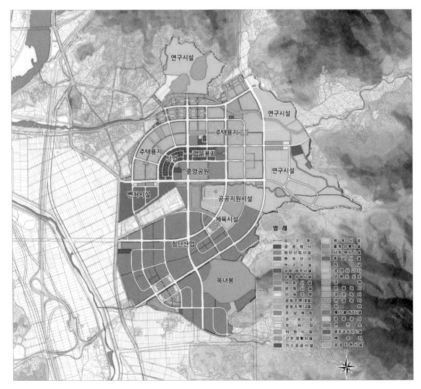

<출처 : 한국산업단지공단 홈페이지>

등도 텍폴에 있다. 수성알파시티, 대구신서혁신도시, 사이언스파크 등과 같이 대구시가 밀어주는 곳 중 1곳이다.

19개 아파트 단지에 16,132세대가 입주해 있고, 상업지구에는 1,743개 점포가 있으나, 응급실이나 종합병원이 없어 주거지로서 매력이 떨어지고 상권 활성화를 저해하는 측면이 있다. 텍폴이 명실상부한 복합 산업단지로 성장하는 데 걸림돌이 되고 있다. 2023년 4월 현재 행복한병원 1층에 응급실이 운영 중이기는 하나, 전문적인 응급의료센터라고 보기는 어려워보인다. 북쪽에는 달성1차산업단지, 동쪽으로 비슬산, 남서쪽의 구지면에는 달성2차산업단지와 대구국가산업단지 가 있고, 북서쪽으로는 현풍읍 옛 상권이 있다.

대구시 중장기 발전계획에서 예전부터 부도심으로 지정되었다. 부도심의 통칭은 현풍 또는 텍폴이다. 또한, 달성군 남서부(논공읍, 현풍읍, 유가읍, 구지면)의 중심지다. 19개 아파트단지 16,132세대가 입주한 상태다. 원룸 및 단독주택들이 다수 지어지고 있고, 상업용 건물들의 건설 및 분양도 이루어지고 있다. 신도시의 조성으로 인구가 늘어나며 시골에서 도시로 탈바꿈한 유가, 현풍 2개면은 각각 2018년 3월 유가읍으로, 2018년 11월 현풍읍으로 승격되었다. 테크노폴리스 남쪽 지구(국립대구과학관 서편)에는 단독주택 단지가 있지만, 아직 많은 주택들이 건설되어 있는 상황은 아니다.

대구국가산업단지

대구 달성군 구지면, 현풍읍에 있는 산업단지다. 일명 대구사이언스파크로 불린다. 동쪽로 대구테크노폴리스, 아래로는 달성2차산업단지, 창녕대

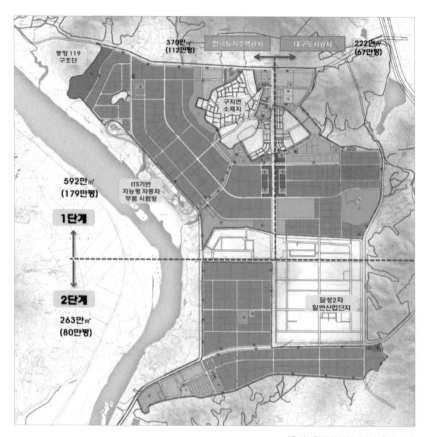

〈출처 : 한국산업단지공단 홈페이지〉

합산업단지, 창녕넥센타이어산업단지와 접해 있다. 자율주행자동차 시험센터 및 테스트배드, 물산업클러스터 및 물기술인증원, 전기차, 수소차 충전소, 5G 시범도시 등 대구 미래 먹거리 및 4차산업의 집합체라 할 수 있다. 1991년 달성군 논공면에 위천국가산업단지 조성을 계획했지만, 낙동강 페놀 유출 사건이 터진 지 얼마 지나지 않은 시점이라 낙동강 하류에 있는 부산의 반발로 백지화된 바 있다.

이로 인해 대구의 경제는 나날이 침체되기 시작했고, 1997년 외환위기까지 오며 대구지역 내 중견기업들도 붕괴하며 타 대도시보다 경제 사정이 좋지 않았다. 전국 광역자치단체 중 유일하게 국가산업단지도 없었고, 소비도시로 바뀌던 대구에 건설, 개발되는 국가산업단지다. 2009년 9월, 국토교통부로부터 국가과학산업단지로 지정되어 2018년 완공을 목표로 개발이 시작되었다. 1단계 구역(2009~2016)은 완료되었고, 2단계 구역(2019~2022)을 진행하고 있다.

4차 산업혁명 시대의 중심 산업인 국가물산업클러스터와 국립물기술인증원, 자율주행자동차 시험장이 위치하게 된다. 자율주행 시범도로도 있다. 인근에 달성2차산업단지, 대구테크노폴리스, 창녕넥센일반산업단지, 창녕대합일반산업단지가 분포해 있기에 각 산업단지와의 시너지 효과도 기대된다. 2030년까지 전기차모터혁신센터를 비롯한 전기차모터밸리를 구축한다.

대구미래스마트기술 제2국가산업단지

대구 달성군 화원읍, 옥포읍 일대에 추진 중인 국가산업단지로 대구의 2번째 국가산업단지다. 2023년 3월 15일 정부가 국가첨단산업벨트 조성계획을 발표하면서 나온 15개 국가산업단지 후보지다. 2026년부터 보상과 공사를 시작하고 2030년 완공을 목표로 하고 있다. 미래차와 로봇이 융합된 미래모빌리티산업을 중점으로 육성한다. 아울러 연관산업인 빅데이터, AI 등 지식서비스산업도 함께 육성할 계획이다. 산업용지는 약 1.41㎢ 규모다. 성서산단과 인접한 동쪽 지역은 지식서비스업 위주의 복합용지, 화원유원지 근처의 중심부는 상업·문화시설로 구성한다. 제조용 산업시설은 서쪽에 중점 배치하고, 송해공원과 인접한 남쪽은 공동주택 등 주거용지로 만들 계획이다.

인구가 많은 달서구와 가까워 출퇴근이 용이하고, 화원유원지와 사문진

나루터, 송해공원 등 자연휴식공간과도 인접해 2022년 11월 현장실사에 참여한 평가위원들로부터 기업과 근로자 모두가 선호하는 최적의 산업단지 위치로 인정받았다. 대구시는 도심 접근성이 뛰어나고 문화자원과 인접한 입지 특성을 활용해 저탄소사회에 부합할 수 있도록 '청년친화적이고 힐링이 함께하는 대도시형 그린산업공간'으로 특성화할 계획이다.

대구시 관계자는 "이 산단 조성으로 7조 4,400억 원의 직접 투자 및 18조 6,300억 원의 생산 유발 효과가 발생할 것으로 추산한다"면서 "또 2만여 명의 직접 고용과 6만 3,000여 명의 고용 유발 효과가 기대된다"라고 밝혔다.

현재까지 103개 기업이 입주 희망 의사를 밝혔다. 사업 구역 조정으로 화원읍 구라리 36만 평이 제외되고, 옥포읍 본리리 28만 평이 추가되며 기존약 100만 평 규모에서 약 92만 평 규모로 줄고 제조용지 부지는 10만 평 이상 증가 및 조성 원가를 평당 160만 원 정도로 줄였다.

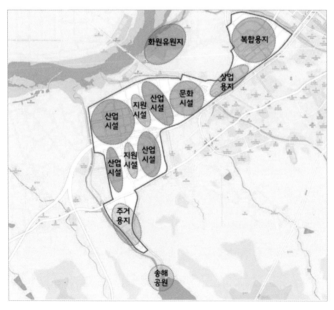

〈출처 : 네이버〉

대구 학군 분석

대구의 강남 범사만삼

    수성구청역에서 만촌역까지 학원이 256개나 있다. 대구에서 제일 많은 지역이다. 그래서 여기를 범사만삼이라 부르는데 범어4동과 만촌3동을 줄여서 부르는 말이다. 이 지역에 있는 고등학교가 경신고다. 경신고는 전국에서 제일 많은 의대를 보내기도 한다. 2022년에는 수시로 73명을 보내기도 했다. 또한 인근에 대륜고가 있는데 대륜고도 경신고 못지않게 많이 보낸다. 2022년도 대륜고가 40명을 수시로 의대를 보냈다. 의대뿐만 아니라 서울대도 많이 보낸다. 그래서 봄학기가 되면 인근 아파트로 이사를 오는 학생들이 많아 아파트가격과 전세보증금이 폭등하기도 한다. 경신고 인근에는 송원학원이 있는데, 재수학원이다. 송원학원은 경신고 4학년이라는 말도 있다. 경신고를 졸업하고 재수를 하는 곳이라는 것이다. 그만큼 많이 간다는 말이고 송원학원 출신이 전국 수석을 하기도 한다. 그럴 뿐만 아니라 인근에는 경북고, 대구여고, 정화여고, 대구혜화여고 등이 있다.

그래서 아파트가격도 인근 아파트가 대구에서 제일 비싸다. 예전에는 경남타운이 제일 비쌌고 범어SK뷰아파트 그리고 지금은 힐스테이트범어가 그 명맥을 잇고 있다. 만촌동으로는 만촌3차화성파크, 삼정그린코아에듀파크 그리고 만촌자이네르로 이어가고 있다.

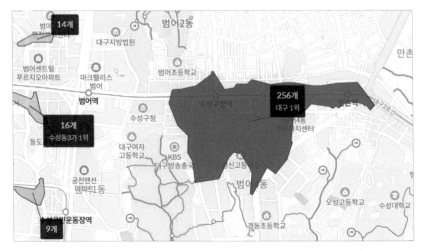

〈출처 : 호갱노노〉

대구 달서구 신월성 학군

학원이 두 번째로 많은 곳이 월성동이다. 학원 개수로는 132개로 범어동에 이어 대구에서 두 번째로 많다. 대표적인 고등학교로는 영남고와 대건고가 있고 영남고는 중학교와 함께 신월성 단지로 옮기기로 했다. 조암중, 월암중, 월서중은 과학고 외고 자사고 국제고를 많이 보내는 것으로 유명하다. 월성동은 원래 산업단지로 개발하려다가 수요가 적어서 택지지구로 개발된 단지다.

대표아파트로 학원가와 가까운 월성푸르지오와 월성월드메르디앙아파트다. 월성월드아파트는 월암중을 품고 있다. 월성e편한세상도 조암초를 품은 초품아로 인기가 많다.

〈출처 : 호갱노노〉

특목고 진학생이 많은 지역

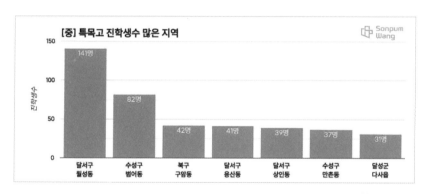

〈출처 : 손품왕〉

특목고 진학생 수가 많은 지역으로는 달서구 월성동이 141명, 수성구 범어동이 82며, 북구 구암동이 42명, 달서구 용산동이 42명, 달서구 상인동이 39명, 수성구 만촌동이 37명, 달성군 다사읍이 31명 순이다.

서울대, 의대 합격생 많은 지역

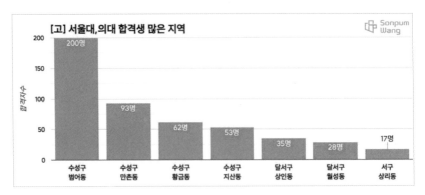

[고] 서울대,의대 합격생 많은 지역

〈출처 : 손품왕〉

대구지역 서울대, 의대 합격생 많은 지역으로는 수성구 범어동이 200명, 수성구 만촌동이 93명, 수성구 황금동이 62명, 수성구 지산동이 53명, 달서구 상인동이 35명, 달서구 월성동이 28명, 서구 상리동이 17명 순이다.

전체 학원 수 순서

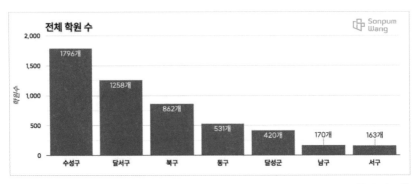

전체 학원 수

〈출처 : 손품왕〉

전체 학원 수로는 수성구 1,796개로 제일 많으며 달서구 1,258개, 북구

862개, 동구 531개, 달성군 420개, 남구 170개, 서구 163개로 제일 적다.

동 단위 학원 수

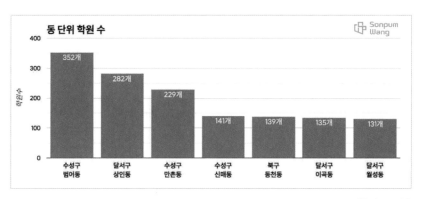

〈출처 : 손품왕〉

동 단위 학원 수로는 수성구 범어동이 352개로 제일 많고 달서구 상인동 282개, 수성구 만촌동 229개, 수성구 신매동 141개, 북구 동천동 139개, 달서구 이곡동 135개, 달서구 월성동 131개 순이다.

PART 3

교통 이슈로 보는 대구

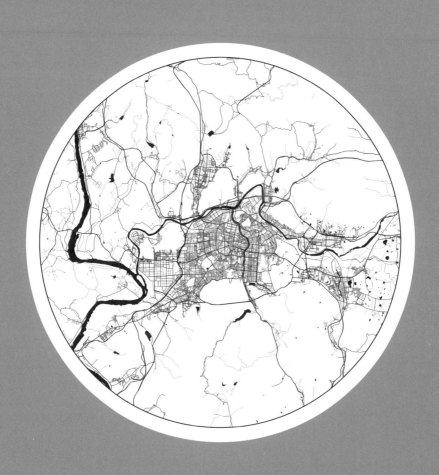

대구 광역철도의 미래

대구권 광역철도 노선

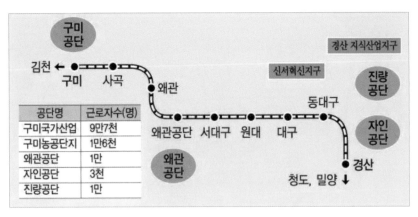

공단명	근로자수(명)
구미국가산업	9만7천
구미농공단지	1만6천
왜관공단	1만
자인공단	3천
진량공단	1만

〈출처 : 네이버〉

경부선 구미~경산 구간을 운행할 광역철도. 열차 운영은 한국철도공사가 하기로 결정되었고 운영비는 지자체가 부담하기로 했다. 동해선 광역전철에 이어 비수도권에서 개통되는 두 번째 광역전철이다. 수도권과 부산울산권의 광역전철과 달리 대구권 광역철도는 광역철도사업으로 운영비가 전액 지자체 부담이고 건설비 일부를 지자체가 납부해야 해 형평성 논란이 있다.

제3차 국가철도망 구축계획에 따르면 이 노선의 명칭은 일반적으로 경인선, 경부선 등과 같이 부여되는 일반적인 철도노선의 명칭과 다르게 '대구권 광역철도'라는 사업명을 사용하고 있다. 하지만 실제 운행계통명은 불명이다. 초기 계획에서 대구권 광역철도는 독일 S반처럼 대구 근교와 연결되는 간선철도에 통근형 전동차를 운행해 도시철도와 연계하는 시스템 그 자체를 의미했고 경부선에 운행하는 계통만 지칭하지는 않았다.

아직 대구 지역정치권 등에서는 수도권 전철이나 동남권 광역전철과 같은 광역전철망을 일컫는 표현에 대해 아직 쓰지는 않고 있지만 향후 대구산업선 등에서도 광역전철이 운행되면 각각 대구산업선 광역전철 등의 계통명이 정해질 것이고 대구권 전철은 광역철도와 대구 도시철도까지 합해 대구권의 철도연락운송 체계를 포괄해 아우르는 단어가 된다. 다음과 같이 수도권 전철과 동남권 광역전철에 대응하는 단어로 확장되는 것이다.

실제로 경부선 이용객 현황을 보면 유독 단거리 수요가 집중되는 곳이 몇 군데 있는 데 그중의 하나가 바로 대구권 광역 1단계 구간에 포함된 역 중 하나인 동대구~대구~왜관~구미역이다. 그나마 각종 여객열차 편성 수가 많고 중련 편성이 많았던 2010년 이전 시기조차도 출퇴근 때는 지옥을 방불케 할 정도로 이용객이 많은 편이었는데 열차 편성 수가 점차 줄어들고 거기에 무궁화의 중련 편성 자체도 하지 않게 되면서 혼잡도가 높다. 따라서 1단계 노선이 개통되면 구미, 왜관 지역으로 출퇴근하는 수요가 옮겨올 것으로 전망된다.

대구산업선 철도

서대구역에서 달성군청, 대구테크노폴리스 등을 거쳐 대구국가산업단지를 잇는 노선으로 총 35.363km다. 서대구역을 제외하고는 전부 지하로 건설되며 총 9개 역으로 건설된다.

원래 7개 역이었으나, 2개 역이 신설확정되면서 9개 역이 건설된다. 제3차 국가철도망 구축계획에 포함되었으며 여러 예비타당성조사에서 난항을 겪다, 2019 국가균형발전 프로젝트로 최종 예비타당성조사가 면제되어 2027년 완공 예정이다. 서대구역에서 국가산업단지까지 38분이 소요된다.

서대구와 대구국가산업단지 구간을 셔틀 운영하는 광역철도의 기능과 대구 도시철도 1~3호선 및 광역철도와 연계, 대구산업단지와 경부선을 연결하는 일반철도의 기능을 하는 노선이다. 원래는 화물수송목적도 있었으나, 해당 노선의 화물수송 비효율성 등을 고려해 여객수송으로 고려된 상태다. 하지만 화물기능이 가능하도록 설계한다.

9개 역, 총 길이 36.4km 단선전철 교류 25,000V. 계명대역(2호선), 설화명곡역(1호선), 서대구역(대구권 광역철도)와 환승통로가 만들어져 상호 환승체제가 이루어진다. 서대구역은 지상역, 나머지 역들은 지하 40~50m 고심도 지하역으로 계획. 서대구역은 화물+여객, 나머지 역들은 여객만 담당한다. 연장 계획에 있는 창원산업선이 현재 제4차 철도망 계획에 반영되었다.

고심도 지하화로 인해 건설 시 소음, 진동보상과 토지보상비가 제외되어 2,600억 원이 절감된다. 이 사업은 일반철도 사업이라 전액 국비로 만들어진다. 총비용은 1조 3,105억 원으로 원안보다 300억 원가량 증가했다. 누리로가 운행될 예정이었으나 누리로가 ITX-마음으로 대체됨에 따라 ITX-마음이 운행할 예정이다. 여객 편도 일 69회, 화물 4회로 예정되어 있고, 여객은 낮, 화물은 밤에 운행된다. 운행은 한국철도공사가 담당한다. 일반열차 운임으로 계획되어 있다. 따라서 대구 도시철도 및 광역철도와 연락 운송 가능 여부는 확정되지 않았다. 만약 도시철도, 광역철도와 ITX-마음이 연락 운송이 가능한 체계가 갖춰진다면 전국에서 최초의 사례가 된다.

2015년 처음으로 대구산업선이 등장한 이후 노선이 7번 수정되었으며 노선의 형태가 6번 바뀌었다. 원래 대합산단까지 경유할 예정이었으나 예타 면제를 위한 비용을 줄이기 위해 제외되었고 연장구간인 대합산단산업선에 포함되었다. 2020년 7월 4일 3차 추경 예산에서 대구산업선 예산이 90억 원이 삭감되었다. 이전에 받은 90억 원이 한 번에 날아간 셈이다. 하지만 실시설계

예산은 작년에 받은 것이 있기에 당장 사업이 진행되지 않는 것은 아니며 정부가 예타 면제 노선에 대한 신속 추진을 야기한 만큼 계획대로 2027년까지 완공될 가능성도 있다.

2020년 7월 10일 대구시, 창녕군, 경상남도가 대구산업선 대합산업단지 연장을 협의하면서 노선이 연장될 가능성이 커졌다.

〈출처 : 네이버〉

대구 경북신공항 광역철도

2021년 6월 29일, 제4차 국가철도망 구축계획에 광역철도로 반영되었다. 제4차 국가철도망 구축계획 반영 광역철도노선 비수도권 광역철도 선도사업으로 선정되어 즉시 사전타당성조사에 착수한다. 2024년 2월 GTX급 열차 운행을 전제로 예비타당성조사기 신청될 예정이다. 민간 투자 사업도 검토 중이다. 2024년 2월 26일 대구시는 대구경북선과 중앙선이 연결되는 의성역을 통해 안동역까지 운행계통 연장을 추진할 것이라고 밝혔다.

경부선과 직결운행해 동대구역까지 연장 운행하는 것은 확정이 된 사안은 아니지만, 권영진 전 대구시장이 동대구역까지 연장할 의사를 밝혔다. 동대구역을 넘어 K-2 후적지까지 연장하는 내용도 검토 중이다. 반면 의성 이북

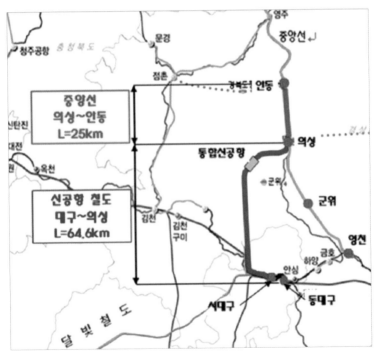

〈출처 : 네이버〉

으로 연장될 가능성은 낮은데, 안동역은 회차 문제가 있고 영주역은 장거리 문제가 있기 때문이다. 물론 연장되어서 대구-안동, 영주 간의 수요와 예천공항 폐항 이후 경상북도의 공항철도 역할을 수행할 수 있다.

그런데 2024년 2월 26일, 홍준표 대구시장이 "안동과 경북 북부에서 TK 신공항을 잇는 광역급행철도 '신공항철도' 안동 연장선을 공항 개항에 맞춰 추진하겠다"라고 밝혀 중앙선 안동역까지 연장하겠다는 의사를 내비치고 현재 경상북도, 안동시와 조율 중이라고 밝혔다. 신공항 개항에 맞춰서 연장선까지 개통하도록 국토교통부에 건의할 방침이라고 한다.

달빛철도

달빛철도는 달빛철도 건설을 위한 특별법에 따라 건설되는 광주송정역과 서대구역을 연결하는 철도다.

'광주대구선', '대구광주선', '달빛내륙철도', '달빛고속철도', '달빛내륙고속철도' 등 다양한 명칭으로 불려 왔으나, 특별법에 따라 공식 명칭도 '달빛철도'가 되었고, 일반철도로 건설 예정이다.

광주와 대구를 열차로 오가기 위해서는 반드시 환승을 해야 하는데, KTX나 SRT를 이용할 경우, 오송역이나 대전역과 서대전역을 이용해 'ㅅ'자 형태로 크게 돌아가야만 한다. 그나마 동대구에서 광주로 갈 때는 환승시간이 맞다면 약간 빠르게 갈 순 있지만, 요금이 비싸다. 더군다나 서대구나 서부정류장은 버스가 소요시간이 더 적게 걸리기 때문에 광주와 대구를 오고 가는 사람들은 대부분이 자차 이용이나 시외버스, 고속버스를 이용할 때가 더 많은데, 이 점에서는 시간 단축과 더불어 고속버스 수요가 많기 때문에 이 철도노선의 신설을 통해 편의를 추구할 수 있다.

〈출처 : 경북일보〉

광주역과 서대구역을 기종점으로 삼은 노선 특성상 두 도시의 시내(광주송
정, 극락강, 대구, 동대구 등)로의 진입은, 북송정삼각선을 통해 광주송정역으로
진입할 수 있고, 대구역과 동대구역에 진입하는 것도 서대구역에서 경부선을
이용해서 들어갈 수 있다. 이에 따르는 문제는 선로용량인데, 그나마 지선인
광주선의 경우는 용량이 여유 있는 편이지만 명백히 본선인 경부선 연선의
서대구역과 동대구역 구간은 이 노선이 개통될 즈음에는 원래부터 빗자루질
중인 기존 경부선 일반열차에 서대구 경유 KTX, SRT에 더해 대구권 광역철
도까지 운행할 예정이라서 선로용량이 넉넉지 않다는 점이 걸림돌이다.

또한 해당 노선과 타 노선을 응용해 광주송정-동대구 이외의 편성이 생길
가능성이 있는데, 광주송정역을 출발해 서대구를 지나 대구선과 동해선을 거
쳐 광주송정역 발 포항행이나 태화강행 노선이 신설될 수도 있다.

마찬가지로 광주 서쪽 방면으로도 광주송정역을 지나 나주, 무안공항을
거쳐 포항역, 동대구역 발 목포행 노선이 신설될 수도 있으며, 호남선 및 호

남고속선과 직결하는 연결선을 설치해 수도권까지 운행하는 노선의 신설도 기대해볼 만하다. 그렇게 된다면 2015년 호남고속선 1단계 구간 개통으로 폐지된 광주역 착발 KTX 노선이 다시 돌아오게 된다.

마지막으로 해인사역에서 남부내륙선과의 연계가 이루어지기 때문에 그 수요는 미미하겠지만 두 노선 간의 환승수요도 어느 정도 기대할 수 있다.

특별법 통과 이후 대구와 광주는 달빛동맹의 일환으로 산업동맹을 맺고 달빛철도의 효과를 극대화하는 남부권 경제발전에 공동합의했다. 2월 13일 국무회의에서 국회에서 넘어온 법률안을 의결해 윤석열 대통령이 공포했다. 법률의 부칙에 따라 특별법은 2024년 8월 14일부터 시행한다.

서대구역역세권개발사업

2015년 12월 정부에서는 서대구 KTX역 추진 방안을 확정했으며, 빠르면 2016년 하반기까지 설계를 포함한 사전 작업을 마치고 12월에 착공해 2019

〈출처 : 중앙일보〉

년 말 대구권 광역철도와 함께 완공하는 것을 목표로 하고 있다. 당시 이현 동 인근에는 서대구역 관련 예산이 국회에 통과되었다는 플래카드가 대량으로 부착되어 있었는데, 여기에 공통으로 KTX와 대구권 광역철도를 명기해 놓았다.

화물역 계획 당시 역사는 이현삼거리에서 서대구IC 방향에 있었으나, 이 역사를 철거하고 신축되는 현 역사는 남부 출구가 이현삼거리 북쪽에서 바로 보이는 위치다. 또한 역사 남부 출구로 진입하는 도로가 이현삼거리 북쪽에 생기기 때문에 이현삼거리는 서대구역네거리로 변경됐으며, 남부 출구 앞에 는 시내버스 및 택시 승강장이 환승센터 식으로 건설된다. 즉, 급행8번 같이 죽전네거리에서 쭉 직진만 하면 서대구역이 나온다는 것이다. 다만 똑같이 죽 전네거리에서 서대구역네거리로 가는 서구1(-1)번은 중간에 서대구공단네거 리에서 중리네거리와 서구문화회관으로 꺾은 후 서대구역네거리로 간다.

KTX 서대구역은 예상대로 선상역사로 건설되었다. 2019년 1월 한국철도 시설공단에 의해 실시 설계에 들어갔으며, 2017년 6월 12일 예비타당성조사 를 통과한 서대구역의 크기는 동대구역의 5분의 1 수준이라 관문 역할을 못 한다고 판단해 시비를 추가로 투입해 역의 크기를 3배 정도 키웠고, 총사업 비는 573억 원(국비 142억 원, 시비 431억 원)이 투입된다.

그렇게 미루고 미룬 끝에 2019년 2월 말 시공사가 한화건설로 낙찰되었다. 착공은 최소 4월 이내에 진행될 것으로 예측된다. 역사는 2021년 하반기 완공 되었고, 대구권 광역철도 승차장은 계속 공사 중에 있다. 열차들은 2021년 크 리스마스부터 운행될 계획이었지만 연기되어 2022년 3월 이후 개통되었다.

이 사업은 대구 서구 이현동에 들어설 서대구역 주변에 추진될 역세권개 발사업으로 정식 명칭은 서대구역세권개발사업이다. 민관공동투자개발구역, 자력개발유도구역, 친환경정비구역 이렇게 4개구역으로 나눠 개발을 시행한다. 대구역, 동대구역과 함께 대구시의 3축을 구성하며 동대구역세권개발사업도 추진되고 있다.

동대구역세권개발사업이 교통과 상업 중심으로 개발되었다면, 서대구역세권개발사업은 교통과 산업 중심으로 개발된다. 인근의 대구제3산업단지와 서대구산업단지 그리고 이전계획이 있는 염색공단 후적지를 연계해 공공기관 및 연구소 등이 들어올 것으로 보인다.

서대구역세권 개발사업은 2025년 착공해 2030년 준공될 예정이다. 사업은 국비와 시비를 투입해 시 주도로 개발된다. 서대구역 인근 하수처리장을 지하화하고 후적지를 개발하는 사업이다. 하수처리장 지하화사업이 타당성 조사를 통과해 현재 국비를 투입해 공사되고 있으며 준공되는 2025년 시 소유의 기존 하수처리장 상부에 각종 부대시설을 유치해 개발비용을 환수하는 구조다. 서대구역복합환승센터도 타당성이 있다고 나옴에 따라 2025년 국비를 투입해 착공될 예정이다.

10여 년 전 서대구역 건설 움직임이 있을 때부터 나온 계획이다. 2030년까지 총사업비 14조 4,357억 원(민자 31%, 국/시비 69%)을 투자해 서대구역 주변을 종합개발하는 사업이다. 서대구 역세권을 첨단경제와 문화, 스마트교통, 환경이 어우러진 미래 경제도시로 개발한다는 콘셉트다. 2021년 개통 예정인 서대구역을 중심으로 인근 988,000㎡를 민관 공동투자개발구역 66만 2,000㎡, 자력개발 유도구역 166,000㎡, 친환경 정비구역 16만㎡로 나눠 역세권 개발을 추진한다.

민관 투자 구역에는 서대구역 복합환승센터와 공항 터미널, 공연·문화시설을 짓고 하·폐수처리장 3개를 통합 지하화한 뒤 상부에 친환경 생태문화공원을 조성한다고 첨단벤처밸리와 돔형 종합스포츠타운, 주상복합타운을 짓는다. 자력개발유도구역에는 민간 주도로 주거기능으로 개발하고, 친환경 정비구역에는 공공시설 이전, 주상복합타운으로 개발할 계획이다.

대구시는 서대구 역세권 개발로 12만 명 고용 및 24조 2,499억 원의 생산유발 효과, 8조 4,609억 원의 부가가치 효과를 거둘 것으로 전망한다.

권영진 전 대구시장은 "서대구 역세권 개발의 성공적인 추진을 위해 민간 투자유치 노력과 함께 인프라 조성, 환경개선 등을 지속해서 펼치겠다"라고 말했으며 대구시는 이미 서대구역 주위를 토지거래 허용 구역으로 묶어 역세권 개발을 위한 관리에 들어갔다.

서대구역세권개발과 함께 대구 도시철도 5호선, 매천대교~서대구역네거리 간 도로개통 등의 교통정책도 추진된다.

2022년 12월 대구시는 최근 발생한 레고랜드 사태 및 대장동 게이트로 인해 부동산 개발사업 시행과 이익 환수의 어려움을 고려해 서대구역세권개발사업이 장기 난항을 겪을 것을 예상, 민간주도로 개발하려고 했던 서대구역세권개발사업을 공공주도 개발로 선회했다. 기존 사업 협상자인 GS컨소시움과의 협의를 중단하고 현재 청산 절차를 밟고 있다. 한국철도공사, LH, 대구도시개발공사 등과 협의해 전체 1~4단계로 사업을 추진한다. 한편 하수처리장통합지하화사업 사업과는 별개로 추진되기에 서로 지장이 없다.

1단계로는 국비와 시비 총 2,000억 원을 투입해 서대구역복합환승센터를 건설한다. A동에는 환승센터 및 행복주택, B동에는 쇼핑센터 및 호텔, C동은 A동과 B동을 이어주는 스카이브릿지 형태의 쇼핑센터로 조성된다. 2024년 실시설계, 2025년 착공 예정이다. 민간 투자에서 공공개발로 선회함에 따라 기존 2030년 완공 계획에서 2027년 완공 계획으로 3년 당겨졌으며 사업 지연 위험요소도 없어졌다.

2단계 한국전력 서대구 변전소 부지는 대구도시개발공사에서 매입 후 상업시설로 개발할 예정이다. 4단계 서대구 하수처리장 부지는 서대구역세권 개발사업/서편으로 통합 지하화 후 대구도시개발공사에서 개발할 계획이다.

대구 도로의 미래

4차 순환선

대구에 제10호선과 제700번 고속국도로 구성된 순환도로로 네 번째 순환도로다. 가장 최외곽을 둘러싸고 있고 일부 구간은 아예 대구시 경계 밖에 있다. 동구, 북구, 경상북도 칠곡군 지천면, 달성군, 달서구, 수성구를 경유하는 노선이다. 대구시의 도로인 범안로, 앞산터널로, 상화로, 달서대로, 호국로와 한국도로공사에서 관리하는 고속국도인 대구외곽순환고속도로로 구성되어 있다. 이 중 범안로와 앞산터널로, 호국로는 민자도로로 건설되었고 그 중 호국로(국우터널)는 2011년부터 무료화되었다. 앞산터널로는 '대구남부순환도로주식회사', 범안로는 '대구동부순환도로주식회사'에서 각각 관리한다.

대부분 구간이 최고속도 80km/h의 자동차전용도로로 지정되어 있다. 안심고가, 율하고가, 연호고가, 연호지하도 등 입체 교차 시설로 고속화되어 있고 용지역 부근은 고가차도로, 상화로/달서대로/반야월로 교차 구간은 지하차도로 입체교차로가 계획되어 있다. 범물동에서 상인동까지 무려 7분에 주

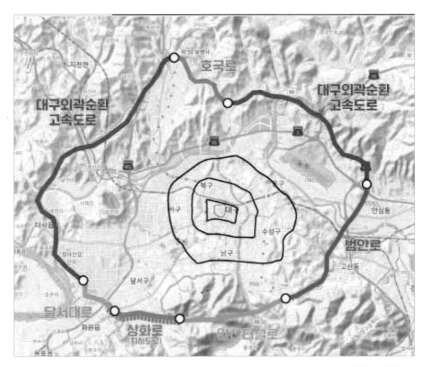

〈출처 : 나무위키〉

파할 수 있다. 단 호국로, 상화로, 달서대로 일부 구간은 평면교차로로 되어 있어 신호 대기가 필요하다.

파동에서 파동IC를 통해 신천대로로 진입할 수 있을 뿐 아니라 대구광역시를 통과하는 모든 일반국도와 연결된다.

도로의 역할은 대구 도심으로 진입하는 차량과 대구를 통과하는 차량을 분리해 도심 혼잡을 줄이는 것 외에도 대구 외곽의 택지지구와 상권을 연결하는 목적도 있다. 칠곡지구, 동서변지구, 신서혁신도시, 이시아폴리스, 연경지구, 도남지구, 다사지구, 대곡지구, 월배지구, 지산범물지구, 연호지구, 화원지구 등이 수혜 지역이다.

대구 외곽지를 통과하는 특성상 대부분 대구 시내버스 공영차고지가 인접하게 있다는 특징이 있다. 대구시도 구간은 모두 완공되어 있으며 대구외곽 순환고속도로는 한국도로공사에서 2022년 3월 31일 개통했다. 해당 고속도로의 건설로 4차 순환도로가 완성되었다.

2027년 상화로 지하도로가 개통되면 기존 상화로를 대체하게 된다. 따라서 상화로 전 구간 역시 신호대기 없이 주파할 수 있다. 물론, 유천네거리부터 달서IC까지 달서대로 구간은 7개의 신호기가 있으며, 신호대기가 필요하다.

팔공산 관통 고속도로

팔공산 관통 고속도로는 대구 도심과 군위군 및 대구경북 통합신공항 사이의 접근성을 향상시키기 위해 계획 중인 민자고속도로다. 총 길이는 25.3km, 사업비는 1조 7,000억 원이 투입될 것으로 예상된다. 2030년 개통을 목표로 하고 있다. 2022년 12월 16일, 홍준표 대구시장은 군위군청을 직접 방문해 "대구가 첨단산업단지를 만들 곳은 군위밖에 없다. 대구경북신공항 주변에 에어시티를 만들고 동구 파계사와 연결되는 팔공산터널을 새로 뚫어 대구와 연결하겠다. 대구 동구에서 군위로 직접 오는 도로가 없다. 새로운 도로를 만들자"고 말했다. 2023년 6월 15일, 추경호 기획재정부 장관을 만난 홍준표 대구시장은 팔공산 관통 고속도로가 예비타당성조사를 면제받을 수 있도록 협조를 구했다.

2023년 8월 28일, 대구시에서 팔공산 관통 고속도로를 민자사업으로 추진하기로 했다. 민자사업으로 추진하면 자금조달이 용이하고 사업기간을 단축할 수 있기 때문이다. 2023년 11월 28일, 대구시의 자체 조사 결과 총사업비 1조 8,500억 원, 일일 통행량 5만 294대, B/C 1.29로 경제성이 있으며 동대구IC 기준 신공항까지 36분이라고 홍준표 대구시장이 밝혔다. 대구시는

〈출처 : 대구신문〉

연말까지 민간사업자를 대상으로 사업 참여 의사를 타진하고, 내년에 민간사업자가 국토교통부에 민간사업 제안을 신청할 계획이다.

군위군과 동구는 행정구역은 붙어 있지만, 팔공산으로 막혀 있어서 직접 잇는 도로가 없다. 대구 도심에서 군위군으로 이동하기 위해서는 칠곡군에 반쯤 걸쳐 있는 팔공산터널을 통과해야 한다. 팔공산터널은 79번 지방도 일부인데 국가지원지방도로 지어져 시설이 국도급이긴 하지만 고속도로는 아니라서 속도 제한이 60km에 불과하다는 단점이 있다. 팔공산 관통 고속도로는 이러한 문제를 해결할 수 있다.

중앙고속도로 확장

통합신공항 개항을 앞두고 대구와 경북을 잇는 중앙고속도로 노선 확장이 필요하다. 2016년 도청 이전 이후 통행량이 증가한 데다 통합신공항까지 개항하면 교통 혼잡이 더욱 가중될 것이기 때문이다. 2028년 개항을 목표로 하는 대구경북 통합신공항의 접근망을 개선하기 위해서는 반드시 제2차 고속도로 건설계획에 읍내JC~의성IC 구간 확장이 이루어져야 한다. 이 구간을 6차로로 확장하는 데 필요한 사업비는 1조 2,000억 원으로 추산된다.

〈출처 : 영남일보〉

대구경북 통합신공항
이전사업

대구경북 통합신공항

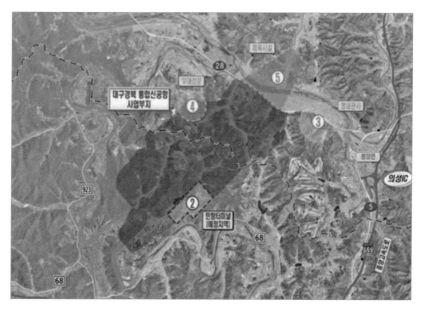

〈출처 : 한국경제〉

대구시의 시가지가 확장됨에 따라 대구국제공항과 대구공군기지의 소음 문제가 대두되었다. 이에 대구시청이 대구국제공항의 민항과 대구공군기지를 같이 이전하는 조건에 찬성해 대구경북신공항 계획이 추진되었다.

군 공항 이전은 군 공항 이전 및 지원에 관한 특별법에 따라 추진되고 민항 이전은 공항시설법에 따라 추진된다. 공항시설법에 따라 추진되는 민항 이전 부분은 예비타당성조사를 통과해야 추진할 수 있다. 예비타당성조사가 통과되어 사업이 진행될 경우 총 202만 평의 대구공항 부지 중 5만 평 정도 되는 민간공항 부지의 개발 이익은 국토교통부가 대구시로부터 가져가게 된다.

간혹 민항 이전을 걸고넘어지면서 군공항 이전사업이 아니라고 주장하는 사람도 있지만 "군공항만 받을 지자체가 없기 때문에 민항을 얹혀 이전하는 것이다"라고 대구시는 주장하고 있다. 하지만 최근 보도에는 전투비행단만 예천군으로 옮기는 방안이 문재인 정부에서 검토된 바가 있다고 한다. 국토교통부에서도 민항 동시 이전에 대해 문제가 없다고 하지만 민항 이전은 공항시설법에 따라 진행되기로 한 법적 절차를 통해 보면 예비타당성조사도 아닌 기본 사전타당성 검토용역도 마무리되지 않았다고 한다. 그러므로 아직 확정이 되지 않았다는 주장이 제기되었다.

겉보기에는 군 공항 이전과 민간공항 이전이 동일한 사업으로 보이지만 엄연히 별개의 사업이다. 군 공항 이전은 국방부와 대구시가, 민간공항 이전은 국토교통부와 한국공항공사가 각각 추진한다. 다만 별개의 사업으로 추진될지라도 동시에 건설을 완료하는 것을 목표로 하고 있다.

군위군 대구 편입과 대구경북 통합신공항 추진 방식 관련한 갈등으로 사업이 쉽지 않을 전망이었지만, 2022년 7월 15일 주한미군사령부가 미 국무부에 신청한 협상 권한위임 절차가 완료되었기 때문에 대구공군기지(K-2) 내 미군기지 이전 협상이 조만간 재개될 것으로 보이는 데다 대구경북 통합신공항 건설 사업이 국비 지원과 예비타당성조사 면제를 담은 특별법 발의와 별도로 기존 군·민간 공항 이전사업 절차(기부 대 양여)를 통한 '투 트랙 전략'으로 가닥이 잡히면서 대구경북 통합신공항 건설 사업이 급물살을 탔다.

군위군이 대구에 편입되고, 경상북도와 대구 간 관할구역 변경에 관한 법률 이 2022년 12월 8일 국회 본회의를 통과했으며, 2023년 7월 1일부터 시행되었다.

대구경북신공항과 대구 도심을 잇는 UAM이 생길 예정이다. UAM을 타면 대구 도심에서 약 20분 만에 신공항에 도착할 수 있다.

UAM 이착륙장은 가장 먼저 2028년 동대구역에 생길 예정이다. 이후 2030년엔 4곳이 더 생기고 2035년부터는 포항시, 경주시, 울산시 등 다른 도시에도 이착륙장이 생길 예정이다. 장기적으로는 학정지구, 테크노폴리스, 캠프 조지, 수성못에도 이착륙장을 설치할 계획이 있다.

공항신도시

대구 군위군, 경상북도 의성군에 지어질 대구경북 통합신공항의 배후 신도시다. 사업비는 1조 3,300억 원이다. 공항신도시는 총 4개 권역으로 나뉘어 개발되며, 정보통신기술(ICT)과 인공지능(AI)이 접목된 모빌리티 특화도시로 조성된다. 자율주행도로와 지하 물류망, UAM 환승센터, 자율주행 주차로봇 서비스 시설 등이 갖춰진다.

경상북도는 공항신도시와 산업단지의 경제자유구역 지정과 한국공항공사, 항공안전기술원 등 항공 관련 공공기관의 공항신도시 이전을 추진하고 있다. 2023년 10월 27일, 이철우 경북도지사가 중앙지방협력회의에서 윤석열 대통령에게 의성 공항신도시를 국가시범 스마트도시로 지정할 것을 제안했다. 의성 공항신도시를 관련법에 따라 국가시범 스마트도시로 짓고 도시에 실시간 양방향 통신과 인공지능이 흐르는 기반을 조성하자는 것이다.

2023년 11월 14일, 국토교통부가 의성 공항신도시를 '모빌리티 특화도시'로 조성하겠다고 밝혔다. 경상북도에는 국비 3억 5,000만 원이 지원되며 향후 1년간 첨단 모빌리티 특화계획 수립에 나선다.

〈출처 : 나무위키〉

대구스카이시티(K-2 후적지 개발사업)

계획 중인 대구 동구의 신도시다. 대구국제공항과 K-2가 이전된 자리에 개발된다. 대구스카이시티는 대구시에서 24시간 잠들지 않는 '두바이 방식'으로 개발한다고 주장한다. 비행장 부지를 재개발한다는 점에서 부산센텀시티와 대전둔산신도시와도 유사하다. 총 건설 비용은 9조~10조 원 정도로, 기존의 대구 동구 대구국제공항 부지를 팔아서 충당한다. 주거단지의 평당가를 1,000만 원으로 잡으면 건설 비용 충당에 무리가 없다는 것이 대구시의 입장이다. 총면적은 6,932,000㎡(210만 평)로 대구 동구 검사동, 방촌동, 입석동 등을 포함한다. 2023년 10월 17일, 대구시에서 종전부지만 개발할 경우 수익성이 떨어지나 주변지역도 개발할 경우 수익성이 높기에 K-2 종전부지뿐만 아니라 주변지역도 개발하겠다고 밝혔다. 이후 2023년 11월, 홍준표 대구시장은 종전부지 주변지역에 10만 세대 규모로 아파트를 건설해 수익성을

〈출처 : 네이버〉

높이겠다고 발표했으며, 이를 위해 종전부지 주변지역에 짓는 아파트가 분양되기 전까지는 앞으로 대구시 내 모든 아파트의 건설을 멈추겠다고 발언했다. 대구스카이시티는 6개의 밸리로 나뉘어 개발을 추진한다. 그리고 밸리마다 1개의 클러스터를 특화하는 것을 추진한다.

6밸리+6클러스터는 각각 글로벌 관광 밸리+그랜드 쇼핑 클러스터, 메디컬 헬스케어 밸리+AI 시니어타운 클러스터, 미래산업 밸리+로봇 클러스터, 소호+베니스 문화밸리+메타버스 클러스터, 디지털전환 밸리+인큐베이팅 클러스터, 글로벌 창의인재 밸리+글로벌 에듀 클러스터로 구성하는 것을 추진한다. 후적지의 중심부에 있는 글로벌 관광 밸리에는 24만㎡의 대규모 인공호수가 들어서고, 주변에 100층 높이의 세계적인 랜드마크 시설을 짓는 것을 추진한다.

인접한 그랜드 쇼핑 클러스터에는 대형 쇼핑공간과 함께 아쿠아리움, 테마파크, 카지노 등 엔터테인먼트 시설과 7성급 호텔 및 문화·레저기능이 융합된 복합쇼핑 공간을 만드는 것을 추진한다.

메디컬 헬스케어 밸리에는 AI·ICT·메타버스 기반의 의료 관광과 맞춤형 케어를 도입하고, 헬스케어 산업을 키울 계획이다. AI 시니어 타운 클러스터에는 AI 로봇을 기반으로 은퇴자를 위한 최고급 서비스를 제공하며, 헬스케어 등 관련 산업을 조성한다.

미래산업밸리에는 대구 5대 미래 산업을 중심으로 연구개발시설과 첨단기업을 유치를 추진한다.

소호+베니스 문화밸리는 쾌적한 수변 공간을 따라 업무·상업·문화·여가복합공간과 메타버스 클러스터가 들어서는 것을 추진한다. 디지털전환 밸리는 사이언스파크, 스타트업 허브, 연구개발시설 등을 잇는 글로벌 디지털 활주

로를 만든다. 지하 공간은 스마트 물류터널, 데이터센터, 스마트팜 등으로 활
용한다. 글로벌 창의인재밸리는 국내외 우수 연구인력을 유치하는 특화공간
을 만들고, 글로벌 에듀 클러스터에 국제학교와 글로벌 캠퍼스를 유치해 인
재 육성에 나설 계획이다.

PART 4

개발사업으로 보는 대구

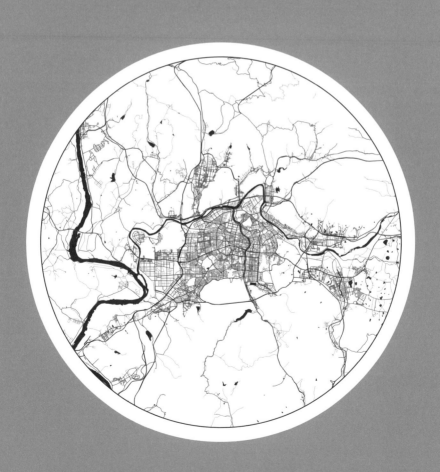

대구 공기관 이전사업과
후적지 개발사업

대구시청 이전사업

　대구 청사의 용량 부족은 직할시 시절부터 심각해서 이미 1990년대부터 신청사 건립 구상이 나오기 시작했으며, 1990년대 초반 당시 관선 대구직할시장이었던 이해봉 전 의원의 회고록에 따르면, 경북대사대부중, 경북대사대부고를 달서구 용산1동 50사단 부지로 옮기고, 당시 공무원연금공단이 소유하고 있던 옛 대구상고 부지와 경북대사대부초 부지를 교환해 사대부중고 부지와 대구상고 부지를 합해 시청 신청사를 건립하고 현 시청사는 중구청사로 활용하려고 했으나 경북대사대부고 동창회에서 외곽지 이전과 박정희가 다녔던 건물이 사라진다는 어이없는 이유로 반대하고, 이해봉 전 시장도 체육청소년부 차관으로 발령받아 사대부고 부지 신청사 건립은 무산되고 말았다. 이후 초대 민선 문희갑 전 시장 역시 퇴임 후인 2010년 해당 부지에 신청사를 건립하려 했다고 밝힌 바 있다. 그 결과 대구시청은 구청 건물로 계획된 임시적인 청사를 시청 동인청사로 쓰게 되면서 인근에 있는 중구청, 논공

〈출처 : 네이버〉

읍에 있는 달성군청보다 작다. 앞의 자료에 보이는 지상 3층 건물이 대구시의회(옛 대구시청), 그 옆의 '대구광역시청' 표시가 붙은 건물 달랑 1동이 대구시청사의 전부다.

2000년대 초중반에는 동대구역세권으로 시청사를 옮기자는 이야기도 나왔으며, 2011년에 타당성조사에서 B/C값이 2를 넘겨서 나오는 시급한 과제가 되었다. 이때 당시 대구교육대학교 부지 등도 검토되었다.

2019년에도 계속 대구시청 신축을 추진하고 있고 중구(현 대구시청 자리 유지), 북구(과거 경상북도청 부지), 달서구(두류정수장 부지), 달성군(설화명곡역 부근)에서 대구시청 신청사 유치를 희망했다. 과거 과열 경쟁으로 신청사 건설이 흐지부지된 경험 탓에 대구시에서는 과열 경쟁을 일삼으면 감점을 주겠다고 공언한 상태다.

한편 북구 산격동에 있던 경상북도청이 2016년 안동으로 이전하면서 비게 된 구 경북도청 청사를 2016년 3월부터 대구시청 별관으로 전환되었으며, 동인청사 근처의 여러 건물에 별관으로 입주해 있던 부서들을 모두 이쪽으로 통합했다.

달성군·달서구·북구는 유치를, 중구는 현 위치 존치를 주장했으며 후보지는 2019년 12월 20일부터 3일간 시민참여단의 합숙 평가를 통해 2019년 12월 22일 달서구 옛 두류정수장 부지로 최종 결정되었다. 옛 두류정수장 부지 주변의 교통 정체라는 약점이 있긴 했지만, 그 외의 부분에선 상당히 높은 점수를 받은 것으로 보인다. 2022년 7월 1일, 홍준표 시정 출범과 동시에 대구시청 본청과 별관의 명칭이 대구시청 동인청사, 대구시청 산격청사로 각각 변경되었다. 동시에 시장 집무실 역시 산격청사로 옮겨갔다.

홍준표 대구시장이 유력후보 시절 공약인 '대구시정 3대 구상 7대 비전'을 발표한 자리에서 "대구시청은 중심부에 있어야 한다. 시청 이전이 과연 그리 급한 업무인가"라며 그 돈으로 두류공원을 꾸미자는 이야기를 해 이전이 무산될 가능성이 제기되었다.

논란이 커지자 당시 홍준표 의원은 "시청 이전 뿐 아니라 전임자의 모든 정책을 좋은 정책은 승계하고 문제가 되는 정책은 공론화를 거쳐 시정한다는 측면에서 다시 보겠다는데, 단정적으로 이전을 무효화한다고 부산떠는 것은 어이없다. 재검토가 무효화가 아니라는 걸 숙지해달라"고 강조했다.

당시 핵심 관계자는 "현재 수립된 계획이 있다면 검토해보고, 더 좋은 방법이 있는지도 한 번 찾아보겠다는 일반론적인 의미였다. 살펴본 뒤 지금의 계획이 가장 좋다면 그대로 하면 되는 것이고, 더 좋은 방법이 있다면 도입하면 어떻겠냐는 이야기다. 시청 이전뿐 아니라 취수원 이전, 신공항 후적지 등 모두 마찬가지"라고 해명했다.

2022년 4월 7일, 홍준표 의원은 기자회견에서 "대구시청 이전은 계획대로 추진하겠다"라고 밝히며 일단락되었다. 2022년 7월 25일에는 SNS를 통해 동인청사 매각 대금으로 대구시청 신청사를 건립하겠다고 밝혔다. 대구시 중구 의회와 주민들은 해당 방침에 반발했다. 동인청사 매각의 추진 시점에 따라 두류동 신청사 완공 시기가 달라질 수 있기 때문이다. 결국 현 두류정수장 부지의 절반가량을 일반상업지역으로 종 상향한 다음 민간에 매각하는 방식으로 건설비를 충당하는 안을 최종 선정했다.

2023년 7월 6일 오후, 대구시는 국민의힘 대구시당에서 간담회를 열고 문화체육시설 2곳을 건립하는 내용의 최종 계획안을 공개했다.

대구시는 신청사 건립 예정 부지 일부에 대구에 연고를 둔 한국가스공사 페가수스 농구단 전용 경기장을 5천석 규모로 짓겠다고 말했다. 프로 농구 시즌이 아닐 때는 콘서트 및 각종 행사 장소로 이용할 수 있는 복합실내문화 공간으로 활용된다. 시민 체육 활동을 위해 연면적 4,500㎡ 규모의 실내생활 체육관도 건립하겠다고 말했다. 이에 따라 신청사 건립 예정 부지 규모는 기존 계획한 6만 8,000㎡에서 7만 8,000㎡로 1만㎡ 늘어나고, 매각 계획을 세운 유휴부지는 9만㎡에서 8만㎡로 줄어든다.

대구시청 산격청사

대구시의 행정을 총괄하는 대구시청 두 개의 청사 중 하나의 청사다. 과거에는 경상북도청 청사 건물이었다. 경상북도청은 1601년 경상감영이 대구에 자리 잡은 이래 1966년까지 중구 포정동 경상감영에 있었지만, 1966년 4월에 북구 산격4동 신청사로 이전했다. 그러던 중 1981년에 대구가 직할시로 승격해서 경상북도에서 분리되자 도청 이전 문제가 제기되었다. 여러 진통 끝에 2016년 2월 22일 경상북도 안동시 풍천면 갈전리로 이전하게 되었다.

이곳에는 경상북도 남부건설사업소와 경상북도경찰청 대구사무소가 남아 있다.

대구시는 경상북도청이 경상북도 안동시 풍천면 갈전리로 이전하자, 협소한 기존 대구시청사(동인청사)의 과밀화를 해소하고자 경상북도와 5년간 무상 임차 계약을 체결해 대구시청 별관으로 사용하게 되었다. 이에 본청에 있던

〈출처 : 네이버〉

2본부 7국 32과가 산격동 별관으로 이전했고, 본청의 직원 수보다 별관의 직원 수가 더 많은 웃지 못할 상황이 펼쳐지기도 했다. 지금도 웬만한 과가 산격청사로 이전한 상태다.

민선 8기 제35대 대구시장으로 홍준표가 취임함과 동시에, 명칭을 산격청사로 개칭하면서 동인동 청사와 함께 본청이 되었다. 시장 집무실도 동인청사에서 산격청사로 이동했다. 현재 동인청사의 행정부시장과 5개국을 제외한 전 기관이 산격청사에 입주해 있지만, 문체부로부터 부지는 매입하지 못한 상태다.

대구교도소 이전

1908년에 개청한 대구감옥을 기원으로 한다. 당시의 대구감옥은 지금의 달성군 화원읍이 아닌 중구 서내동 서문로교회 자리다. 1910년 중구 삼덕동 현 경북대 치대와 일신학원 사이 지역으로 이전했는데 중구 공평로 4길 일대가 전부 교도소였다. 내부는 일본식 목조건물에 외부는 빨간색 담장이었다. 1923년 대구감옥에서 '대구형무소'로 이름이 바뀐다. 해당 위치에는 2023년 4월경 역사관이 조성될 예정이다.

해방 후인 1971년 6월에는 달성군 화원읍 천내리로 이전했다. 당시 주소로는 경상북도 달성군 화원면 천내동, 이후 경상북도 달성군 화원면 천내리와 경상북도 달성군 화원읍 천내리를 거쳐 대구시 달성군 화원읍 천내리로 주소가 변경되었다. 해당 위치에서 52년간 존재하다가 건물의 노후화가 심각해 2021년 상반기에 달성군 하빈면 감문리 하빈교삼거리 로 이전할 계획이 수립되었다. 해당 계획은 각종 문제 때문에 2022년 7~8월 사이로 연기된 끝에, 2023년 11월 28일 이전하게 되었다.

대구교도소가 떠나간 화원읍의 후적지는 문화예술과 전시, 체험 등 첨단 기술을 접목한 복합문화예술공간으로 조성하겠다고 최재훈 달성군수가 발표했지만, 기획재정부에서 해당 부지를 주거지로 개발할 것이라고 발표해 이견이 있다고 한다.

대구구치소와는 별개의 기관이다. 대구교도소와 서로 혼동되는 경우가 가끔 있다. 서울남부구치소가 서울남부교도소 바로 옆에 있는 것과 달리, 대구구치소는 대구의 동쪽인 수성구 만촌동에 있어서 대구의 서쪽에 있는 대구교도소와는 위치도 다르다.

청송교도소 출신 교도관들이 매우 많은 것으로 알려져 있다.

〈출처 : 네이버〉

한때 전국 교정시설 중 사형 집행 시설이 갖춰진 5곳 중 하나였으며 사형수 12명이 집행 대기 중이었다. 나머지는 서울구치소, 부산구치소, 대전교도소다. 현 위치의 신청사로 이전하는 과정에서 사형집행시설은 생략되어 옛이야기가 되었다. 마찬가지로 광주교도소도 과거에는 집행 시설이 있었으나 옛 건물을 철거하고 현재 위치로 이전하는 과정에서 집행 시설이 생략되어 더이상 사형을 집행할 수 없다.

대구교도소 이전 후적지 개발

대구시 달성군 화원교도소 이전부지에 지어질 미술관. 대구문화예술허브 중 하나이자 국립뮤지컬콤플렉스와 함께 지어진다. 대구시에서는 전시실과 수장고뿐 아니라 근대미술의 전문적 수집·연구 역할을 할 수 있는 연구·복원센터를 계획하고 있다. 대구교도소 후적지에 위치할 문화예술복합지구다. 국립근대미술관, 국립뮤지컬콤플렉스 등 문화, 예술 분야 공공시설이 건설될 예정이다.

대구시 달성군 화원읍에 있었던 대구교도소가 대구시 달성군 하빈면으로 이전하는 것이 확정되자, 후적지 개발에 대해 여러 방안이 고려되기 시작했다.

원래 대구교도소 후적지에는 도시공원과 대구교정역사박물관이 혼합된 시민공원으로 개발될 예정이었다. 그러다 윤석열 대통령의 공약인 대구문화예술허브 계획이 수면 위로 올라오면서 정부는 기존 대구도심융합특구로 계획된 경북도청 후적지에 대구문화예술허브를 조성하겠다는 계획을 세운다.

하지만 홍준표 대구시장이 대구문화예술허브 건설 부지를 대구교도소후적지로 변경하고 경북도청 후적지에는 예정대로 대구도심융합특구와 공공기관 유치를 하겠다는 방침을 세우고 현재 진행 중이다.

대구 신청사 문제도 얽혀 있는데, 현재 대구시청 65% 공무원이 상주하고 있는 대구시청 산격청사가 대구도심융합특구 및 공공기관으로 개발될 경우 시청 이전이 불가피하다는 것이다. 따라서 표류 중인 대구신청사 건설 대금을 확보히기 위해 대구시칭 산격청사 부지를 이전할 공공기관에게 팔고 신청사 건설을 하겠다는 의견이 지배적이다.

〈출처 : 네이버〉

경상북도 청사 후적지 개발

대구시 북구 산격동에 있었던 경상북도청사가 경북도청이전신도시로 이전하게 되면서 기존 부지 활용을 두고 벌어진 논란. 경상북도청, 경상북도교육청, 경북지방경찰청 등 경북 공공기관이 모여 있는 약 12.9만㎡(약 3.9만 평)의 대형 부지고 도심과도 가까워서 다양한 활용방안이 나왔다. 초기에는 심각한 공간부족 문제를 안고 있는 대구시청사 이전을 두고 경북도청과 대구시청이 대립했으나, 시간이 흐르면서 대구시 내에서도 다양한 활용방안이 등장했다.

대구시는 청사가 워낙 오래되고 공간도 협소해 여러 건물을 임차해 사용하고 있는 상황이어서 대구시청 신청사를 건립하려고 하던 차였다. 그러나 재정 상황이 열악한지라 도심지에서 마땅한 부지를 찾지 못하고 있어 고심하던 중 경북도청 이전이 결정되었다. 도심에서도 멀지 않고 부지도 넓은 데다 경상북도 소유인 만큼 상대적으로 저렴하게 매입할 수 있을 것으로 예상해 시청과 시의회뿐 아니라 관련 지역 공공기관들을 모두 모아 행정타운으로 건설하는 방안까지 구상했다.

대구시 북구 산격동 경상북도청 후적지와 경북대학교대구캠퍼스, 대구삼성창조캠퍼스를 연계해 기업과 R&D 시설들을 유치, 제2의 판교테크노밸리로 개발하는 계획하게 된다.

경상북도청이 안동시로 이전을 완료한 2016년 말부터 개발계획이 나왔다. 당초 대구시청에서는 대구시청이 노후화되고 협소해 대구시청 신청사를 이곳에 건립하려고 했고, 흩어져 있었던 대구시청 여러 부서를 이곳에 통합 이전시켰다. 그러나 문화체육관광부는 현 부지에 도시박물관, 대구시민청, 청년문화플랫폼, 대구시민광장, 도시혁신허브를 계획했다.

2020년 12월 22일, 국가균형발전위원회는 옛 경북도청 부지–삼성창조캠퍼스–경북대를 대구도심융합특구로 지정했다. 대구시는 이곳에 기업 500개 및 기업 R&D 시설을 조성해 제2의 판교테크노밸리를 구축하겠다고 발표했다. 경북도청 후적지에는 기업지원 기관과 연구소 등이 입주하는 혁신선도 공간, 앵커 기업과 혁신 기업이 입주할 기업 공간, 일터와 쉼터의 조화를 위한 문화융합 공간을 조성하고 일자리 창출 1만 개를 목표로 한다.

그러나 홍준표 시정 출범 후 2023년, 문화예술허브는 달성군 화원읍 소재 대구교도소의 하빈면 이전 후 비게 되는 부지에 조성하고 경상북도청 후적지는 원안대로 대구도심융합특구로 개발하는 쪽으로 가닥이 잡혔다. 이에 일부 대구 북구 주민들은 반발하고 있으나 2023년 10월 6일, 대구도심융합특구 특별법이 국회 본회의를 통과했다.

기타 개발 이슈

가창면 수성구 편입

〈출처 : 조선일보〉

가창면은 달성군의 동쪽 끝에 있으면서 대구 수성구와 붙어 있다. 가창면 행정복지센터를 기준으로 달성군청에 가려면 버스와 지하철을 2번 이상 갈아타야 한다. 직선거리로 수성구청까지는 6㎞데, 달성군청까지는 18㎞다. 면적은 111.33㎢로 달성군 읍·면 중 제일 크지만, 수성구 쪽이 아닌 곳은 모두 산으로 막혀 있어 사실상 대구가 생활권이다. 이런 이유로 1957년 대구시로 편입되었고, 1963년 농촌 지역이라는 이유로 달성군으로 편입되었다. 이후 1995년 대구가 직할시에서 광역시로 바뀌면서 달성군 전체가 대구에 편입되었다.

홍 시장은 지난해 4월 대구시장 선거에 출마했을 때도 가창면에서 수성구 수성동까지를 잇는 지상철 '수성남부선'을 추진하겠다는 공약을 내놨다. 수성남부선 공약 때부터 홍 시장이 가창면의 수성구 편입을 생각하고 있었던 것 아니냐는 해석도 나온다.

홍 시장 발언 이후 가창 주민들은 찬반으로 갈렸다. 찬성하는 쪽은 "가창은 수성구 생활권인 데다 지역 발전을 봐서도 편입되는 게 마땅하다"라는 입장이다. "가창면은 산불이 나도 수성소방서에서 출동하고, 달성군청에 가려면 버스 타고 왕복 4시간이 넘게 걸린다"라면서 "실제 생활권인 수성구로 편입되면 교육 수준을 비롯해 각종 편의성에서 지역이 지금보다 더 발전할 수 있다"라고 말했다.

대구 농수산물 도매시장 이전

대구시 북구 매천동에 있는 농수산물도매시장은 매천시장이라고도 불린다. 비수도권에서 가장 큰 규모의 농수산물도매시장이다. 칠곡지구의 개발이 갓 시작된 1988년 개장했으며, 팔달시장이 가지고 있던 농수산물 도매와 경매 기능을 가져왔다. 1996년 공산품, 가공식품 판매업소와 음식점으로 구성

〈출처 : 네이버〉

되어 있는 관련 상가 2개동이 상인들이 신축해 대구시에 기부채납하는 방식
으로 개장했다. 2022년 10월 25일 오후 8시경 청과시장 방면에서 화재사고
가 일어났다. 2023년 3월 30일 대구 달성군 하빈면 대평리로 이전이 확정됐
다. 2024년 1월 5일 대구시 직영 체제에서 대구농수산물유통관리공사 운영
체제로 전환되었다.

　개장 당시에는 위치도 대구의 외곽이었고 현대적인 시설을 자랑했지만,
세월이 흘러 시설의 노후화가 진행되었다. 주변 지역이 도시화되고 고속도로

망이 확충되면서 이전 논의가 나왔다. 이전 대상지로는 북구 검단동 검단들, 달성군 화원읍 구라리 등지가 거론되었다. 2018년 4월 현 위치 존치, 시설 현대화로 결정되었다.

하지만 홍준표 대구시장의 공약 중 매천시장 이전이 있어 다시 이전이 추진되고 있다.

2023년 3월 30일 대구농수산물도매시장의 이전지로 달성군 하빈면 대평리 667일대 278,000㎡ 부지가 선정되었다. 2023년 6월 25일, 대구농수산물도매시장 이전사업에 유통종사자 전원이 합의했다.

수성못 수상공연장과 스카이브릿지 설치 사업

대구를 대표하는 관광지 수성못이 대형 수상공연장과 랜드마크급 보도교인 '스카이브릿지' 등 환골탈태한 모습으로 관광객들을 맞이할 수 있을 전망이다. 수성구 지역의 숙원 사업이면서 수년간 답보상태에 머물렀던 관광인프라 확충 사업이 내년도 국비 예산 확보로 물꼬를 텄기 때문이다.

수성구와 이인선 국민의힘 국회의원은 올해 예산 국면에서 국토교통부의 해안및내륙권발전사업을 통해 수성못 월드클래스 수상공연장, 수성못-들안길 연결 스카이브릿지 조성사업 설계비 3억 원을 확보했다고 밝혔다.

'월드클래스 수성못 공연장' 조성사업은 약 90억 원을 투입해 수성못에 2,115㎡ 규모의 수상 무대를 만드는 것이 골자다. 노후화된 기존 무대를 철거하고 물 위에 뜨는 '플로팅' 방식의 수상무대와 관람석을 설치한다. 객석 규모는 2,115㎡, 전체 공연장 면적은 4,260㎡로 수성못 면적 대비 2.6% 수준이다. 객석 규모는 1,700석에 달한다.

대구 도심지역 대표 관광지인 수성못은 유네스코 음악 창의 도시 대구의 랜드마크가 될 수 있는 '고품격' 공연장이 들어서기에 안성맞춤인 장소로 꼽혔다. 공연장은 실시설계 및 공연장 조성공사가 시작되었으며 2024년까지 준공하는 것이 목표다.

〈출처 : 매일신문〉

　　대구 수성구 무학로 78(두산동)에 위치한 호수공원인 수성못은 1927년 4월 24일 규모 1,063,778㎡, 못 둘레 2,020m, 저수량 70만 톤으로 인공조성되었다. 사실 수성유원지보다는 수성못이라는 이름으로 더 많이 불린다. 오죽하면 대구 도시철도 3호선의 역 이름마저 수성못역일 정도다. 성당못과 함께 대구에서 잘 알려진 대형 연못이다. 대구 시민들의 가족나들이 코스, 연인들의 주요 데이트코스이며 오리배를 타고 즐기기에 좋다.

근대식 수성못이 생기기 전 이 일대 농민들은 신천으로부터 농업용수를 가져다 썼으나, 이 신천이 상수도로 사용되면서 농업용수가 부족해졌다. 그러자 1915년 대구에 정착해 수성들 일대에서 화훼농장을 하던 일본인 미즈사키 린타로(水崎林太郎)가 조선인 4명과 함께 수성수리조합(壽城水利組合)을 발기하고, 수성못을 축조하는 데 참여했다. 이후 저수지 축조사업은 1924년 5월 26일 인가를 받아 동년 9월 27일 착공, 이듬해인 1925년 4월 24일 둘레 2㎞, 면적 108만 5,000㎡(6만 6,000평), 저장수량 70만 톤의 규모로 완공되었다. 현지 농민이 가뭄과 홍수에 시달리는 것을 보고 저수지 설계와 측량을 끝낸 후 경상북도지사에게 직언했다가 거절당하자 "조선인을 배려하지 않은 것은 일본인의 잘못"이라고 하며 조선 총독과 직접 면담하고 공사비 1만 2,000엔을 지원받아서 수성못을 조성하고 관리했다.

수성못 축조 후 미즈사키 린타로는 수성못 근처에 움막을 짓고 가족과도 떨어져 살면서 오로지 수성못 관리만 하다가 유언으로 '내가 죽으면 묘지는 조선식으로 만들고 수성못이 잘 내려다 보이는 데다 묻어다오'라고 말해서 수성못 근처에 묻혔다. 매년 4월 2일이 기일이며 지금도 추도, 추모하는 행사를 열고 있다.

1940년대에 대구 부공원으로 지정된 이곳은 1975년부터 포장마차가 하나둘씩 생기기 시작했다. 1980년대까지만 해도 수성못 둘레에는 100여 개의 포장마차로 생성된 포장마차촌이 밤마다 불야성을 이루었다. 1982년 9월 22일 대구직할시 고시 제108호에 따라 유수지역, 운동지역, 휴양지역, 특수지역, 편입 및 관리지역 지구로 확정해 본격적인 공원으로 개발되었다.

이듬해인 1983년 동대구로 연결되는 유원지 진입로 확장공사가 시작되었다. 상가와 주변 불량 건물을 정비해 유원지의 모습을 새롭게 하면서부터 도시 근린 유원지로 본격 개발되었다. 1986년 6월 우수와 오수 분리시설을 설치에 이어 같은 해 12월 수성못 바닥 준설(浚渫)공사를 실시했다.

1990년부터 범죄와의 전쟁에 따른 유흥업소 심야영업 규제로 인해 취객들이 포장마차로 가서 크게 성업했다가 1991년부터 철거가 시작되었고, 철거가 지지부진했다가 1998년 심야영업규제 폐지로 포장마차가 경쟁력을 잃어서 2000년 말 일제히 철거되었다. 이후 데크를 설치하고 조경을 다듬는 등 수성못을 재정비했다. 그리고 재정비된 수성못 근처에 식당과 카페 등이 많이 들어서면서 유동인구를 끌어들이게 되었다.

대구 도심캠퍼스

대구 중구 서문로 근대역사관 인근 한옥 건물 두 채로 구성된 이곳은 대구시가 전국 최초로 문을 여는 도심 속 '대학 캠퍼스'다. 정식 개관을 앞둔 이곳은 '도심 캠퍼스 1호관'을 알리는 간판을 다는 등 막바지 정리에 한창이었다. 한옥 건물 내 대강의실 1곳과 소강의실 3곳에는 대학생들을 맞이할 책상이 들어찼고, 수업을 진행할 강사 대기공간도 마련되었다.

캠퍼스라기에는 아담한 공간이었지만, 고즈넉한 한옥 분위기와 어울릴 이색 수업 프로그램들은 학생들의 인기를 끌기에 충분해보였다. 공간이 다소 좁은 면은 있지만, 캠퍼스를 운영하면서 문제점을 보완할 계획으로 기존 한옥 건물을 그대로 살려 캠퍼스로 재탄생시켰기에 한옥의 정취를 느끼며 학생들이 도심 속에서 수업을 받을 수 있을 것이다.

도심 유휴공간을 대학 캠퍼스로 활용하는 전국 최초 '도심 캠퍼스'가 본격 운영에 들어간다. 도심 캠퍼스는 대구시가 추진 중인 '동성로 르네상스 프로젝트'의 일환이다. 지역 대학생들에게 도심에 통합강의실과 공동기숙사, 동아리방, 커뮤니티 및 이벤트 공간 등을 제공한다.

이를 통해 주거·놀이·일자리로 이어지는 생태계를 구축, 대학·전공 간의 상승효과를 거두고 동성로로 청년층을 유입해 상권 활성화에 기여하겠다는 취지다. 올해 도심 캠퍼스에는 경북대, 계명대, 계명문화대, 영남이공대, 대구보건대, 대구가톨릭대, 대구대, 대구한의대, 호산대. 경일대 등 지역대학 13곳이 참여한다.

각 대학은 ▷대구 문화공간을 재창조하다 ▷로컬창업앳대구 ▷찾아가는 커리어 코칭 거점 상담소 ▷보컬레슨 등 교육 프로그램 ▷ABB융합형 로컬 크리에이터 양성 등의 수업을 진행하며, 학생 2,500명여 명이 수업을 들을 예정이다.

〈출처 : 매일신문〉

금호강 르네상스 동촌유원지 개발사업

동촌유원지는 금호강변에 조성되어 있으며 면적은 145만㎡(44만 평)다. 1965년 유원지로 지정되었다. 동촌유원지에는 해맞이다리, 유선장, 체육시설, 유기장 및 상가 약 80여 곳 등 각종 위락시설, 영남 제1관, 자전거 경기장, 실내 롤러 스케이트장 등이 위치해 있으며 오리배, 모터보트도 탈 수 있다. 대구시는 2008년에 자전거도로와 산책로를 새롭게 단장했고 시내에 있던 대구기상청도 이곳으로 옮겨왔다. 금호강변 산책로를 통해 아양기찻길~망우당공원까지 산책이 가능하다.

대구시는 올해 설계 중인 금호강 르네상스 선도사업 3건에 대해 2024년 공사비를 포함한 사업비(국비 91.4억 원)가 2024년 정부 예산안에 최종 반영됨에 따라 본격적인 금호강 르네상스 사업을 추진한다. 금호강 르네상스의 마중물 역할을 할 선도사업은 사업비 810억 원(국 405, 시 405)을 투입해, 동촌유

〈출처 : 네이버〉

원지 일원 금호강 하천조성사업, 금호강 국가생태탐방로 조성사업, 디아크 문화관광 활성화사업을 착공해 2026년까지 연차별로 완료할 예정이다.

금호강 국가생태탐방로 조성사업(사업비 60억 원)은 2024년까지 천혜의 하천 자연환경을 보전하고 있는 금호강 안심권역 일원에 안심습지·금강습지·팔현습지를 연계해 하천자연 환경의 훼손없이 시민들이 생태·역사·문화자원을 더욱 쉽게 접하고, 안전하게 탐방할 수 있도록 생태탐방로와 조류관찰대, 전망대 등을 조성하고, 디아크 문화관광 활성화사업(사업비 300억 원)은 2025년까지 디아크 주변 문화관광자원(화원유원지, 달성습지)의 연계를 위한 랜드마크 관광보행교(L=435m)에 카페, 전망대, 낙하분수 등을 설치하고 주변에 다목적 광장, 피크닉장, 디아크 비치, 야생화정원 등 배후 시설을 설치해 디아크 일대를 전국적인 두물머리 생태관광 명소로 만들 계획이다.

동촌유원지 일원 금호강 하천조성사업(사업비 450억 원)은 2026년까지 동촌유원지 일원에 호안정비, 생태수로, 비오톱 복원 및 야외물놀이장과 샌드비치 등을 조성해 치수와 생태·문화·관광이 어우러진 명품 수변공간으로 변모시킬 예정이다.

선도사업의 차질 없는 추진과 더불어, 금호강 전 구간에 대한 본사업도 '금호강 르네상스 마스터플랜 고도화용역'을 통한 사업계획을 마련해, 금호강의 물길, 바람길, 사람길을 신천 등 도심 지류하천 및 대구공항 후적지와 연속성 있는 공간으로 확장해 대구 도심이 하나의 수변 네트워크로 연결된 글로벌 내륙수변도시 조성을 향한 금호강 르네상스를 2029년 완성할 계획이다.

제2수목원

대구 동구 괴전동, 숙천동, 사복동 일대에 조성될 대구의 2번째 수목원이다. 신서혁신도시와 첨복단지 사이의 산 인근에 조성될 예정이다. 팔공수목원이라는 명칭으로 안내되기도 한다. 대구신서혁신도시와 대구경북첨단의료복합단지 계획 시기부터 인근에 추진하기로 계획되어 있었다. 원래는 혁신도시 활성화 및 정주여건 개선과 대구수목원 포화 문제 해결 및 대구시 균형발전을 위해 2009년 100만㎡ 규모로 추진할 계획이었으나 계속 답보상태였다가 196억 원을 들여 대구수목원 3배 크기의 수목원을 2019년 완공하는 것으로 변경되었다. 그러다 454,500㎡(137,500평) 규모로 2023년 개관하는 것으로 계획하고 있으며, 비용은 381억 원이 투자된다. 현재는 287억 원을 투입해 2023년 상반기까지 토지보상을 완료하고 2024년 개관하는 것을 목표로 하고 있다.

〈출처 : 네이버〉

대구 제2수목원은 4개의 테마로 자연환경을 최대한 살린 자연친화적 힐링공간으로 조성하는 것을 목표로 하고 있다. 1,700종 40만 본의 수목이 식재된다. 대구 동부지역뿐만 아니라 영천시, 경산시에서도 접근하기 편리하다. 2023년 11월 대구시의회 관련 기사에 따르면 토지보상이 늦어져 예정대로 진행이 어려운 상황이라고 한다.

대구 산업고용지수 현황

대구 산업고용지수와 산업구조

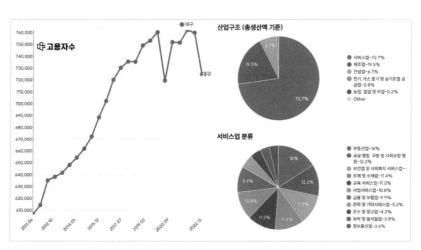

〈출처 : 손품왕〉

대구 고용지수는 2019년 7월 정도 670,000명 정도로 최고를 찍고 지금은
725,000명 정도로 줄었다. 상업구조로는 총생산액 기준 서비스업이 72.9%,

제조업 19.5%, 건설업 6.7% 순이다. 서비스업 분류로는 부동산임대업 16%, 공공행정, 국방 및 사회보장행정 12.2%, 보험업 및 사회복지서비스업 11.5%, 도매 및 소매업 11.4%, 교육 서비스업 11.3%, 사업서비스업 10.8%, 금융 및 보험업 9.9% 순이다.

대구 산업 현황

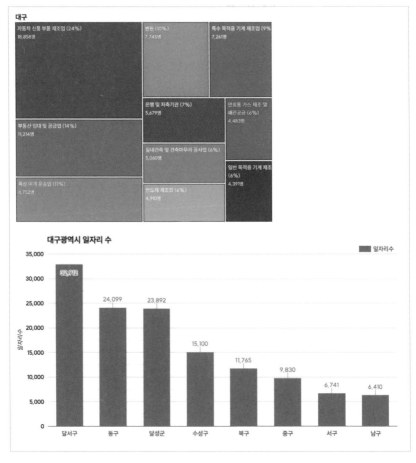

〈출처 : 손품왕〉

대구 산업은 자동차 신품 부품 제조업이 24%, 18,858명으로 최고로 높고, 부동산 임대 및 공급업이 14% 11,214명, 육상여객 운송업 11% 8,752명, 병원 10% 7,745명, 특수 목적용 기계제조업 9% 7,261명, 은행 및 저축기관 7%, 5,679명, 실내건축 및 건축마무리 공사업 6%, 5,060명, 연료용 가스 제조 및 배관공급 6% 4,483명, 일반 목적용 기계 제조 6% 4,391명 순이다.

대구 종합소득과 근로소득 비교

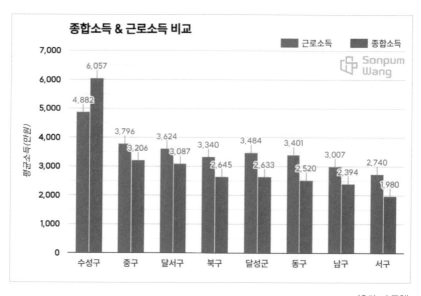

〈출처 : 손품왕〉

대구 지역별 일자리 수로 달서구 32,912명, 동구 24,099명, 달성군 23,892명, 수성구 15,100명 북구 11,765명, 중구 9,830명, 서구 6,741명, 남구 6,410명 순이다.

지역별 종합소득 및 근로소득으로 수성구는 종합소득이 4,882만 원 근로소득은 6,057만 원으로 유일하게 근로소득이 높다. 중구가 종합소득 3,796만 원 근로소득 3,206만 원이다. 달서구의 종합소득은 3,624만 원, 근로소득은 3,087만 원이다. 북구 종합소득 3,340만 원, 근로소득 2,645만 원이며, 달성군 종합소득 3,401만 원, 근로소득 2,633만 원이다. 동구의 종합소득은 3,401만 원, 근로소득은 2,520만 원이고, 남구의 종합소득은 3,007만 원, 근로소득 2,520만 원이다. 남구의 종합소득은 3,007이며 근로소득은 2,394만 원이다. 서구의 종합소득은 2,740만 원이며 근로소득 1,980만 원으로 유일하게 종합소득 3,000만 원 미만이다.

대구 인구수 세대수 증감율

2012년 대비 세대수는 2023년 4월 기준 14% 증가했고 인구수는 6% 감소했다.

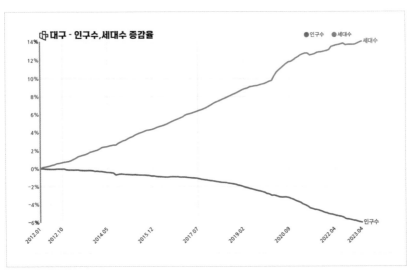

〈출처 : 손품왕〉

대구 개발사업 지역

대구 단독주택지 종상향 지역

단독주택지의 종상향은 단계별 공공기여 비율을 설정해 주민들이 뜻을 모아 결정할 수 있게 된다. 1단계로 1만㎡ 이상 면적으로 12층 이하를 건축할 수 있는 제2종 일반주거지역으로 종상향하는 경우 사업부지 내 사유지 면적의 10%를 공공기여 형태로 기부채납해야 한다. 2만㎡ 이상 면적으로 높이 제한이 없는 제2종 일반주거지역으로 종상향할 경우 공공기여율은 15%, 3만㎡ 이상 면적의 제3종 주거지역으로 종상향할 경우 공공기여율은 20%로 설정할 방침이다.

대구시는 10~20%의 공공기여율 기준은 최근 10여년 간의 대구시 개발사업의 수익률과 기반시설 필요성 등을 고려해 정했다고 설명했다. 특히 고밀개발이 가능한 2~3단계 종상향 시에는 공공기여량 중 의무적으로 5~10% 이상을 주차장, 공원을 설치해야 한다.

3만㎡ 규모의 부지를 제1종 일반주거지역에서 제3종 일반주거지역으로 종상향할 경우 20%(6,000㎡) 이상의 토지를 기부채납하게 되고 이 부지 전체가 주차장으로 조성될 경우 240면의 주차장을 설치할 수 있다고 밝혔다. 주차장을 중심으로 반경 약 200m 내의 주민들이 1필지당 1개의 주차공간을 확보할 수 있다. 또 10만㎥ 규모 정도 마을 단위가 개발되는 경우 기존 기반시설의 재배치로 공공기여량은 최소화하는 한편 다양한 주택유형이 공존할 수 있는 미니 뉴타운 방식의 도시개발방식을 도입하기로 했다. 제도개선 내용들은 내년 상반기 내에 '대구시 지구단위계획 수립지침'의 개정 절차를 마치고 시행될 예정이며 다양한 형태의 창의적 주택 건립을 유도하는 한편 주민 참여 기반의 마을 관리를 통한 정주여건 개선을 확대할 계획이다.

〈출처 : 대구뉴스〉

신암뉴타운

〈출처 : 영남일보〉

대구 동구 신암동 일대에 만들어질 뉴타운으로 정식명칭은 신암재정비촉진지구다. 조합을 통해 정비되며, 1,085,498m²의 규모로 1~20구역까지 있다. 총 개발단계는 3단계로 1단계(2010~2018), 2단계(2011~2019), 3단계(2012~2020)이다. 주거단지 위주로 개발되는 뉴타운 지구다.

1구역 : 동대구역 하늘채(코오롱글로벌)
2024년 분양 예정

2구역 : 동대구역 센텀 화성파크드림(화성산업)
2021년 12월 일반분양을 진행했다. 대구 조정지역 지정 이후 전반적인 부동산 분위기가 침체된 가운데 75타입을 제외한 모든 타입이 완판되었다.

4구역 : 자이 원피니티(GS건설)

2021년 12월 조합설립이 되었다. 시공사 1차 입찰 GS건설 단독참여로 자동 유찰, 2차 입찰 GS건설 단독참여로 GS건설 수의계약되어 시공될 것으로 확실시된다.

6구역 : 해링턴 플레이스 동대구(효성중공업, 진흥기업)

3면이 학교를 둘러싼 확실한 초품아 아파트다. 아파트 내 평탄화를 진행해 아파트 부지가 도로보다 높아, 아파트에서 평지로 내려가는 엘리베이터가 3곳에 설치될 예정이다. 엘리베이터에서 내리면 바로 초등학교가 위치하게 될 것으로 보인다. 수영장이 있는 여성회관, 동부도서관, 신암공원이 아파트 담장 바로 옆에 위치한다. 4호선(예정)에서 도보할 수 있으나, 500m 이상 거리일 것으로 보여 준 역세권이 될 것으로 보인다. 파티마병원에서 6구역까지 지하도 건설 예정으로, 동대구역 및 신세계백화점까지 진출입이 보다 편리해질 것으로 보인다.

8구역 : 동대구 해모로 스퀘어 웨스트(HJ중공업)

신암공원 옆에 위치해 일부 동은 신암공원 조망이 있다. 2구역과의 사이에 파출소와 유치원이 들어올 예정이다.

9구역 : 힐스테이트 하이스트(현대건설)

대구 동구에서 처음으로 힐스테이트 브랜드가 들어온다. 2021년 12월 사업시행인가를 받고 2022년 말 관리처분인가 예정 중이다. 조감도가 예쁘다.

10구역 : 미정(현대건설)

신암뉴타운 내 유일한 재건축으로 힐스테이트가 들어올 예정이다.

19구역 : 동대구 에일린의 뜰(아이에스동서)
4호선이 평화시장 앞에 들어올 경우 신암뉴타운 내에서 4호선에 가장 가까운 단지가 된다(현재 평화시장–파티마병원 사이에 들어온다는 추측이 있음). 경북대학교 정문에서 가장 가깝다. 옆에 기상대공원이 있어 일부 단지는 기상대공원 전망을 가지고 있다. 2021년 4분기 입주했다.

평리뉴타운

689,064m² 면적이며 총 1~7지구 계획으로 8,400여 세대 입주를 목표로 하고 있다. 2011년~2022년까지 개발계획이며 주택조합 재건축방식으로 이루어진다. 원래는 상당히 낙후된 지역이었으나 2021년 개업 예정인 서대구역과 2023년 개통 예정인 대구권 광역철도에 따라 재정비계획이 수립되어 본격화되었다. 주거 7개 단지블럭과 교육시설, 공원 등이 계획되어 있으며, 대규모 공사가 진행되는 도중에는 구역의 진입이 원천 차단된다.

서대구역의 배후 택지지구이지만 서대구역세권개발사업과 달리 거리가 멀다. 평리 1구역을 제외하고는 역세권 범위인 반경 500m가 넘기 때문에 도보로 이동하기 쉽지 않다. 서대구역세권개발사업보다 일찍 추진되었다. 평리뉴타운의 단지 + 서대구역반도유보라센텀아파트. 네이밍에 서대구역을 붙이지만, 도보로 이용하기는 힘들다. 서대구역반도유보라센텀아파트의 경우 서대구역까지의 거리가 정문에서 최단거리로 2.5km인데, 이를 동대구역에 비유하자면 복현동이나 범어동에 있는 단지가 동대구역 네이밍을 사용하는 것과 같다.

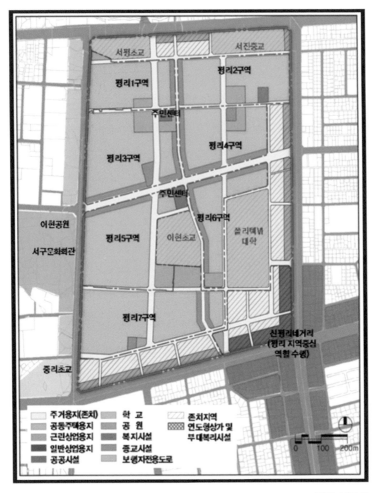

〈출처 : 네이버〉

철도교통으로는 동편으로 순환선이 근접해 지나가도록 설계되었다. 서대
구역 연결트램이 해당 구역을 통과하기로 계획되어 있었으나 백지화되었다.
도로교통으로는 신천대로와 바로 인접한 위치에 있다. 서대구IC를 통해 경
부고속도로와 중앙고속도로를 이용할 수 있다. 또한 서대구역복합환승센터
가 2025년 착공하며 도심공항터미널도 계획에 있다.

구역	단지명	세대수	입주
1구역	미정	872세대	미정
2구역	미정	1,034세대	미정
3구역	서대구KTX 영무예다음	1,418세대	2023년 3월
4구역	미정	1,151세대	미정
5구역	서대구역 센텀 화성파크드림	1,404세대	2024년 8월
6구역	서대구역 서한이다음 더 퍼스트	856세대	2023년 4월
7구역	서대구역 화성파크드림	1,594세대	2023년 10월

〈출처 : 네이버〉

대구 군부대 통합 이전

대구 도심에 있는 군부대를 주변 지역으로 이전해 민군 상생복합타운을 건설하는 계획이다. 2018년 5월 28일 나온 기사에 따르면 수성구에 있는 제2작전사령부, 2군지사, 방공포병학교 3곳만 이전해도 경제유발효과가 8조 2,000억 원에 달한다고 한다. 거기다가 남구의 미군부대와 북구의 50사단까

〈출처 : 대구MBC〉

지 합치면 10조 원을 넘는 경제유발효과를 기대할 수 있다. 도심 군부대 7곳은 대한민국 국군으로 제2작전사령부, 제50보병사단, 제5군수지원사령부, 공군방공포병학교, 주한미군으로 캠프 워커, 캠프 헨리, 캠프 조지 등이다.

2023년 10월 27일 신원식 국방부 장관이 직접 작전성, 정주여건, 훈련량을 고려할 경우 군위군 한 군데만 고려하는 것은 적절치 않다는 발언을 해서 2023년 10월 기준으론 대구 군부대가 군위군으로 갈 가능성은 상대적으로 낮아진 상태다. 그러나 홍준표 대구시장은 군위군을 낙점하고 있다. 대구시가 도심 군부대의 통합 이전지를 군위군으로 정해 관련 절차를 진행하고 있다.

대구시는 최근 시의회 행정사무 감사에서 오는 2030년까지 2조 5,000억 원을 들여 도심 국군 부대를 군위로 옮기는 사업을 한다고 밝혔다. 2024년부터 2025년 상반기 안에 국방부와 이전 합의각서를 체결하고, 기획재정부로부터 사업 타당성 검토를 받기로 했다.

이른바 '밀리터리 타운' 조성사업에는 칠곡, 영천, 상주, 의성 등이 유치에 나섰지만 10월 13일 홍준표 대구시장은 군위군민 체육대회에서 "군부대는 군위로 이전하겠다"라고 밝혔다.

아울러 해당 문서에 서술된 비판 문단과 같이, 이전 부대 중 2작사 등 지휘부대가 존재하고 지휘부대와 휘하부대 간 관계를 고려할 경우 칠곡군 내지 영천시에 이전할 가능성이 상대적으로 높다고 판단할 수 있다.

후보지로는 칠곡군 석적읍 도개리, 망정리, 군위군 우보면 나호리, 영천시 임고면 매호리, 상주시 이서면 연원동, 의성군 봉양면 분토리 등이다.

경북대학교병원 본원 이전

　대구시에서 군부대 이전사업을 추진하면서 군부대가 이전하면 5군사지역
에 경북대학교병원 본원이 이전하길 원한다. 대구에 강남인 수성구에 상급종
합병원이 아직 하나도 없다. 육군 제5군수지원사령부는 수성구 고산지역 북
서편에 위치한 가천동 일원에 주둔한 약 18만 평이다. 홍준표 대구시장이 당
선인 시절 경북대병원 측에 제안했고 이에 경북대와 경북대병원이 이전사업
을 내부 검토 중이다. 문제는 군부대 이전사업이 홍준표 대구시장 임기 전에
하지 못하는 것이다. 홍준표 대구시장이 3선 연속하기 전에는 말이다.

〈출처 : 네이버〉

PART 5

대구 아파트 집중 분석

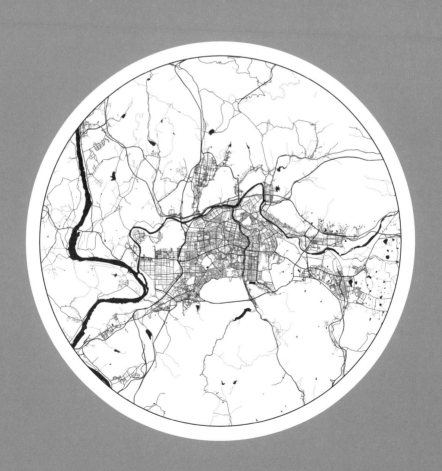

대구 재개발사업 단지

수성32구역 재개발 대표

대구 수성구 중 안남은 만촌3동 수성32구역 재개발 단지다. 건설회사는 수성자이로 부른다. 만촌3동은 범어4동과 함께 범사만삼으로 불리는 지역으로 학군을 알아주는 곳이다. 지하철 만촌역과 담티역 사이에 명문 중고등학교가 위치하고 있기 때문이다. 최근 들어 만천자이르네가 고분양가로 인해 미분양 상태였으나 지금은 할인분양으로 완판되었다. 이 지역은 혜화지주택 재개발도 있는데 그게 완공된다면 5,000세대로 수성32지구와 함께 주거타운으로 거듭니다.

만촌자이는 864세대로 적당한 크기이며 84형 441세대, 109형 173세대로 대형평수가 다른 단지에 비해 많다. 단지 안에는 한도아파트가 24평형이 있는데 1억 원 하던 아파트가 10억 원까지 치솟았다. 지금 관리처분인가가 나 있는 상황이다.

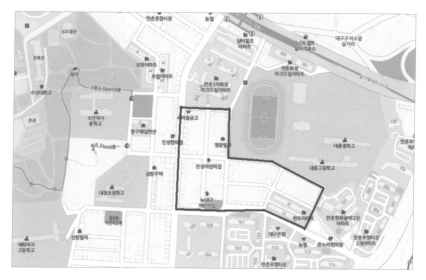

〈출처 : 네이버〉

대구 수성1지구

대림건설 시공사로 아파트명은 아크로르비아체다. 조합원 수 1460세대이고 일반물량은 약 450세대다. 입지조건은 수성시장역 인근으로 인근에 수성 자이르네 재건축 삼환, 삼익, 새한, 재건축중동희망지구가 있다. 행정구역상 수성1가에 속하며 초등학교는 동성초가 있다. 인근에 신세계타운이 930세대가 있다. 대구백화점 프라자점이 인근에 있으며 범어동 학원가는 차로 10분 정도 걸린다.

향후 분양가로는 33형이 약 10억 원은 가까이 될 거라고 한다. 대구는 지금 입주물량이 많은 것으로 예상이 된다. 사업시행인가를 2024년 하반기로 예상하고 있다.

〈출처 : 네이버〉

대구 재개발 리스트

시도	인허가청	구역번호 (2030 기준)	구역/사업 /단지명	위치		구역/ 대지면적 (㎡)	예정 구역 사업 유형 (2030)	용도 지역	기 준 용적률	추진단계	사업추진 단계
				동	지번						
대구	중구	중구-10-33	동인3가	동인동3가	192	66,802	재개발	2주	220%	3	06 관리처분
대구	중구	중구-10-35	동인4가 7통	동인동4가	139-1	18,194	재개발	2주	220%	2	04 조합설립
대구	중구	중구-10-47	명륜지구	남산동	452-1	48,330	재개발	준주	"250% /300%"	3	04 조합설립
대구	중구	중구-10-55	서문지구	대신동	1021	61,630	재개발	3주	250%	2	04 조합설립
대구	중구	중구-20-70	봉산동 (중구70)	봉산동	168-107	16,366	재개발		"250% /300%"	3	04 조합설립
대구	동구	동구-촉진-02	신암2촉진	신암5동	139-69	71,232	재개발	3주	250%	2	07 착공
대구	동구	동구-촉진-01	신암1촉진	신암5동	151-1	79,900	재개발	3주	250%	2	06 관리처분
대구	동구	동구-촉진-06	신암6촉진	신암동	674-20	80,355	재개발	2주	220%	2	07 착공
대구	동구	동구-20-43	동구43	신천동	502-1	108,834	재개발	3주	250%	3	04 조합설립
대구	동구	동구-촉진-04	신암4촉진	신암동	628-10	51,274	재개발	3주	250%	2	04 조합설립
대구	동구	동구-촉진-09	신암9촉진	신암동	642-1	62,710	재개발	2주	220%	3	05 사업시행

대구	서구	서구-10-03	원대동3가	원대3가	1402-11	69,796	재개발	3주	250%		07 착공
대구	서구	서구-촉진-02	"평리2촉진(구 평리6-1지구)"	평리동	613	55,780	재개발	2주/근상	220%	2	05 사업시행
대구	서구	서구-촉진-04	"평리4촉진(구 평리동 광명아파트)"	평리동	619-1	53,219	재개발	3주	250%	2	06 관리처분
대구	서구	서구-10-18	서대구지구	평리동	1354-1	137,506	재개발	3주	250%		05 사업시행
대구	서구	서구-촉진-01	평리1촉진	평리동	576-3	43,485	재개발	2주		2	05 사업시행
대구	서구	서구-촉진-03	평리3촉진	평리동	628-1	76,390	재개발	2주/3주		2	07 착공
대구	서구	서구-촉진-05	평리5촉진	평리동	1502-13	76,425	재개발	2주		2	07 착공
대구	서구	서구-촉진-06	평리6촉진	평리동	1497-2	39,878	재개발	2주		2	07 착공
대구	남구	남구-10-01	대명3동 뉴타운	대명동	2301-2	91,704	재개발	3주	250%		07 착공
대구	남구	남구-10-05	대명2동 명덕지구	대명동	2017-2	80,986	재개발	3주	250%		07 착공
대구	남구	남구-10-09	문화지구	이천동	474-1	38,667	재개발	3주	250%		07 착공
대구	남구	남구-10-17	봉덕1동 우리	봉덕동	976-2	53,764	재개발	2주	220%	3	04 조합설립
대구	남구	남구-10-19	서봉덕	봉덕동	540-1	28,426	재개발	2주	220%		06 관리처분
대구	남구	남구-10-23	봉덕 대덕지구	봉덕동	1028-1	31,738	재개발	3주	250%	3	05 사업시행
대구	남구	남구-10-35	앞산점보	대명동	1701-1	80,249	재개발	3주	250%	3	05 사업시행
대구	남구	남구-10-36	대명4동	대명동	3020-1	178,029	재개발	2주	220%	2	04 조합설립
대구	북구	북구-10-04	노원2동	노원2가	319	68,349	재개발	3주	250%		06 관리처분
대구	북구	북구-10-25	칠성새동네	칠성동2가	407-22	21,058	재개발	3주	250%	2	04 조합설립
대구	수성구	수성구-10-32	만촌3동	만촌동	866-3	58,608	재개발	3주	250%	1	06 관리처분
대구	수성구	수성구-10-40	수성용두지구	파동	540-14	35,798	재개발	2주	220%		07 착공
대구	수성구	수성구-20-54	수성1지구	수성동1가	641-19	106,528	재개발	2,3주	220%		04 조합설립
대구	달서구	달서구-10-04	반고개	두류동	840	82,500	재개발	2주	220%	3	04 조합설립
대구	달서구	달서구-10-05	달자03지구	두류동	819	23,269	재개발	2주	220%		07 착공
				34		2,197,779	34				34

〈출처 : 대구광역시 홈페이지〉

대구 재건축사업 단지

대구 재건축 대표 경남타운

〈출처 : 네이버〉

경남타운은 범어공원 인근 대구 수성구 범어동 320번지에 자리 잡고 있는 아파트로 수성구청역까지 10분 정도 도보로 걸리며 버스정류장은 동도중학교 건너 약 5분이면 도착하고 인근에 경신중 등 많은 학교가 분포되어 있어 학군단지로는 최고로 뽑힌다. 인근으로 가든하이츠, 을지맨션, 힐스테이트범어 등이 자리 잡고 있다.

2020년 6월 20일 총회를 거쳐 298표 중 203표를 획득하며 포스코건설이 시공사가 선정되어 더샵범어크레스트로 짓기로 했다. 최고 지상 35층으로 6개동 440가구 예정이며 재건축 추진위원회 승인이 2017년 9월 7일에 났으나 이제 재건축 사업시행인가를 준비 중이다. 대구에서 재건축 중에 최고 위치를 차지하고 있어 대구 아파트 상승 시장을 항상 이끌고 있으나 정작 재건축은 이루어지지 못하고 있는 상황이다. 그러나 재개발이 된다면 대구에서 최고 아파트로 20억 원은 갈 것이라고 한다. 지금 실거래가는 13억 원 정도 거래가 되었다. 대구 아파트가 하락기임에도 불구하고 경남타운은 최고거래가를 경신했다.

을지맨션 재건축

시공사는 현대산업개발로 선정되었고, 현대아이파크로 지어진다. 234세대 규모로 지어진다. 더블 스카이라인으로 차별화를 시도했으며 경남타운과 함께 대구 대표적인 학군에 위치한다. 을지맨션은 1987년 준공된 아파트로 213세대이며 30형, 40형대 범어공원 숲을 끼고 있는 아파트다. 인근에 선스포츠가 있어 운동하기 좋은 동네이며, 예전부터 수영장이 있어 부촌을 형성했다.

〈출처 : 네이버〉

대구 재건축 지역 리스트

시도	인허가청	구역번호 (2030 기준)	구역/사업 /단지명	위치 동	위치 지번	구역/ 대지면적 (㎡)	예정 구역 사업 유형 (2030)	용도 지역	기 준 용적률	추진 단계	사업추진 단계
대구	중구	중구-10-40	대봉1-2지구	대봉동	55-3	17,989	재건축	중상	600%		06 관리처분
대구	동구	동구-10-04	해성상명 아파트	입석동	947-1	14,161	재건축	2주	220%	1	04 조합설립
대구	동구	동구-10-06	효목1동 제6구역	효목동	91-18	74,997	재건축	2주	220%	2	04 조합설립
대구	동구	동구-10-07	효목1동 제7구역	효목동	74-10	112,534	재건축	2주	220%	2	05 사업시행
대구	동구	동구-10-09	효목2동 효동지구	효목동	637-1	28,034	재건축	2주	220%		07 착공
대구	동구	동구-촉진-10	신암10촉진	신암4동	622	34,115	재건축	3주	250%	2	05 사업시행
대구	동구	동구-00-39	동신천연합	신천4동	353-1	51,878	재건축	3주/근상			07 착공
대구	서구	서구-10-11	평리3동	평리동	1083-2	79,702	재건축	2주	220%		07 착공
대구	서구	서구-10-17	내당내서	내당동	1-1	17,692	재건축	2주	220%		06 관리처분
대구	서구	서구-10-23	중리지구	중리동	121-1	108,736	재건축	3주			05 사업시행
대구	서구	서구-00-27	내당동	내당동	936-1	13,684	재건축	2주			06 관리처분

대구	남구	남구-10-20	남봉덕	봉덕2동	532-1	45,663	재건축	2주	220%	3	04 조합설립
대구	남구	남구-10-38	앵두	대명동	1221-97	79,502	재건축	2주	220%	2	04 조합설립
대구	남구	남구-10-44	대명6동44구역(코스모스)	대명동	1111	38,752	재건축	3주	250%	3	04 조합설립
대구	남구	남구-00-50	새길지구	봉덕동	1067-35	12,412	재건축	3주			07 착공
대구	북구	북구-10-19	대현2동 강변	대현2동	417-1	56,932	재건축	3주	250%	2	06 관리처분
대구	북구	북구-10-24	칠성24지구	칠성2가	403-15	29,573	재건축	준주	"250%/300%"		05 사업시행
대구	북구	북구-00-34	팔달동	팔달동	138	37,981	재건축	3주			06 관리처분
대구	수성구	수성구-10-14	범어우방1차 아파트	범어동	620	16,622	재건축	3주	250%		07 착공
대구	수성구	수성구-10-15	우방범어타운 2차	범어동	650	26,225	재건축	3주	250%	1	07 착공
대구	수성구	수성구-10-19	중동희망지구	중동	316	50,359	재건축	2주	220%		05 사업시행
대구	수성구	수성구-10-22	청구중동 아파트	상동	178-1	14,135	재건축	2주	220%	1	04 조합설립
대구	수성구	수성구-10-27	경남타운	범어동	320	26,174	재건축	3주			04 조합설립
대구	수성구	수성구-10-28	을지맨션	범어4동	314-4	14,809	재건축	3주	250%	1	04 조합설립
대구	수성구	수성구-10-29	범어목련 아파트	범어4동	341	14,662	재건축	3주	250%	1	04 조합설립
대구	수성구	수성구-10-30	수성지구2차 우방타운	황금동	60	36,195	재건축	3주	250%	1	04 조합설립
대구	수성구	수성구-10-38	파동 대자연 2차 아파트	파동	240	32,010	재건축	3주	250%	1	04 조합설립
대구	수성구	수성구-20-44	지산시영 1단지	지산동	1234	37,351	재건축	3주	250%	3	07 착공
대구	수성구	수성구-00-49	파동강촌 2지구	파동	27-17	53,785	재건축	2주			07 착공
대구	달서구	달서구-10-03	달서구 3구역	죽전동	204-1	52,407	재건축	2주	220%		07 착공
대구	달서구	달서구-10-06	달자01지구	두류동	1207	29,516	재건축	2주	250%		05 사업시행
대구	달서구	달서구-10-09	라일락,남도,성남,황실 APT	성당동	725	30,732	재건축	3주			05 사업시행
대구	달서구	달서구-10-09	성당우방	본리동	210	21,339	재건축	3주			05 사업시행
대구	달서구	달서구-10-10	송현2동	송현동	78-3	56,375	재건축	2주	220%		07 착공
대구	달서구	달서구-20-26	송현주공 3단지 아파트	상인동	797	63,387	재건축	3주	250%	2	06 관리처분
대구	달서구	달서구-20-27	현대백조타운	본리동	433	48,657	재건축	3주	250%	3	07 착공
대구	달성군	달성군-10-01	한우아파트	화원읍 구라리	1734-2	12,075	재건축	3주	250%	2	04 조합설립
				37		1,491,152					37

〈출처 : 대구광역시 홈페이지〉

대구 아파트 후분양 단지

범어아이파크 후분양 대표(범어우방타운 1, 2차를 재건축)

대구 최고의 부촌인 범어공원에 위치하며 범어동(대구)에서 처음으로 대형 재건축에 성공한 범어1동의 대단지 브랜드 아파트다. 대구 수성구 범어1동에 위치했던 범어우방타운 1, 2차를 재건축한 아파트이며 1차 448세대가 먼저 지어진다. HDC현대산업개발이 시공하며 높은 분담금을 내고 극소분만 분양한다. 2023년 말 수성구청이 어린이세상 부지로 이전이 확정되면서 상업시설 잠재력이 이전보다 비교할 수 없을 만큼 커졌다.

1차와 2차로 나누어져 사업이 진행되고 있다. 1차는 지하 3층 지상 26층의 4개동 418세대 규모로, 2차는 지하 3층 지상 20층의 7개동 490세대 규모로 지어진다. 1차와 2차를 합치면 총 908세대의 대단지 아파트가 완성된다. 범어동에 위치한 아파트 중 최초로 커튼월룩 시공이 확정되었으며, 1차와 2차 모두 최상층에는 스카이라운지를 갖추고 있다. 사업이 진행 중인 재건축 단지답게 범어동에서는 그간 찾아보기 힘들었던 고급 특화가 진행되는 단지

〈출처 : 네이버〉

다. 1, 2차 전체 약 1,000세대 중 1차 147세대, 2차 90세대 등 총 230세대만 일반 분양하며 나머지는 조합원 분양이다.

궁전맨션, 범어 동일하이빌, 범어 유림노르웨이숲으로 이어지는 범어1동의 전통적인 고급 주거타운을 완성하게 된다. 범어동 동산초 초품아(초등학교를 품은 아파트)이며, 최근 리모델링 후 재개장한 어린이 세상(구 어린이회관)과 대구 최고의 도심숲 숲세권인 범어공원 및 회원제로 운영되는 공공체육시설 등이 위치하고 있다.

동산초가 도보 5분 이내의 가까운 거리에 있으며 어린이들이 이용할 수 있는 어린이회관 및 기타 시설이 리모델링 후 재개장 예정이다. 인근 범어산은 수성구가 토지매입비용만 5,600억 원을 투입해 만든 자타공인 대구 최고의 도심 숲세권이며 수성국민체육센터가 최근 신축되었고 수성구가 계속해서 개발을 이어나갈 야심을 가지고 있는 곳이다. 왕복 10차선 도로에 접해 있으며, 3호선 수성구민운동장역이 입구에서 100m로 도보 1분가량, 2호선 범어역이 700m로 도보 10~15분에 도착할 수 있어 편리하다.

MBC포스코더샵

총 4개 동에 604세대로 포스코건설에서 시공하며 최고 33층으로 지어진다. 범어동 상권으로 대형마트 3개, 백화점 아울렛 등이 위치해 있다. 인근에는 파티마병원과 경북대병원이 가까이 있으며 법원과 검찰청이 옮기고 나면 상권이 발달할 것으로 예측된다. 포스코더샵에서는 하이엔드 브랜드 오티에르명을 사용할 것이라 한다.

〈출처 : 네이버〉

연도별 후분양 단지 리스트

입주예정일	분양예정일	단지명	구	동	세대수	일반분양
2024년 2월	2024년 2월	반고개역푸르지오엘리비엔	서구	내당동	240	240
2024년 2월	–	사월상정그린코아카운티	수성구	사월동	101	101
2024년 2월	2024년 3월	상인푸르지오센터파크	달서구	상인동	990	990
2024년 4월	2024년 5월	상인센트럴자이	달서구	상인동	1498	418
2024년 8월	2024년 2월	범어아이파크1차	수성구	범어동	448	143
2024년 11월	2024년 6월	신천동데시앙동부정류장 부지	동구	신천동	466	418
2024년 12월	2024년 5월	황금역힐스테이트1차	수성구	황금동	182	152
2024년 12월	2024년 5월	황금역힐스테이트2차	수성구	황금동	229	185
2024년 예정	미정	수성못 화성파크드림	수성구	두산동	123	108
2025년 예정	미정	달성우신미가뷰2차	달성군	논공읍	695	695
2025년 6월	미정	대명동 289-9 주상복합	남구	대명동	351	325
2025년 6월	미정	범어아이파크2차	수성구	범어동	490	92
2025년 10월	미정	e편한세상동대구역센텀스퀘어	동구	신천동	322	322
2025년 11월	2024년 12월	반월당반도유보라	중구	남산동	119	119
2025년 12월	미정	삼정브리티시감삼	달서구	감상동	238	164
2026년 1월	미정	명덕e편한세상퍼스트파크	남구	대명동	1758	1217
2026년 1월	미정	MBC포스코더샵(대구 MBC 부지)	수성구	변어동	752	604
2026년 2월	미정	대구사일동더샵(영플라자 부지)	중구	사일동	355	299
2026년 4월	미정	신천동푸르지오	동구	신천동	614	540
2026년 4월	미정	해링턴플레이스감삼4차	달서구	감삼동	463	299
2026년 6월	미정	자이주상복합(본리등 661-9)	달서구	본리동	438	360

〈출처 : 네이버〉

대구 아파트 대표 단지

범어동 대표 단지

대구 범어동은 84 기준 대표아파트는 힐스테이트범어다. 힐스테이트범어는 지역주택조합이 성공한 곳이다. 시행 당시 저에게 많은 사람이 투자에 대

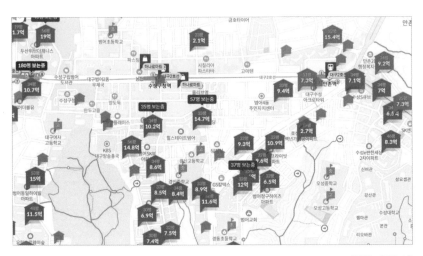

〈출처 : 호갱노노〉

해 물어봤을 때 지역주택조합은 원수에게 추천하는 곳이라며 투자하지 말라 조언을 했다. 그러나 참 아이러니하게 대구에서 제일 비싼 아파트가 되어버렸다. 지금 가격은 14.7억 원으로 인근보다 비싸게 거래가 되었다. 최근 입주한 범어더블유가 10.7억 원에 거래되었다. 그 외 범어우방엘리시온 11.6억 원, 범어SK뷰는 10.2억 원, 빌리브범어 12억 원, 범어라온프라이빗 2차 10.9억 원으로 거래가 되었다.

범어동은 대구의 대표적인 아파트 단지로 학군이 뛰어나 아파트 가격이 제일 비싸다. 한참 재건축이 진행되고 있는 대구의 대표 단지 경남타운도 여기에 위치해 있다. 여기가 학군이 좋기 전에는 지산동이 학군이 제일 좋은 곳이었다. 지산동이 노후화되면서 범어동으로 학원이 이전하면서 학군이 변해갔다.

만촌3동 대표 단지

〈출처 : 호갱노노〉

만촌동은 최근 미분양을 털어낸 만촌자이르네로 10.4억 원에 거래되었다. 삼정그리코아에듀파크 9.1억 원, 만촌3차화성파크드림 아파트가 8.8억 원에 거래되었다. 만촌동은 범사만삼으로 불리며 아파트가격을 형성해갔다. 예전에는 만촌3동은 학군이 뛰어나지 않았다. 그러나 대륜중고가

오면서 서서히 변해갔다. 오성중고도 오래전에는 인기가 없었는데 만촌동으로 이전하면서 아파트단지와 학원의 영향을 받으면서 명성을 찾게 되었다.

만촌자이르네는 할인분양을 했는데, 기존에 분양받은 사람이 할인분양에 불만을 품으며 모델하우스에 있는 조감도에 의자를 던지고 파손하는 불상사가 생겼다. 그래서 전국적인 뉴스를 타며 투자자 사이에 모르는 사람이 없다. 그 후 시간이 지나면서 완판이 되며 할인하기 전인 일반분양가격 이상으로 올랐다.

월성동 대표 단지

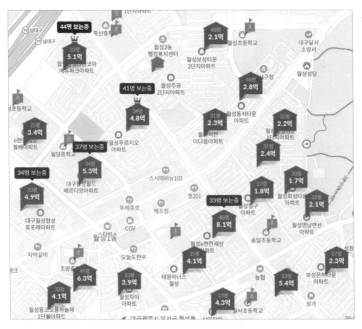

〈출처 : 호갱노노〉

월성동은 월성삼정그린코아가 5.1억 원으로 최고가다. 대구월성푸르지오는 4.8억 원, 대구월성메르디앙아파트가 5.3억 원이다. 그런데 최근 월성e편한세상이 5.9억 원으로 거래되었다. 역세권과 가까워 위치가 좋아서 새 아파트의 위상을 깨트린 것이다. 아무리 월성동, 월성동하더라도 범어동에 비하면 가격이 반값이다. 대구월성푸르지오와 월성삼정그린코아에듀파크가 인기가 있는 이유는 그 아파트 사이 상권이 학원가여서 학원으로 걸어서 이동하기 좋고, 새 아파트이기 때문이다.

수성3가 대표 단지

〈출처 : 호갱노노〉

수성3가 중 현재 최고가는 수성3가롯데캐슬아파트다. 58평 12.3억 원으로 최고가다. 특이하게 이 지역은 모두 대형평수로 지어져 84형으로 평가하기 어렵다. 2007년도에는 대형평수가 분양이 인기가 있어 84형은 짓지 않았다. 그래서 인근 아파트들이 모두 대형으로 형성되어 있다. 범어쌍용예가 44형 10억 원, 수성3가 화성파크드림1차 11.3억 원, 수성3가 화성파크드림2차아파트 49형 10.8억 원, 수성코오롱하늘채 48형 11.7억 원으로 형성되어 있다.

수성3가 아파트는 입주 당시 할인을 많이 했으며 입주 당시에 아파트 입구에서 차량을 가지고 입주를 막는 시위를 했다. 할인받아 입주하는 세대와 기존 분양을 받은 세대와의 충돌이 생긴 지역이다.

상인동 대표 단지

〈출처 : 호갱노노〉

상인동 아파트 중 대표아파트는 상인센트럴자이와 상인푸르지오센터파크가 될 것 같다. 그런데 후분양을 하는 상인푸르지오센터파크는 완공되었음에 불구하고 대구 부동산 시장이 얼어 붙어버려서 아직 미분양 중이다. 또한 상인센트럴자이도 철거 후 지지부진한 상태로 아직 분양을 하지 않았다. 기존 구축 중에는 상인푸르지오아파트가 3.5억 원으로 제일 비싸다. 필자가 살던 아파트 상인동화아이워시는 1.7억 원이다.

필자는 오래전 상인동에 살았는데 하락 당시에 e편한세상 아파트에는 이 불편한세상, 푸르지오 아파트에는 안 푸르지오 현수막이 달렸었다. 가격이 오르면 편하고 푸르지만, 아파트 가격이 하락하면 불편하고 안 푸른 아파트가 되어버린다.

범어3동 대표 단지

범어3동 아파트 단지 중 인기 있는 아파트는 e편한세상범어아파트로 33평으로 6.4억 원이 최고다. 인근 아파트보다 신축이기에 인기가 많다. 범어월드메르디앙이스트카운티아파트가 5.8억 원이고, 범어월드메르디앙웨스트카운티가 6.2억 원이다.

범어4동에 진입하지 못하는 학부모들은 차선책으로 이사하는 곳이기도 하다. 이곳 또한 수성3가처럼 2008년도 시공한 단지들로 대형으로 많이 형성되어 있는 곳이다. 인근 신천시장사거리에서 수성네거리까지는 상권이 발전되어 있어 퇴근 후 한잔하고 집에 걸어갈 수 있어 사람들 만나기 좋다.

〈출처 : 호갱노노〉

신암동 대표 단지

대구 동구 신암동으로 신암뉴타운과 동대구역세권으로 형성되어 있다. 동대구역에서 가까운 동대구역화성파크드림이 대장아파트로 33형이 6.2억 원이다. 두 번째로 맞은편 이안센트럴D가 6.1억 원이며, 동대구역센텀화성파크드림이 5.8억 원이다. 위치가 역세권인 신암뉴타운 1구역이 동대구역하늘채로 분양 준비 중으로 지금 철거되어 있어 분양가격이 높게 형성될 가능성이 높다.

신암뉴타운이 완공되고 나면 인근 아파트와 함께 1만 세대가 형성되어 대단지를 이룬다. 그래서 상권이 앞으로 많이 발전할 가능성이 높다. 상가에 관심 있는 분이라면 이곳을 미리 사두는 것도 괜찮다고 생각한다. 필자도 미래를 보고 많이 돌아다녔는데 거의 물건이 없었다. 필자의 저서 《부의 나침반》에도 나눔도시재생협동조합을 통해서 매입하기 위해 임장 다닌 이야기가 기재되어 있다.

〈출처 : 호갱노노〉

대구역 인근 단지

최근에 분양한 아파트가 많으며 2024년 3월 현재 입주를 하고 있다. 달성파크푸르징가힐스테이트가 대단지로 달성공원역에 붙어 있어 33형으로 5.1억 원으로 대장아파트이며 바로 옆 힐스테이트도원센트럴이 36형으로 5억 원이 형성되어 있다. 힐스테이트도원센트럴은 대구에서 자갈마당으로 유명한 지역을 재개발한 지역이다. 또한 힐스테이트달성공원역이 35형으로 6.1

〈출처 : 호갱노노〉

억으로 분양했고, 힐스테이트대구역오페라는 35형으로 5.5억 원, 태왕디아너스오페라는 35형으로 5.7억 원, 대구오페라스위첸아파트는 35형으로 5.7억 원에 분양했다.

대구 중구가 재개발을 하면서 인구가 줄었는데 최근 아파트 입주가 되면서 인구가 많이 늘어났다. 대구시는 대구에 중구에 주상복합아파트가 많이 지어지면서 난개발을 우려하며 방지 조례를 만들었다. 용도용적제를 폐지하면서 주거용 용적률을 낮추는 것이 핵심이다. 전체 용적률은 기존대로 중심상업지역 1300%, 일반상업지역 1000%, 근린상업지역 800% 등 최대로 허용하지만 주거용 용적률은 400%까지만 허용하는 것이다.

용도용적제는 주상복합 건축물의 난개발을 막기 위한 제도로 주거비율이 높을수록 용적률을 낮춰 고층 개발을 막는 것인데 그동안 대구는 중심상업지역의 경우 600% 안팎의 주거용 용적률이 적용되었다.

대구 아파트의 흐름

지역별 매매지수로 보는 대구 현황

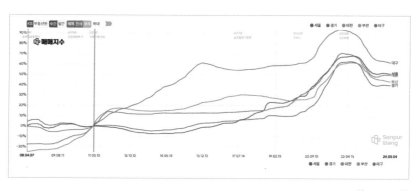

<출처 : 손품왕>

　지역별 매매지수를 대구의 상승장 시작점을 100으로 기준으로 삼은 그래프다. 대구는 2011년부터 상승하기 시작했고 부산은 2008년부터 상승했다. 서울과 수도권은 2015년부터 상승이 시작했다. 그리고 보니 대구 상승장이 길었다. 20011년부터이니 13년간 상승한 것이다. 물론 중간에 조정기간을

거치는 했지만 10년 주기설로 5년 오르고 5년 내리는 과거 시장에 비하면 참 오랫동안 상승했던 것이다. 물론 대구에도 입주량이 많아 2015년부터 2020년까지 조정장이 있었다. 그러나 지금처럼 그렇게 크게 조정장이라고 느낄 만큼 큰 하락은 아니었다. 서울 수도권이 상승장이었기에 그럴 수도 있다.

그래서 과거를 보면 노무현 대통령 시절에 큰 상승장을 거치고 이명박 대통령 시절에는 조정장이었으며 박근혜 대통령 시절에 와서야 상승이 시작되었으니 이번에는 문재인 대통령 시절 큰 상승장을 거쳐 윤석열 대통령으로 이어져 다시 상승장이 오려면 차기 정권이 들어서야만 상승장이 오지 않을까 싶다. 과거와 다른 것이 지방장과 서울 수도권이 다르게 흘러갔는데 이번 상승장에는 지방과 수도권이 동반 상승이 있었다는 것이 다른 점이다. 그리고 서울 수도권 시장이 크게 하락하면서 하우스푸어를 양성했고 집 때문에 자살하는 사건들이 일어나면서 정부에서는 어떻게든 부동산 시장을 살리기 위해 노력했으며 취득세와 양도세 제한을 풀어주었다. 지금은 서울 수도권에 입주량이 부족해서 다시 전세보증금과 매매가격이 꿈틀거린다는 것이다.

그렇게 된다면 정부에서는 일부러 부동산 시장을 살리기 위해 취득세와 양도세를 손을 대지 않을 것이다. 다시 대구와 지방의 부동산 시장이 다시 살아나기 위한 조건 중에 하나로 뽑는다면 단연 취득세일 것으로 생각된다. 취득세가 2.2%까지 내려간다면 투자자들이 움직일 것이고 그렇다면 지방부터 다시 살아날 것으로 예상된다. 그렇게 되기까지는 서울 수도권 시장이 크게 하락하고 정부가 위기의식을 가지고 움직여야 한다고 생각한다. 그래서 많은 시간이 필요하다는 것이 필자의 생각이다.

빅데이터로 보는 대구 시장

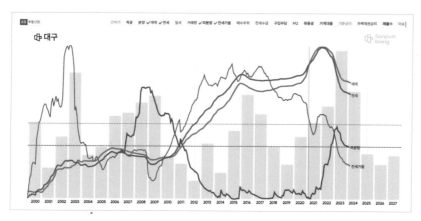

〈출처 : 손품왕〉

대구 매매지수와 전세지수로 보는 대구 부동산 시장의 흐름은 과거를 보면 대세 상승을 하다 멈춘 2003년부터 2010년까지 7년 동안 조정장이 있었다. 물론 상승과 조정장이 있었으나 작은 파동일 뿐이고 큰 시장의 흐름이 그렇다는 것이다. 당시에도 지금과 같이 아파트 미분양이 전국에서 최고로 많았다. 2008년 미분양이 최고점을 찍고 다시 미분양이 줄어들면서 대구시장이 살아나기 시작한 것이다.

지금 과거 시장보다 미분양이 많지는 않지만, 미분양이 크게 늘어났고 지금은 미분양이 줄어들고 있는 상황이다. 그렇다고 이제는 미분양이 줄어드니 투자할 시기라고 생각할 수 있다. 그러나 문제는 완공 후 분양이 아직 많다는 것이다. 손품왕 입주물량 데이터를 보면 아직 분양 미정인 분양 대기량이 만 세대가 된다. 2025년부터 분양률이 줄어들기는 하나 2022년과 2023년 그리고 2024년 분양물량이 워낙 많았다. 지금 대구아파트 시장은 전세가율도 엄청나게 떨어졌다. 과거만큼은 아니더라도 거의 비슷할 만큼 떨어진 시장이다.

그래서 지금 시장으로 보아 실수요 시장인 것 같다. 실수요자라면 매수해서 편안하게 내 집 마련을 해서 오랫동안 거주를 하다 보면 다시 회복할 것이다. 그러나 당장 큰 상승장을 기대해서는 안 된다. 투자자라면 저가에 매수하는 시기는 맞다. 그러나 대세 상승장까지 가려면 시간이 오래 걸릴 것이다. 아직도 취득세는 12%이다. 12%를 주고 다주택자들이 매입하기 곤란하다. 매입하고 종부세와 재산세 등 오랫동안 부담해야 하는 것들이 너무 많다.

대구 분양 예정 단지 현황

분양년월	시	구	동	아파트명	세대수	입주년월
2024년 예정	대구	북구	검단동	대구금호워터폴리스 대방엘리움F2BL	765	2026년 (추정)
2024년 예정	대구	동구	신천동	동구43재개발	1,944	2027년 (추정)
2024년 예정	대구	북구	검단동	대구금호지구1차 디에트르[F1블록]	637	2027년 (추정)
2024년 예정	대구	북구	노원동 2가	더샵엘리체	1,558	2027년 (추정)
2024년 예정	대구	달서구	상인동	상인센트럴자이 (송현주공3단지재건축)	1,498	2027년 (추정)
2024년 예정	대구	달서구	상인동	상인푸르지오센터파크	990	2027년 (추정)
2024년 예정	대구	수성구	수성동 1가	수성1지구재개발	1,901	2027년 (추정)
2024년 예정	대구	수성구	황금동	호반써밋골든스카이	677	2026년 2월
2026년 예정	대구	달성군	구지면	대구국가산업단지 금강펜테리움A7-2BL	1,272	2028년 (추정)
2026년 예정	대구	달성군	구지면	대구국가산업단지 금강펜테리움A6BL	1,508	2029년 (추정)
미정	대구	남구	대명동	e편한세상명덕역퍼스트마크	1,758	미정
미정	대구	수성구	범어동	대구MBC부지주거복합	604	미정
미정	대구	북구	검단동	대구금호워터폴리스D2BL 제일풍경채	1,428	미정
미정	대구	북구	노곡동	대구노곡한신더휴	937	미정
미정	대구	중구	대봉동	대구대봉동596-5번지 일원공동주택신축공사(2BL)	630	미정

미정	대구	북구	대현동	대구대현2동 강변주택재건축정비사업	1,106	미정
미정	대구	달서구	본리동	대구본리sk뷰	1,622	미정
미정	대구	동구	신천동	대구신천동푸르지오	540	미정
미정	대구	북구	칠성동 2가	대구칠성동주상복합 2차힐스테이트	630	미정
미정	대구	북구	팔달동	대구팔달동재건축	724	미정
미정	대구	남구	대명동	대명6동44구역재건축	1,002	미정
미정	대구	동구	신암동	동대구역하늘채	1,542	미정
미정	대구	중구	동인동 3가	동인3가재개발	1,383	미정
미정	대구	수성구	만촌동	만촌3동재개발	864	미정
미정	대구	남구	봉덕동	서봉덕재개발	538	미정
미정	대구	수성구	황금동	수성지구2차우방타운재건축	705	미정
미정	대구	동구	신암동	신암10재건축	824	미정
미정	대구	서구	평리동	평리4구역한라비발디	1,151	미정
미정	대구	북구	학정동	학정역지구도시개발구역	1,098	미정

〈출처 : 손품왕〉

미분양으로 보는 대구 부동산 시장

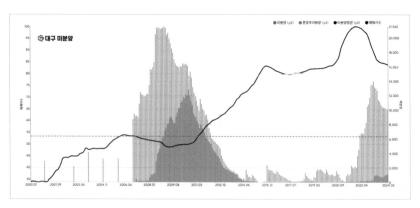

〈출처 : 손품왕〉

과거에도 대구에는 입주폭탄으로 부동산 시장이 크게 요동쳤다. 필자도 당시 반값 아파트를 사자고 차량에 현수막을 걸고 다니는 나름 전문가들이 돌아다니는 것들을 보았다. 2007년 미분양이 늘어나더니 2008년 월 21,560 세대로 늘어나고 서서히 줄어들고 있음을 그래프로 확인할 수 있다. 입주 후 미분양은 2008년을 기점으로 늘어나기 시작해서 2011년 13,000세대까지 늘어나고 줄어들면서 매매지수가 올라가는 것을 볼 수 있다.

지금 대구 부동산 시장은 과거처럼 2021년 미분양이 늘어났고 2023년 14,000세대까지 최고점을 찍고 줄어들고 있다. 그러나 이게 미분양이 대세하락이냐고 묻는다면 아직이라 생각한다. 아직 대구에는 분양 대기 물량이 많다. 특히나 완공 후 분양물량이 많다는 것이다. 그리고 그래프를 보면 완공 후 미분양이 늘어나고 있음을 확인할 수 있다. 섣불리 투자했다가 오랫동안 고생할 수 있다는 것이다. 물론 장기적으로 보면 대세 상승장은 분명 온다. 앞에서 설명했듯이 실수요자라면 지금이 최저가다. 내 집 마련해서 편안하게 살자.

많은 사람이 내 집 마련을 어디에 해야 하는지 묻는다. 내 집 마련은 내가 살기 편한 곳에 하면 된다. 대구는 범사만삼이 최고라는데 거기 무조건 사야 하는 것은 아니다. 물론 자신의 아이들이 공부를 잘해 서울에 있는 학교나 의대 등을 가야 한다면 범사만삼을 추천한다. 그렇지 않다면 개인마다 사연이 있다. 필자는 달서구에 가족이 모두 있어 달서구가 편하다. 나는 친정이 칠곡에 있어 칠곡에 살아야 한다 등 개인마다 조건이 있다. 그렇다면 자기가 편한 곳에 내 집 마련을 해야 한다. 그리고 여유가 있다면 투자를 많이 오를 만한 곳에 해야 한다. 거주와 투자는 따로 생각해야 한다는 것이다. 물론 범사만사에 투자를 해놓고 전세나 월세 사는 방법도 있다.

필자가 이번에 폐 이식 수술로 고생을 해보니 결코 투자해서 돈을 많이 번다고 행복하지 않다는 결론이다. 자신이 살지 않은 곳에 투자해놓고 그림의 떡이 있는 것이 무엇이 좋으랴! 집은 자신이 편안하게 사용해야 가치가 있다. 그것이 행복이지 않나 싶다.

대구 부동산의 미래

제1판 1쇄 2024년 5월 17일

지은이   김형일, 이보람, 장용섭
펴낸이   한성주
펴낸곳   ㈜두드림미디어
책임편집 이향선
디자인   얼앤똘비악(earl_tolbiac@naver.com)

㈜두드림미디어
등록   2015년 3월 25일(제2022-000009호)
주소   서울시 강서구 공항대로 219, 620호, 621호
전화   02)333-3577
팩스   02)6455-3477
이메일   dodreamedia@naver.com(원고 투고 및 출판 관련 문의)
카페   https://cafe.naver.com/dodreamedia

ISBN   979-11-93210-74-1 (03320)

책 내용에 관한 궁금증은 표지 앞날개에 있는 저자의 이메일이나
저자의 각종 SNS 연락처로 문의해주시길 바랍니다.

책값은 뒤표지에 있습니다.
파본은 구입하신 서점에서 교환해드립니다.